WESTEND

Henning Burk

HITLER, BRAUNAU UND ICH

Wie meine Urgroßmutter den Krieg hätte verhindern können

WESTEND

Mehr über unsere Autoren und Bücher:
www.westendverlag.de

Die Deutsche Nationalbibliothek verzeichnet diese Publikation in der Deutschen Nationalbibliografie; detaillierte bibliografische Daten sind im Internet über http://dnb.d-nb.de abrufbar.

MIX
Papier aus verantwortungsvollen Quellen
FSC
www.fsc.org
FSC® C083411

ISBN 978-3-86489-179-3

Umschlaggestaltung: Buchgut, Berlin
Satz: Publikations Atelier, Dreieich
Druck und Bindung: CPI – Clausen & Bosse, Leck
Printed in Germany

Inhalt

Braunau, Stadtplatz 9
Das erste Foto 20
Meine Urgroßmutter 27
Das Triangulum 31
Das »Führer-Haus« 36
Kastrationsdrohung 50
Am Gedenkstein 58
Der Anschluss-Film 66
Die Linde am Dichterstein 80
Das Hörl-Haus 85
Erster Weltkrieg, Gródek 91
Okkultismus 103
Ein Korvettenkapitän a. D. läuft auf Grund 109
Lola Montez 118
Thomas Manns okkulte Erlebnisse mit Willi 129
Rudi als Zirkuspferd 134
Raumkraft 147
Lola im Beruf 161
»Ein unvergesslicher Festtag« 174
Dr. Ludwig Ehrenleitner 179
Kunst im Führer-Geburtshaus 195
Slonim 200
Kriegsende 207
Vaterwelt und Mutterwelt 225
Melancholie 235

Wien 244
Austromarxismus 250
Heldenverehrung 259
Der Fall Jägerstätter 265
Megalomania 284
P.S. 295
Literatur 299
Anmerkungen 303
Bildnachweis 315

Braunau, Stadtplatz

Der Braunauer Stadtplatz, 1930er-Jahre

»Braunau? Das ist das antifaschistische Zentrum Europas!«

Die Stimme des Inhabers der Trafik[1] klang entschlossen. Ich stand in Martin Simböcks Zeitungskiosk. Er gab mir ein Blatt mit Liedtexten, die der »Demokratische Chor Braunau« alljährlich bei der Gedenkstunde am Mahnstein vor dem Hitler-Haus singt.

Dieser Mahnstein, ein schwerer Basaltbrocken vor Hitlers Geburtshaus, stammt aus dem Steinbruch des ehemaligen Konzentrationslagers Mauthausen. Eingemeißelt ist die Inschrift:

Für Frieden, Freiheit
und Demokratie
Nie wieder Faschismus
Millionen Tote mahnen

Ich war nach Braunau gekommen, um dem Lebensgefühl in dieser berüchtigten Stadt nachzuspüren. Immer wieder liest man von Hitlers Schatten, der wie ein Fluch auf Braunau lastet. Wie denken die Leute dort darüber? Schuldig fühlen sie sich nicht, sagen sie. Ob sie sich täuschen? Inwiefern wirkt die Vergangenheit noch nach? Hitler wurde im Haus »Vorstadt 219«[2] geboren, und die Bewunderung und Verehrung dieses Mannes war lange ungebrochen.

Auch ich bin in Braunau geboren, nicht mal 200 Meter von Hitlers Geburtshaus entfernt. Meine Vorfahren wohnten in der Altstadt. Da sind die Häuser 400 oder 500 Jahre alt. Schwermütige dicke Mauern im Erdgeschoss verbergen lange, höhlenartige Gänge und Gewölbe, ehemalige Stallungen, für Pferde gebaut. Durch wuchtige Rundbögen gingen die Zugtiere ein und aus. Tatsächlich lebte die alte Festungsstadt vom Handwerk, vom Handel und der Flussschifffahrt. Siebzehn Brauereien sorgten dafür, dass Heiterkeit die Schwermut belebte.

Im Mittelpunkt der inneren Stadt bauen sich Bürgerfassaden um das lang gezogene Rechteck des ungewöhnlich großen Stadtplatzes auf. Wie im Süden säumen lückenlose Fassadenbänder den Korso. Die glatte Helle der barocken Reihung schmaler und breiter Häuser wird von engen, unscheinbaren Passagen durchstochen, die den Platz mit den dahinter liegenden Gassen und Straßen verknüpfen. Zu Fuß ist man schnell überall. Eine kommunikative Architektur.

Ein blendender Tag. Die Sonne scheint. Der Frühling ist zu spüren. Auf dem Stadtplatz sind bereits Tische und Stühle herausgestellt. Ich bestelle einen »verlängerten Braunen« und spreche eine jüngere, attraktive Dame am Nachbartisch an.

»Entschuldigen Sie. Darf ich Sie etwas fragen?«

»Bitte, gerne.«

»Ich bin hier geboren. Meine Vorfahren auch. Meine Mutter hat mir wenig über die Stadt erzählt. Jetzt ist sie gestorben, und ich möchte Braunau näher kennenlernen. Stimmt es, dass am 20. April immer noch so viel los ist?«

Sie schaut mich an.

»Wissen Sie, der ewige Hype um das Hitler-Haus geht mir auf die Nerven. Letztes Jahr konnte man sich auf dem Stadtplatz kaum vor Reportern retten. Die halten einem einfach das Mikrofon unter die Nase und fragen: Was halten Sie vom Abriss des Hitler-Hauses? Was hab denn ich mit dem Hitler zu tun? Mir ist das Haus egal. Aber dass sie immer wieder wie die Heuschrecken über einen herfallen! An Hitlers Geburtstag marschieren immer welche zu seinem Geburtshaus. Da sorgt aber die Cobra für Ordnung.«

»Cobra?«

»Eine Spezialeinheit der Polizei. Das ist schon was anderes. Die g'fall'n mir schon besser. Das sind fesche Burschen.«

Ich lache sie an. Sie lacht zurück, verdreht etwas gschamig die Augen.

»Meine Urgroßmutter wohnte Altstadt 16. Sie hieß Rosalia Hörl«, erzähle ich nicht ohne Stolz.

»Sagt mir nix.«

»Sie war Hebamme, auch von Adolf Hitler.«

Sie schaut mich mit großen Augen an, überlegt und meint dann: »Wissen S', wenn man Hunger hat, macht man auch Dinge, die man nicht will.«

»Wie soll ich das jetzt verstehen?«

»Ach, ich red nicht gerne drüber.«

»Worüber nicht?«

»Na, über die Hitler-Zeit.«

»Warum nicht?

»Es muss endlich mal Schluss sein.«

»Sie meinen, man sollte die Geschichte besser auslöschen?«

»Das nicht, aber ich mag das ewige Herumwurln in der Vergangenheit nicht.«

»Also einfach das Hitler-Haus schleifen, wie es Ihr Innenminister vorschlägt, und sagen, das sei die ›sauberste Lösung‹? Durch den Abriss des Geburtshauses, in dem Hitler als Baby drei Monate gesäugt wurde, wird die Geschichte doch auch nicht sauberer.«

»Ich meine was anderes«, antwortet sie und stockt.

Ich warte, was nun kommt.

»Woher hatte meine Großmama damals so viel Geld, frage ich mich immer.«

»Wann?«

»In der Hitler-Zeit.«

»Was hat denn die Großmutter damals gemacht?

»Wissen S', mein Mann sagt mir immer, frage nicht nach, lass das, und vor allem, rede nicht drüber. Aber ich denk dann wieder, ich sollte doch nachforschen!«

Dann macht sie in ihrer jugendlich-munteren Art eine Pantomime, die mich an die drei Affen erinnert: nichts sehen, nichts hören, nichts sagen. Ich lache über ihre lustige Gestik. Sie ist ja richtig fesch, die Dame.

Dann fährt sie fort: »Wissen S', für meine Kinder tät ich alles. Wenn die Kinder Hunger hätten, würde ich alles für sie machen.«

»War Ihre Großmutter damals ...« – ich überlege – »... hier in Braunau?«

Sie schweigt länger.

Dann: »Naa, war sie nicht.«

»Und wo war sie dann?«

Sie zögert.

Dann sagt sie fast trotzig: »In Schwertberg.«

»Sagt mir nichts. Wo ist das?«

»Direkt neben Mauthausen.«

Ich glaube, ich weiß, was sie sagen will, aber noch nicht kann.

»Die haben damals viel Geld verdient. Mein Opa auch«, sagt sie.

»Es gab damals vor allem zwei Gründe«, versuche ich ihr eine Brücke zu bauen, »weshalb man im KZ freiwillig gearbeitet hat. Entweder man hatte finanzielle Sorgen oder Angst vor der Front.«

Sie schaut mich an. Dann deutet sie wieder die Drei-Affen-Pantomime an. Flüchtig, etwas verquält. »Wissen S', mein Mann ...«

Ich warte.

»Meine Großmama war dort Krankenschwester.«

»In Mauthausen?«

Sie nickt und schaut mich abwartend an.

»Und?«

»Ich denk immer wieder, ich sollt nachforschen.«

Dann, als ob sie den Tränen nahe wäre: »Sie hat den Menschen dort Handtuch und Seife gegeben, zum Duschen.«

Merkwürdig, mir so etwas in diesem Augenblick zu sagen. Ich traue ihrer erregten Gestik nicht so ganz.

Dann frage ich nach: »Und der Opa?«

»Sein Foto hab ich immer vor Augen. Die Stiefel, die ausgestülpten Hosen. Das geht mir nicht aus dem Kopf.«

»Sie meinen: Er war Wärter?«

Sie schaut mich an. »Die Stiefel, die Hose. Das bedeutet doch noch was Höheres. Oder?«

»Auf Fotos kommen einem die Dinge manchmal größer vor, als sie in Wirklichkeit sind. Geht mir jedenfalls so.«

Ob sie ihre Betroffenheit nicht doch nur zur Schau stellt?

Sie wiederholt: »Mein Mann rät mir immer davon ab, nachzuforschen.«

Dann schaut sie mich wieder an. Sie macht wieder die drei Affen, nur andeutungsweise, zitiert sich jetzt schon selbst.

»Es lässt mir keine Ruhe, wissen Sie.«

»Sie wissen nicht, wie es mit Ihren Großeltern 1945 weiterging?«

»Doch. Aber nicht genau. Sie sind ins Mühlviertel geflüchtet und haben sich nach Braunau durchgeschlagen.«

Unser beider Blicke gehen auf den Stadtplatz. Es ist Mittwoch. Markttag in Braunau. Für die Braunauer das Ereignis der Woche. Jeder scheint auf dem Markt einkaufen zu wollen.

»Ich muss noch einkaufen«, sagt sie.

Und in die Gesprächspause hinein: »Der Platz hier war schwarz vor Menschen.«

»Wann?«

»Als die Flüchtlinge ankamen. Es war furchtbar. Die Menschen barfuß. Sie schliefen auf dem Boden, unter den Arkaden.«

»Wann war das?«

»Am 26. Oktober 2015.«

»Die Grenze war zu?«

»Ja.«

»Wie war dieser Tag für Sie?«

»Ich habe morgens auf unserem Balkon gesessen und nur noch geheult. Ich hab meinen Mann gefragt, sag, was sollen wir tun? Sollen wir aufsperren oder nicht? Ich dachte an die Kinder von denen. Viele hatten keine Schuhe an.«

»Und? Was haben Sie gemacht?«

»Ich hab alle alten Kleider meiner Kinder zusammengesucht und sie vor unserem Geschäft verteilt. So viele fröhliche Kinder! Was hat mich der eine Bub angestrahlt, als ich ihm das warme Kapperl aufgesetzt hab!«

»Und das Geschäft?«

»Wir haben dann aufgesperrt. Die haben alles bezahlt. Wollten nichts geschenkt haben. Da waren Akademiker darunter, Ärzte. Die hatten alles verkauft. Ihr Haus. Alles. Verstehen Sie.«

Ich schaute sie an. Was wird sie jetzt noch sagen?

»Aber dass jeder, der hier ankommt, 600 Euro im Monat bekommt, finde ich nicht richtig. Viele von denen haben nämlich Geld.«

Sie steht auf.

»Aber bitte, das ist nur meine Meinung.«

Sie geht zum Markt. »Fesch ist sie schon«, denke ich.

Kann man eigene Schuldlosigkeit ertragen? Ich glaube nicht. Die Braunauerin, mit der ich sprach, kann es nicht und ich auch nicht. Und auch die Gesellschaft tut sich damit schwer. Wie hat man Helmut Kohl moralisch verurteilt, als er 1983 von der »Gnade der späten

Geburt« sprach, um gegenüber Israel die Schuldlosigkeit seiner Generation zu demonstrieren. Er wollte einen Schlussstrich ziehen, um einen Neuanfang machen zu können.

Sind Schuld und Mitgefühl Geschwister? Bei der Frau, mit der ich sprach, scheint das so zu sein. Sie kann dem Antlitz[3] der damaligen Häftlinge und der heutigen Flüchtlingskinder nicht entsagen. Sie fühlt sich verantwortlich, offenbar auch in besonderer Weise für die Taten von Großvater und Großmutter. Dabei weiß ich noch nicht einmal, ob ich ihr die Geschichte mit ihren Großeltern abnehme. War das nicht alles zu theatralisch? Als ob sie den Fluch braucht und sich von dem Schatten nicht lösen kann und auch nicht will. Warum?

Wie ist das bei mir? Fühle auch ich mich mitschuldig, wenn ich in Braunau nach der Vergangenheit meiner Familie recherchiere? Wenn ich erfahren will, warum meine Mutter als Reichsangestellte freiwillig an Hitlers Ostfeldzug teilnahm?

Ich denke an Peter Weiss, der es im schwedischen Exil als Jude unerträglich fand, nicht mit den anderen Juden in ein KZ und in den Tod gegangen zu sein. Als ob er, gerettet im Exil, sich im Zustand einer unerträglichen Schuld befände.

Vor über zwanzig Jahren kam mir die Idee, hier unbedingt einen Film über Braunau zu machen. Damals kam ich hierher, um für das Fernsehen über einen Streit in der Stadt zu berichten. Es ging um das Ansehen eines Mannes, der sich 1943 geweigert hatte, Hitler in den Krieg gegen Russland zu folgen. Er wurde im selben Jahr hingerichtet.

Als ich hier ankam, schien mir die ganze Stadt in großem Erregungszustand zu sein. Der damalige Bürgermeister Gerhard Skiba wollte vom Image der Hitler-Stadt weg und aus Braunau eine Märtyrerstadt machen. Oder eine Stadt des Antifaschismus, wie der Trafikinhaber Simböck meint. Er wollte, dass dem Franz Jägerstätter, so hieß der Kriegsdienstverweigerer, ein Brunnen gewidmet und mitten auf dem Stadtplatz errichtet wird. Es gab wütende Proteste gegen diesen Plan, aber auch engagierte Befürworter.

In diesem Augenblick wusste ich: Dies ist meine Stadt. Über die machst du einmal einen Film. Es kam anders. Es ist ein Buch geworden.

Als Kind war ich immer stolz, in Braunau geboren zu sein. Ich kannte die Stadt nicht, aber ich hatte das Gefühl, als käme ich von einem Stern, auf dem alle glücklich sind. Es muss ein Fluchtpunkt gewesen sein. Denn in der hessischen Kurstadt, in der ich dann aufwuchs, fühlte ich mich nie wohl. In ihr blieb ich immer ein Fremdling. Es ist wohl so: Braunau ist meine Mutterstadt, Bad Nauheim, wo ich aufwuchs, nur meine Vaterstadt.

Meine Mutter sprach selten von Braunau. Ich erfuhr von ihr kaum etwas über ihre Herkunft. Sie schwieg, so dachte ich, weil es ihr wehtat, nicht mehr in ihrer Geburtsstadt zu sein, in der ihre engsten Verwandten lebten. Mein Vater hänselte sie immer, dass sie aus derselben Stadt käme wie Hitler und sie den Führer sehr verehrt hätte. Meine Mutter schwieg dazu. Damals hielt ich zu ihr und fand meinen Vater unmöglich.

Ich war nicht schlecht erstaunt, als ich von meinem Vater später erfuhr, dass meine Urgroßmutter die Hebamme von Adolf Hitler gewesen sei. Bei der Recherche zu diesem Buch fand ich sogar heraus, dass sie jahrelang als Bedienstete bei den Hitlers gearbeitet hatte. Mein Vater erzählte mir auch, dass Willi und Rudi, beide Onkel meiner Mutter, meine Großonkel, übersinnliche Fähigkeiten besessen hätten. Ein europaweit berühmtes Medium sei besonders Rudi Schneider gewesen. Allein mit psychischer Kraft konnte er Dinge außerhalb seiner körperlichen Reichweite bewegen (Telekinese). Ganze Körperteile »flossen« aus ihm heraus und »materialisierten« (Ektoplasma[4]) sich. Thomas Mann, dessen Bücher in unserer Buchhandlung in Bad Nauheim auslagen und viel gekauft wurden, war bei einigen Séancen, die in München mit Onkel Willi abgehalten wurden, dabei und hielt das Gesehene für wahr. Voll Stolz sprach mein Vater davon, dass auch mein Großvater Karl und sogar meine Mutter diese Fähigkeit besäßen. Sollte ich das glauben?

Meine Mutter wiegelte immer ab, wenn mein Vater das Gespräch auf Braunau brachte. Sie verbarg hartnäckig alles vor mir, was mit dieser Stadt zu tun hatte. So erzählte sie auch nicht, dass sie dem Führer in gutem Glauben nach Russland gefolgt war und dort unter die Mörder geriet. Voll Stolz berichtete mein Vater mir aber, dass sie in Weißrussland fünfzehn Juden versteckt habe. Meine Mutter schwieg dazu, als könne sie das Lob nicht ertragen. Mich hat immer sehr gestört, dass meine Eltern über diese Dinge tuschelten und verstummten, wenn ich in Hörweite war. Ich hätte gerne mehr gewusst. Meine Neugier wuchs. Dennoch konnte ich bis zum Tod meiner Mutter die Scheu, sie nach ihren Erlebnissen im Krieg zu fragen, nicht überwinden.

Der Markt war längst abgebaut. Es wurde Abend in Braunau. Ich übernachtete im Hotel »Gann«, früher »Gasthof zum Goldenen Stern«. In diesem Gasthof übernachteten in den 1920er-Jahren viele, die nach Braunau kamen, um an den Séancen meiner Großonkel teilzunehmen. Mein Zimmer lag auf der Rückseite des Gebäudes mit Blick auf den Fuß des mächtigen Kirchturms, eines der höchsten in Österreich. Regelmäßig erklingt die Glocke, mal hell für die Viertelstunde, mal dunkel und voll für die ganze. Man kann dabei gut einschlafen.

Die Schlacht muss eine Weile her sein. Der Staub weggewaschen. Stahlblauer Himmel. Die Ruinen in gleißendem Licht. Die ganze Stadt ist zerstört. Ich stehe in der Kirche. Sie ist völlig entleert. Kein Dach mehr, keine Fensterscheiben, kein geschützter Raum. Kein Leben. Durchblicke überall. Da noch eine frei stehende Hauswand mit Balkon, wie eine Filmkulisse. Der Rest existiert nicht mehr.

Das Haus muss erst vor Kurzem zertrümmert worden sein. Der Staub noch frisch. Der Kran mit der Abrissbirne ruht. An der Wand entziffere ich ein Graffito: »Wer die Vergangenheit vergisst, ist gezwungen, sie zu wiederholen.« Eine verschreckte Ratte huscht mir über den Fuß – auf und davon. Rette sich, wer kann. Irgendwie kommt diese Stadt mir bekannt vor. Bin ich schon einmal hier gewesen?[5]

Ein Kanaldeckel wird von unten zur Seite geschoben. Eine Hand tastet sich ans Licht, greift suchend nach Halt. Nicht weit davon ein Mann am Boden. Vom Abrissstaub bedeckt. Er bewegt sich mühsam, dreht langsam den Kopf zu mir. Kein Gesicht, nur eingetrocknete Haut überzieht den Schädel. Leere Augenhöhlen, geistestot, der Seele beraubt. Weitere vermoderte Gestalten kriechen aus den Trümmern. Die Haare, unterm Schutt weitergewachsen, struppig und wild. Ein zerbrochener Mund. Zwischen den Zähnen feuchtes Blut. Jetzt erkenne ich an der verbliebenen Fassade das einstmalige Gebäude. Hitlers Geburtshaus? Abgerissen? Jetzt haben sie es doch geschafft!

Immer mehr Phantome kriechen aus den Trümmern. Hilflos wankende Gestalten stolpern kraftlos auf mich zu. Ich weiche zurück durch ein Tor. Ein menschenleerer Platz. Wie ausgestorben. Der dumpf stampfende Gleichschritt längst verhallt. An einer Hauswand wieder die gesprayte Mahnung: »Wer die Vergangenheit vergisst, ist gezwungen, sie zu wiederholen.« Ich versuche, den Sinn dieser Worte zu fassen. Ein Betrunkener gesellt sich laut grölend zu mir. Ich versuche, ihn anzusprechen. Er ist nicht bei Sinnen. Die Zahl der Torkelnden wächst. Jetzt kommen mehr von ihnen aus den Seitenstraßen, aus Passagen, Kaffeehäusern und Souvenirläden. Einige tragen Hörner auf dem Kopf wie Böcke. Symbole eines Männlichkeitswahns. Ist das ein Krampuslauf?[6] *Der Platz füllt sich gespenstisch. Einer winkt mir mit einer verwitterten Südstaatenfahne zu, ein anderer mit einer russischen Fahne.*

Ich wache auf … Gott sei Dank. Ich hatte den Fernseher angelassen. Im Nachtprogramm läuft gerade das Musikvideo *Thriller*[7]. Auf dem nächtlichen Friedhof strömen Zombies zusammen. Der Afroamerikaner Michael Jackson und seine junge schwarze Freundin sehen sich bedroht von diesem elenden Haufen. Sie schreit schrill, er wirkt wie versteinert. Plötzlich beginnt er zu tanzen, leichtfüßig, beweglich, im schnellen Rhythmus, 80, 100, 130 Beats pro Minute. Eine perfekte Mischung aus Post-Disco und geölter Leichtmechanik, mathematisch ausgefeilt. Angesteckt vom Rhythmus formieren sich die Untoten zu einem »Ornament der Masse«[8]. Die Leichtigkeit des Seins.

Was habe ich da geträumt? Schon lange gibt es um Hitlers Geburtshaus Streit: Abreißen oder nicht? Der Gauleiter von Oberdonau, August Eigruber, entwickelte 1945 einen besonderen Eifer, den drohenden Untergang melodramatisch auszustaffieren. Er befahl, das Haus sprengen zu lassen, bevor es den Amerikanern in die Hände fiele. Der russische Duma-Abgeordnete Franz Klinzewitsch, ein Parteifreund von Kremlchef Putin, sammelte 2012 Geld, um das Haus zu kaufen und abreißen zu lassen. Der österreichische Präsidentschaftskandidat Norbert Hofer von der Freiheitlichen Partei Österreichs (FPÖ) befürwortet auch das »Schleifen« bis auf die Bodenplatte, wie es Innenminister Wolfgang Sobotka von der Österreichischen Volkspartei (ÖVP) als »sauberste Lösung« anpreist.[9]

Bekommt man eine saubere Geschichte, wenn man die Verbindung zur Vergangenheit auslöscht? Mein Traum sagt mir, das »Schattensystem«[10] hat sich bereits in Bewegung gesetzt, aber man will keine Spuren hinterlassen. »Wer seine Unterschrift nicht gegeben hat, wer kein Bild hinterließ, wer nicht dabei war, wer nichts gesagt hat, wie soll der zu fassen sein? Verwisch die Spuren!«, schreibt Bertolt Brecht.[11]

Ist der Sinn des Traums das Gegenteil von dem, was er vorgibt? Nationalistisches Gedankengut braucht kein Hitler-Haus. Die Deutschnationalen haben längst sämtliche Hemmungen verloren und sind auf dem Vormarsch. Die Zerstörung des Hitler-Hauses wäre nur ein Anfang. Ich kann die aufrechten Braunauer verstehen, denen es seit Jahrzehnten ein Anliegen ist, das Symbol Hitler-Haus für ihre Aufklärungsarbeit zu nutzen.

Das erste Foto

Adolf Hitler, um 1890

Das einzige erhaltene Foto von Adolf Hitler aus seinem ersten Lebensjahr wurde im Klinger'schen Fotoatelier in Braunau aufgenommen. Der Fotograf nannte sich Künstler, und sein Studio befand sich in der Villa Ringstraße 23. Das Foto zeigt »Adi« pausbäckig und gut genährt auf einem Sessel, der ein wenig einem Thron ähnelt. Das Foto hat auf mein Leben Einfluss genommen. Es hat mich bei meinem ersten Filmprojekt, das ich »mit heißer Nadel« stricken musste, vor dem Scheitern gerettet.

1991 war ich im zweiten Jahr als Redakteur und Autor in der Fernseh-Kulturabteilung des Hessischen Rundfunks beschäftigt. Ende Juli, pünktlich am Freitag zum Dienstschluss, kam mein Chef auf mich zu.

»Übrigens, ehe ich es vergesse«, begann er beiläufig, »da gibt es noch ein Filmprojekt, das wir machen wollen.«

Er lächelte mich an.

»Aha?«, meinte ich, bereits Unheil erwartend.

»Die polnische Lyrikerin Wisława Szymborska bekommt den Goethepreis der Stadt Frankfurt. Da würden wir Sie gerne mit der

Herstellung eines 45-Minuten-Features beauftragen. Haben Sie Zeit?«

»Aber klar«, antwortete ich in vorauseilendem Gehorsam. »Klingt sehr interessant … Ich kann zwar kein Polnisch … ja, ja, möchte ich sehr gerne machen.«

»Der Sendetermin steht bereits fest«, strahlte er.

Erstaunen meinerseits.

»In vier Wochen«, sagte er fast beiläufig. »Der Kameramann wartet bereits in Krakau auf Sie. Rufen Sie ihn gleich an.«

Er lächelte. »Machen Sie sich dran. Ihre Tochter braucht doch sicher neue Windeln.«

Die Falle war zugeschnappt. Wahrscheinlich war wieder ein Autor abgesprungen und die Sendung bereits im Programm ausgedruckt. Wenn ich nein gesagt hätte, hätte ich einen »so schönen Auftrag« abgelehnt. Das würde sich rächen. In einer »schnellen Truppe«, wofür sich die Aktuellen halten, bekommt man dann so schnell keinen mehr. Mir war durchaus klar, was auf mich zukommen würde: am Wochenende Gedichte lesen und den Film konzipieren. Vier Wochen bis zur Sendung sind kurz. Dreharbeiten in einer fremden, unbekannten Sprache, Schnitt, Text und Synchronisation. Die Kulturabteilung liebt Schnellschüsse und Autoren, die entschlussfreudig und spontan einen Härtetest absolvieren. Da wollte ich schon dazugehören.

Ich rief Andrzej, den Kameramann, in Krakau an. Wie immer war er gut gelaunt. Sein Unterton verriet aber, dass es sich um einen riskanten Sondereinsatz handelte.

»Die Dame ist nicht ganz einfach«, meinte er. »Ich bin mit Blumen und Frack zu ihr, habe alles versucht. Aber sie will kein Interview geben.«

»Wie bitte? Kein Interview? Und warum nicht?«

»Ihr Werk spreche für sich. Biografische Auskünfte würden nur irritieren. Sie spielten zum Verständnis ihres Werkes keine Rolle.«

»Aha. Und was machen wir jetzt?«

»Lass dir was einfallen.«

Mir fiel aber grad gar nichts ein.

»Na ja, ganz ablehnend ist sie nicht. Der Preis sei eine so große Ehre für sie, sagt sie. Sie will sich nicht versperren.«

Ich lachte, warum auch immer.

»Und was schlägt sie vor?«

»Sie könnte sich vorstellen, dass sie sich vielleicht vor der Kamera mit zwei Freunden unterhält.«

»Das sind doch gute Aussichten. Ich mach mir Gedanken.«

Ich legte auf. Vier Wochen bis zur Sendung. Adrenalinschock. Bluthochdruck. Aber die Ausschließlichkeit hat auch etwas Faszinierendes. Man schießt durch einen Tunnel.

Kurz entschlossen ging ich zwei Stockwerke nach oben und klopfte bei Cora an, einer ehemaligen Wohngemeinschaftsgenossin. Sie verdiente ihren Lebensunterhalt als Schriftstellerin und Rundfunkmoderatorin.

»Sag mal, hast du in nächster Zeit viel zu tun?«

»Immer«, murrte sie.

»Auch wenn ich dir ein gutes Angebot mache? Ein seriöses natürlich.«

»Was ist das denn für ein so tolles Angebot, mein Kleiner?«

»Du könntest endlich deinen größten Traum verwirklichen.«

»Und der wäre?«

»Nach Polen reisen und deine Lieblingslyrikerin kennenlernen.«

»Meine? Werde ich wenigstens dafür bezahlt!«

»Wie? Das auch noch?«

»Und wie heißt die Dame?«

»Wisława Szymborska.«

Ich schilderte ihr meinen Auftrag und was ich mit ihr vorhatte. Cora sollte im Film eine Literaturkritikerin spielen, die nach Polen reist, um endlich ihre Lieblingslyrikerin persönlich kennenzulernen. Sie würde durch Krakau wandeln, Frau Szymborskas Gedichte auf die Stadt projizieren, die Dichterin zu Hause besuchen, ihr das wunderbare und vor allem lange Gedicht »Möglichkeiten« auf Deutsch vorlesen und anschließend, zurück in Frankfurt, im Studio des Hessischen Rundfunks begeistert von ihrer Reise erzählen und die Dichtkunst der Wisława

Szymborska den Hörern der Sendung nahebringen. Wir würden sie überall mit der Kamera begleiten.

»Ich habe noch nie eine Zeile von ihr gelesen.«

»Ich auch nicht. Sie soll aber ganz toll sein. Polens Dichterikone. Jedes ihrer Bücher hat eine Erstauflage von 40 000.«

»Wird doch bezahlt? Oder?«

»Aber nur, weil du's bist.«

»Ich hab zufällig Zeit«, sagte sie, »weil du's bist, mein Schätzilein.«

»Wir begleiten dich auch. Ganz groß. Mit Kamera.«

So ging ich, etwas erleichtert, ins Wochenende, um Lyrik zu lesen. Von Wisława Szymborska.

Unter den Gedichten war auch das folgende:

Das erste Foto

Wer ist denn der Süße im Strampelanzug?
Das ist klein Adi, der Sohn der Hitlers.
Vielleicht wird aus ihm ein Doktor der Rechte,
vielleicht ein Tenor an der Wiener Oper?
Wem diese Patschhändchen, Öhrchen, Äuglein, das Näschen, das Hälschen,
das milchgefüllte Bäuchlein einmal gehören werden, ist nicht bekannt.
Vielleicht einem Buchdrucker, einem Kaufmann, Pfarrer,
Medizinalrat?
Wo nur die komischen Beinchen einmal hinwandern werden,
wohin?
Ins Gärtchen, zur Schule, ins Amt, zur Trauung
vielleicht mit der Tochter des Bürgermeisters?

Du Bübchen, Engelchen, Sonnenscheinchen, Krümchen.
Als er geboren wurde vor einem Jahr,
fehlten die Zeichen am Himmel und auf der Erde nicht;
Aprilsonne, Pelargonien am Fenster,
Leierkastenmusik im Hof,

die günstige Prophezeiung auf Seidenpapier,
kurz vor der Niederkunft der prophetische Traum
der Mutter,
ein Täubchen im Traum zu sehen, bedeutet Gutes,
es fangen – dann steht ein lang erwarteter Gast ins Haus,
klopf, klopf, wer ist da, so klopft das Herzchen von Adi.

Der Schnuller, die Windeln, das Lätzchen, die Rassel.
Der Bub ist, gottlob und unberufen, gesund.
Er ähnelt den Eltern, dem Kätzchen im Korb,
den Kindern aus anderen Familienalben.
Na na, wer wird denn gleich weinen, gut so,
der Herr Fotograf unterm schwarzen Tuch macht klick.
Klinger'sches Atelier an der Grabenstraße, Braunau.
Braunau ist eine nicht allzu große, ruhige Stadt.
Solide Firmen, biedere Nachbarn,
Geruch von Hefeteig, Kernseife und so fort.
Kein Hundegeheul, keine Schicksalsschritte.
Der Lehrer für Weltgeschichte lockert den Kragen
Und beugt sich gähnend über die Schülerhefte.[1]

Das Gedicht durfte natürlich im Film nicht fehlen.

Am Montag rief ich Andrzej an und bat ihn, Frau Szymborska zu fragen, ob sie bereit wäre, zu ihren eigenen Kindheitsfotos Auskunft zu geben. Wir würden die Fotos über ihre Schulter filmen, während sie uns etwas zu ihnen erzählt. Eine halbe Stunde später rief Andrzey mich an. Sie sei einverstanden.

Am nächsten Abend flog ich nach Krakau, mit Aeroflot. Draußen Sturm. Papiertüten füllten sich. Bei der Landung hüpfte das Flugzeug mehrmals, bevor es festen Boden unter den Rädern hatte. Die meisten Fluggäste Deutsche. Nach dem Ausstieg teilten sie sich in zwei Gruppen. Die eine war ich. Die anderen fuhren mit Bussen nach Auschwitz.

Am nächsten Tag grauer Himmel. Krakau war dunkelgrau, von Abgasen verrußt. Die große polnische Dichterin wohnte in einer eintönigen Massensiedlung. In ihrer kleinen Zweizimmerwohnung begannen wir, wie verabredet, Fotos aus ihrer Kindheit aufzunehmen. Andrzej fragte sie dazu, Frau Szymborska antwortete.

»Was sieht man auf diesem Foto?«

»Dieses Foto zeigt mich vor etwa dreißig Jahren. Wissen Sie, ich habe ein hervorragendes Mittel, um jung zu bleiben. Es heißt: jung sterben.«

»Wenn man das aber nicht tut, gibt es weitere Bilder. Zum Beispiel dieses Familienbild.«

»Ja, dieses ist in Kurnik gemacht worden. Ich bin die da auf dem Schlitten. Daneben steht meine ältere Schwester. Das ist meine Mutter, das ist mein Vater und das meine Amme.«

»Ist das die Schwester, die keine Gedichte schreibt?«

»Ja, sie schreibt keine Gedichte. Das stimmt.«

»Wann ungefähr wurde das Foto aufgenommen?«

»Ich weiß gar nicht, wie alt ich da war. Vielleicht ein Jahr.«

»Wie war die Beziehung zwischen Ihren Eltern? Gut?«

»Ich hatte eine sehr glückliche Kindheit. Ich hatte sehr kluge Eltern. Mein Vater war immer zum Gespräch bereit. Ich konnte ihn immer fragen. Auf alle Fragen, die ich ihm stellte, antwortete er mir. Meine Mutter war für praktische Sachen da. Das Verhältnis zwischen meinen Eltern war wunderbar. Ich kann es nicht anders sagen. Wenn jemand sagt, dass er eine unglückliche Kindheit hatte, dann bemitleide ich ihn sehr. Ich hatte eine glückliche Kindheit, zumindest bis zum Kriegsausbruch war sie gut.«

Da war die Dichterin sechzehn Jahre alt.

Plötzlich hatte ich eine Idee. Ich flüsterte sie Andrzej ins Ohr.

Andrzej übersetzte umgehend: »Unser Autor sagt mir grade, ihm gefalle das Gedicht ›Das erste Foto‹ sehr. Seine Urgroßmutter sei die Hebamme des kleinen Adolf Hitler gewesen.«

Was folgte, war wunderbar. Ich hatte die richtige Intuition. Wisława Szymborska entspannte sich. Sie war sichtlich gerührt und geriet in Schwingung.

Ich flüsterte Andrej zu: »Frag sie, ob sie etwas dagegen hätte, wenn wir zu dem Gedicht eine Frage stellen würden.«

Andrzej übersetzte. Sie zögerte etwas, schaute mich an, ein Gemisch aus Ernst und Lächeln huschte über ihr Gesicht.

»Vor der Kamera?«, fragte sie.

Ich lächelte sie an.

Vorsichtig nickte sie.

Andrzej richtete die Kamera umgehend neu ein. Sie saß jetzt direkt davor.

Andrzej fragte: »Wie kamen Sie auf die Idee, ein Gedicht über das Kinderfoto von Hitler zu machen?«

»Auf diese Frage gibt es keine Antwort. Man denkt an etwas, auf einmal erscheint etwas ... Ich hatte einen Bildband über Hitler gesehen, in dem die einzelnen Phasen seines Lebens gezeigt wurden. Das erste Bild darin war das eines kleinen Kindchens mit schönen großen Äuglein, die vertrauensvoll in die Welt blickten ... und das hat mich irgendwie inspiriert.«

»Von Stalin gibt es auch schöne Kinderfotos.«

Sie lachte: »Ja. Ja. Wir waren alle einmal schöne Kinder. Aber groß geworden ist man dann doch unterschiedlich.«

Ich dachte über eine weitere Frage nach.

»Was? Noch eine Frage?«, sagte sie belustigt, aber freundlich. »Dann machen wir aber Schluss! Oder?«

Sie hatte die Angst vor der Kamera verloren und zu uns Vertrauen gefasst. Das Eis begann zu schmelzen. Es schien plötzlich ein unsichtbares Band zwischen ihr und uns zu geben. Einen Augenblick, in dem ich ein geheimes Wissen mit ihr teile. Als gäbe es selbst in der nächsten Nähe von Hitler noch Platz für Unschuld.

Meine Urgroßmutter

Rosalia Hörl (geb. Schichtl)

Fotos können täuschen, aber ich denke, meine Urgroßmutter Rosalia war eine energische, selbstbewusste Frau. Der Fächer in ihrer linken Hand kommt mir vor wie ein Staubwedel. Mit dem hat sie vielleicht die Weltkugel geputzt, an der Adolf Hitlers Vater oft gestanden haben soll, um über Geopolitik nachzudenken. Jahrelang war Rosalia als Haushaltshilfe bei der Familie Hitler im Dienst. Einige ihrer Erlebnisse dort erzählte sie meinem Vater, und er hat mir einiges weitererzählt.

Der Reichsstelle für Sippenforschung im Reichsministerium des Inneren, vertreten durch die NSDAP-Dienststelle Braunau am Inn, bin ich außerordentlich dankbar. Sie haben meiner Mutter 1944, bevor sie zum Standesamt ging, einen lupenreinen, reinrassigen Ahnenpass ausgestellt. Er reicht zurück bis zu meinen Ururgroßeltern. Ich bin sicher, dass er ordnungsgemäß ausgefüllt wurde. Damit wurden mir langwierige Recherchen erspart.

Das sogenannte Hörl-Haus, Ende der 1930er-Jahre

Laut Ahnenpass ist meine Urgroßmutter am 9. Juni 1862 als Rosalia Schichtl in Mühlheim am Inn auf die Welt gekommen. Mühlheim ist ein 700-Seelen-Dorf, 15 Kilometer von Braunau entfernt, innabwärts. Im Alter von 23 Jahren heiratete sie am 18. August 1885 den aus Salzburg stammenden Hausbesitzer Georg Hörl. Rosalia Hörl wohnte von da an bis zu ihrem Tod 1948 im Haus Altstadt 16 in Braunau.

Die Frau, die auf dem Foto im ersten Stock aus dem Fenster schaut, ist meine Urgroßmutter Rosalia. Da ist sie bereits im Ruhestand. Die früheren Hinweisschilder, die am Haus angebracht waren, sind abgeschraubt. Dort war zu lesen: »Dienstvermittlung der Rosalia Hörl, I. Stock« und »Rosalia Hörl, lizenzierte Hebamme«.

Zur Zeit ihrer Heirat war Rosalia bei den Hitlers als Haushaltshilfe tätig. 1887, zwei Jahre nach Dienstantritt wurde sie als staatlich lizenzierte Hebamme mit bestem Abschlusszeugnis zugelassen. Laut ihrer eigenen Aussage übte sie diesen Beruf auch am 20. April 1889 bei der Geburt von Klara Hitlers Sohn Adolf aus. Im kirchlichen Taufbuch steht als Hebamme eine Franziska Pointecker. Meine Urgroßmutter hat aber immer wieder, in Interviews und auch meinem Vater gegenüber, beteuert, selbst die Hebamme gewesen zu sein. Meine Mutter, die bei ihr die ersten zwanzig Jahre ihres Lebens wohnte, hat nie widersprochen, wenn mein Vater mir davon in ihrer Anwesenheit erzählte. Es könnte doch sein, dass die beiden Hebammen aus Zeitgründen Tauftermine untereinander ausgetauscht haben. Vielleicht waren beide Hebammen an der Geburt beteiligt. Vielleicht hat Rosalia Heißwasser gemacht und Franziska Pointecker den Kleinen als Erste in Händen gehalten. Vielleicht war es auch umgekehrt. Franziska Pointecker wohnte laut »Braunauer Häuserchronik« (1945) in dem schmalen Haus Salzburger Vorstadt 3, noch näher bei den Hitlers als Rosalia.

Nach der Geburt Adolf Hitlers wohnte die Hitler-Familie noch etwa ein Jahr in der Salzburger Vorstadt 15. Dann zogen sie für ein paar Monate in das Haus meiner Großmutter, bevor sie in der Linzer Straße eine dauerhafte Bleibe fanden.

Meine Urgroßmutter verhalf Tausenden Braunauer Kindern zur Welt. Sie half auch meiner anderen Urgroßmutter, Elise Schneider, bei der Geburt ihrer zwölf Kinder. Eines davon war mein Großvater Karl. In ihrem eigenen Haus, Altstadt 16, stand sie ihrer Tochter bei der Geburt meiner Mutter zur Seite. Bei meiner Geburt war sie seit einem Jahrzehnt im Ruhestand. Ich wurde 1945 im Braunauer St.-Josefs-Krankenhaus geboren. 36 Stunden habe sich meine Mutter mit mir abgequält, erzählte mir mein Vater. Da habe ihr auch Rosalia nicht helfen können. Sie war zwar anwesend, aber nur als seelischer Beistand.

Während Rosalia und mein Vater im Krankenhausflur auf mein Erscheinen warteten, dachte sie wohl auch an die Geburt des »kleinen

Adi« zurück, als sie sagte: »Wenn ich gewusst hätte, was aus dem kleinen Adolf mal wird, hätte ich ihm die Nabelschnur um den Hals gelegt.« Da meine Urgroßmutter aber keine hellseherischen Fähigkeiten hatte, hat sie den Krieg auch nicht verhindern können.

Adolf Hitler hat ihr jedes Jahr zu ihrem Geburtstag einen Blumenstock überbringen lassen. Das erzählten mir sowohl mein Vater als auch Elli[1], die beste Freundin meiner Mutter. Sie hat die Ankunft einer Azaleenschale mit einem Gruß Hitlers selbst miterlebt.

Sie war eine absolute Vertrauensperson zu Beginn vieler verschiedener Lebensläufe. Vielleicht hat Hitler meine Urgroßmutter als seinen Schutzengel betrachtet, da er ja, wie bekannt, bei zahlreichen Anschlägen immer wieder mit dem Leben davongekommen war.[2] Abergläubisch soll er jedenfalls gewesen sein.

Das Triangulum

In Braunau interessieren mich vor allem drei Häuser. Sie bilden ein enges Dreieck, aus dessen Mitte, wie der Finger Gottes, einer der mächtigsten und höchsten Kirchtürme Österreichs emporragt. In diesem Dreieck, meinem Triangulum, spielte sich das Leben meiner Vorfahren mütterlicherseits ab – meine Mutterwelt.

Es ist schon merkwürdig: Leben und familiärer Hintergrund meiner Mutter sind mir über Jahrzehnte weitgehend unbekannt geblieben. Dennoch bin ich diesem Leben mehr zugetan, empfinde viel spontaner und aufgeschlossener als gegenüber der Vaterwelt, in der ich meine Kindheit verbrachte. Ich kann Braunau heute so nahe »an mich heranlassen«, weil in den Häusern keine »Geister« wohnen. Geister nenne ich Menschen, mit denen ich eine längere Phase meines Lebens verbracht habe, die mir in der einen oder anderen Weise sehr zugesetzt haben, die aber nicht mehr existieren. Phantomschmerz steigt in mir auf. Das ist in Braunau anders. Die meisten meiner Verwandten in Braunau habe ich nie gesehen oder kaum erlebt. Ich war in meiner Kindheit und Jugend mit einer Ausnahme nie in Braunau und kein Verwandter aus Braunau hat uns je in Bad Nauheim besucht.

Weil ich in Braunau kaum jemanden kannte, kann ich für die Stadt und ihre Bewohner ein spontanes Gefühl entwickeln; ich kann mich ihnen emphatisch nähern. Das passierte mir oft in fremden Städten, in denen ich nur kurz zu Besuch war, meist zu Dreharbeiten. Dann fühlte ich mich den Menschen nahe, mit denen ich mich dort beschäftigte. So ging es mir mit Martin Luther King jr. in Washington, mit Sigmund Freud in Italien oder mit Goethe in der französischen Champagne.

Orte hingegen, in denen ich lange gelebt habe, sind für mich mit Spannung und Melancholie aufgeladen, sind Geisterstädte. Am stärksten überkommt mich die Schwermut in meiner Vaterstadt Bad Nauheim, besonders seit dem Tod meiner Eltern. Dagegen empfinde ich die verstorbenen Verwandten in Braunau nicht als Geister, sondern einfach als Bewohner meines Triangulums.

Hitlers Geburtshaus, das »Gasthaus zum Hirschen«, wurde 1912 von Josef Pommer übernommen

Das erste Haus dieses Triangulums ist das Geburtshaus von Adolf Hitler, in der Salzburger Vorstadt 15. Dieses Haus, im Biedermeierstil erbaut, in dem meine Urgroßmutter Rosalia zwischen 1884 und 1890 als Hausmädchen bei den Hitlers arbeitete, ist heute unbewohnt, verkommen, steht aber seit der Hitler-Zeit unter Denkmalschutz. Der jetzige österreichische Innenminister würde es am liebsten abreißen lassen, womit die Deutschnationalen sehr einverstanden wären, da ihre Vorstellung von »Neuanfang« bedeutet,

Schluss mit der Vergangenheit zu machen, um an diese wiederum unbeschwerter anknüpfen zu können.

Hitler sah sein Geburtshaus zum letzten Mal am 12. März 1938. Da hatte man eiligst die Adresse in Adolf-Hitler-Straße 15 umbenannt. Bis 1890 hieß es nach dem Flurstück, auf dem es stand: Vorstadt 219. Damals gab es noch keine Straßenbezeichnungen. Die häufigen Adressenwechsel waren für einen Spontan-Historiker wie mich zunächst verwirrend. Vermutlich ging es der Dichterin Wisława Szymborska so, als sie den Herstellungsort des einzigen erhaltenen Baby-Fotos von Hitler suchte. Sie schrieb einfach »Grabenstraße« als Adresse für das Klinger'sche Fotoatelier. Eine Grabenstraße hat es in Braunau aber nie gegeben. Tatsächlich befand sich das Fotostudio in der Villa Vorstadt 318, heute Ring-Straße 23.

Bevor Adolf Hitlers Vater, Alois Hitler, mit seiner zweiten Frau Fanni in das »Gasthaus zum Hirschen«, damals noch Vorstadt 219 zog, wohnte er in erster Ehe im Gasthaus Streif, Außer der Stadt 291. Das Haus soll heute irgendwo in der Linzer Straße stehen, wenn es überhaupt noch existiert. Selbst der versierte Lokalhistoriker Florian Kotanko, der einen guten Überblick über die 500 Häuser hat, in denen etwa 3000 Braunauer gewohnt haben, wusste es nicht genau.

Das zweite Haus meines Triangulums ist das bereits genannte Hörl-Haus. Es ist ein prächtiges zweistöckiges, mittelalterliches Haus mit einer Barockfassade, prominent gelegen am Kirchplatz, ganz nah der riesigen St. Stephanskirche. Die Adresse ist heute »Altstadt 16«, ursprünglich »Haus Nr. 50« und zwischendurch auch mal »Kirchplatz 16«. In diesem Haus lebte meine Urgroßmutter mit ihrem Mann Georg Hörl, dem Besitzer des Hauses, der Wohnungen vermietete. Hier sind meine Großmutter, meine Mutter und deren Schwester Elfi geboren und haben dort gelebt. Die Familie Hitler zog 1890 vorübergehend in dieses Haus, dann aber, im August 1890, weiter in die Linzer Straße 47, vormals Haus Nr. 123.

Das dritte Haus meines Triangulums ist das schmale Haus Stadtplatz 36. Es existiert in seiner ursprünglichen Form nicht mehr. Jetzt sind die Häuser Stadtplatz 35, 36 und 37 eine Einheit. Heute befindet sich hier die VKB, die Volkskreditbank, eine katholische Gründung. Ihr gehörte das Haus Stadtplatz 36 seit dem 19. Jahrhundert. Die Linzer »Volkskredit«, 1873 vom katholischen Volksverein gegründet, finanzierte 1881 dem katholischen Buchdrucker und Journalisten Josef Stampfl den Betrieb. Das Haus und die dort produzierten Produkte haben über Jahrzehnte am Tropf der Kirche gehangen.

Das Haus Stadtplatz 36: Josef Stampfl & Co.

In diesem Haus arbeitete und lebte mein Urgroßvater, der Buchdrucker Josef Schneider. Er war der Großvater meiner Mutter väterlicherseits. Zusammen mit seiner Frau Elise und sechs Söhnen bewohnte er eine kleine Zweizimmerwohnung im zweiten Stock. Zwei seiner Söhne, Rudi und Willi, wurden aufgrund ungewöhnlicher Fähigkeiten weltberühmt.

Ich brauchte einige Zeit, um die Geschichte dieser drei Häuser und das Leben darin kennenzulernen. Ich nenne sie im Folgenden nur noch mit dem heutigen Namen: Das Geburtshaus Hitlers in der Salzburger Vorstadt 15, das Haus meiner Urgroßmutter Altstadt 16 und das Haus Stadtplatz 36, für mich das »Schneider-Haus«, in dem mein Großvater Karl, der älteste der sechs Söhne aufwuchs.

Zieht man eine Verbindungslinie zwischen den drei Häusern, erhält man ein gleichschenkliges Dreieck, mein Triangulum. Das Schneider-Haus, Stadtplatz 36, ist sowohl vom Hörl-Haus wie auch vom Führer-Haus (so nannte es meine Urgroßmutter später) gleich weit entfernt. Es sind nur jeweils etwa 140 Meter, zu Fuß zwei Minuten. Das Hörl-Haus und das Führer-Haus sind etwa 220 Meter Luftlinie voneinander entfernt. Zu Fuß sind das eher 280 Meter. Die große Stadtpfarrkirche, die dazwischen liegt, muss umgangen werden. Dafür brauche ich knapp vier Minuten. Ein Rundgang zwischen allen drei Häusern dauert also nicht mal ganze acht Minuten. Für mich ist das Triangulum eine geometrische Figur, die Harmonie schafft. Harmonie zwischen diesen drei Häusern?

Tatsächlich konnten das Leben und der Geist in diesen drei Häusern nicht gegensätzlicher gewesen sein. Und doch gehören sie zusammen.

Das »Führer-Haus«

Im »Gasthaus zum Hirschen« wohnte die Familie Hitler: Vater Alois und seine dritte Ehefrau Klara, zwei Kinder aus Alois' erster Ehe, der gemeinsame einjährige Sohn Adolf, genannt »Adi«, und Klaras Schwester Johanna, eine Schizophrene (so hieß der Sammelbegriff damals für schwere psychisch-abnorme Auffälligkeiten). Alois ist der Hausherr, er dominiert die Szene. Als staatsbeamteter Geldeintreiber bringt er den Familienlohn nach Hause und bestimmt, wo es langgeht. Seine Frau Klara verhält sich ihm gegenüber unterwürfig. Trotz Ehe spricht sie ihn mit »Onkel« an, erinnerte sich meine Urgroßmutter. Sie unterstützt Klara, die selbstlos den Haushalt in Schwung hält. Alle sind zufrieden, wenn der Versorgungsapparat keine Störungen aufweist und Alois seine Ruhe hat. Die Freizeit verbringt der Patriarch meist im Wirtshaus. Dort hält er mit seiner antiklerikalen Weltanschauung nicht hinterm Berg und steuert Amouren mit Köchinnen und Kellnerinnen an. Sie habe er auch zu verführen versucht, deutete meine Urgroßmutter Rosalia einmal an. Alois Hitler schien auf diesem Gebiet hemmungslos gewesen zu sein.

Er, der uneheliche Sohn der Anna Schicklgruber, stammt aus ärmlichsten Verhältnissen. Nach der Volksschule wanderte er als Dreizehnjähriger nach Wien, machte eine Schusterlehre und die Gesellenprüfung. Das reichte ihm aber nicht. Nach dem Militärdienst schlug er die Beamtenlaufbahn ein und machte Karriere als K-u.-k.-Steuereintreiber. Bereits im Alter von 34 Jahren wurde er 1871 zum »Controller« beim Nebenzollamt I. Klasse in Braunau ernannt und 1875 zum »Zollamtsofficial« im höheren Dienst. Ungewöhnlich für einen Volksschulabsolventen. Darauf war er stolz. Auf Fotos ließ er sich gerne als pflichtbewusste Respektsperson abbilden.

Er hatte sich in der Autoritätshierarchie des K-u.-k.- Finanzwesens hochgearbeitet und wurde pedantisch und eitel. Er legte Wert darauf, dass man ihn mit »Zollamtsoberofficial« ansprach. Zeitgenossen charakterisieren ihn als Wichtigtuer, streng, humorlos und überpünktlich. Er konnte »zum Tier« werden, wenn jemand in seinem Aufgabenbereich die Gesetze nicht korrekt befolgte. Seinen Dienst absolvierte Alois teilweise in Simbach, direkt gegenüber von Braunau auf der anderen Seite des Inn in Bayern. Dort freundete er sich mit dem Zollbeamten Carl Wessely an. Jeden Tag »tschecherten« sie nach der Arbeit den Dämmerschoppen. Carl war tschechischer Herkunft, ein Indiz dafür, dass Alois kein Deutschnationaler mit Arierspleen war. Das betonte auch meine Urgroßmutter Rosalia Hörl im Interview mit einem amerikanischen Kriegsreporter. Der staatstreue Alois sei weder deutschnational noch Antisemit gewesen. Im Gegensatz zu seinem Sohn schätzt er das Völkergemisch der Habsburgermonarchie.

Alois Hitler war kein Familienmensch. Sein Zuhause war das Wirtshaus. Dem Patriarchen hat die Frau zu dienen und für den Haushalt zu sorgen. Die jungen Kellnerinnen in den Wirtshäusern dienten seinen Gelüsten nach sexuellen Ausschweifungen. Er repräsentierte die Männerwelt des Berufs und des Stammtisches. Seinem Sohn gegenüber führte er ein strenges Regiment. Adolfs Frechheiten wurden mit Prügel bestraft. Die enge Beziehung, die der Sohn zu seiner Mutter hatte, kränkten ihn, machten ihn wütend. Dann prügelte er derart auf den kleinen Adi ein, dass man um sein Leben fürchten musste. Zumindest stellen Psychoanalytiker, die nach Ursachen für Hitlers Denken und Handeln suchten, es später so dar. Als Führer hielt Adolf Hitler die Prügelstrafe für die einzig sinnvolle und nützliche Strafe. Freiheitsentzug sei wirkungslos und für den Strafvollzug völlig ungeeignet. Wer Mann werden will, müsse viele Schläge aushalten, nicht viel Bier trinken können.

»Wir werden Volk, wir sind der rohe Stein. Du, unser Führer, sollst der Steinmetz sein«, heißt es in einer Führerhymne von Heinrich Anacker. »Schlag immer zu! Wir halten duldend still. Da deine strenge Hand uns formen will!«

Alois Hitler schlug den kleinen Adi mit einer Nilpferdpeitsche, damit er parierte, heißt es. Später hatte sein Sohn ebenfalls eine schwarze Nilpferdpeitsche dabei, wenn er mit seinem Hund ausging. Ein Fetisch, Symbol für sein Verlangen nach absoluter Gefolgschaft und Gehorsam.

Meine Urgroßmutter will von alldem nichts mitbekommen haben. Hitlers Vater Alois sei der leutselige Gebieter gewesen, den sie bewunderte. Ein Gemütsmensch, kein Gewaltmensch. Sie muss auch seine andere Seite gekannt haben, hat dazu aber nie öffentlich Stellung genommen.

Alois Hitler brachte es zu insgesamt drei Ehen. Danach züchtete er nur noch Bienen. Zwei der Ehefrauen starben, vielleicht aus Eifersucht und Gram, denn er bestand auf seinem ausschweifenden Leben. Jeden Tag hielt er beim Dämmerschoppen Ausschau nach jungen Serviererinnen...

1873 – er war bereits drei Jahre in Braunau – heiratete er erstmals. Seine Braut, Anna Glasl-Hörer, war vierzehn Jahre älter als er. Alois war 36 Jahre alt, Anna fünfzig.[1] Vermutlich war es keine Liebesheirat, sondern eine »gute Partie«. Die Tochter eines hohen Finanzbeamten war für seine Karriere und das gemeinsame Bankkonto förderlich.

Ein Jahr nach der Eheschließung stellten die beiden Eheleute ein junges Dienstmädchen namens Antonia Mayr ein. Ob Alois mit diesem Mädel das Liebesabenteuer gesucht und gefunden hat, ist nicht überliefert. Der Biograf Jetzinger, der sehr penibel in diese Richtung recherchiert hat, konnte nichts Genaues in Erfahrung bringen. Wenn man aber Alois´ grundsätzliches Interesse an »jungen Dingern« berücksichtigt, liegt die Vermutung nahe.

1876 änderte der Zollamtsofficial Alois Schicklgruber seinen Namen in Alois Hitler, um als unehelicher Sohn eines Hiedlers in den Genuss von dessen Erbschaft zu kommen. Es war Vorschrift, die Namensänderung in seinem Heimatdorf vorzunehmen. Bei dieser Gelegenheit lernte er seine Cousine Klara kennen. Das schlanke junge Mädchen mit langen braunen Haaren fiel ihm auf, wenn auch noch nicht um den Hals. Sie soll ihn angehimmelt haben. Alois meinte zu Klaras Vater, es sei doch schade um die Kleine, wenn sie auf dem Land verdorren würde, in der Stadt könne sie etwas sehen und lernen. Er wolle sie zu sich nehmen, als haushälterische Stütze für seine inzwischen 54-jährige Frau. Klara, die damals Siebzehnjährige, später dritte Ehefrau von Alois und Mutter von Adolf Hitler, folgte bald dem Rat des »Onkels« und reiste nach Braunau, um in die Wohnung des Ehepaares Hitler einzuziehen.

Da Gasthäuser Alois Hitlers privater Lebensmittelpunkt waren, wohnte er mit Anna im »Gasthaus Streif«. Die Ehe zwischen Anna und Alois Hitler dauerte sieben Jahre und wurde 1880 wieder geschieden. Im »Gasthaus Streif« hatte Alois längst sein Auge auf die neunzehnjährige Bauerntochter Franziska Matzelsberger, genannt Fanni, geworfen, die dort den Beruf der Kellnerin oder der Köchin erlernte. Vielleicht war auch Klara der Grund für die Scheidung. Wahrscheinlicher ist aber, dass der inzwischen 43-jährige Alois mit Fanni ein Verhältnis angefangen hatte. Denn nach der Scheidung nahm Alois sie gleich zu sich in die Wohnung und lebte dort mit ihr in »wilder Ehe«. Im Gegensatz zu Anna ließ sich Fanni nichts gefallen. Sie verlangte von Alois, dass er Klara nach Wien »auslagerte«.

Ein gutes Jahr später, im Januar 1882, bekommt Fanni ihr erstes Kind, Alois jr., außerehelich. Ein Jahr später, im April, stirbt Anna still und einsam an »Abzehrung«, wie ein Arzt feststellte. Alois ist an ihrem Schicksal nicht interessiert. Er nimmt nicht mal an ihrem Begräbnis teil. Einen Monat später heiratet er Fanni, die im Juli von ihrem zweiten Kind, der Tochter Angela, diesmal ehelich entbunden wird. Jetzt besteht Alois darauf, dass Klara zurück in den Haushalt kommt, zur Unterstützung von Fanni. Es dauert nicht lange, bis Fanni zu leiden beginnt. Sie kränkelt und zieht im Herbst nach Ranshofen (heute in Braunau eingemeindet). Sie ist lungenkrank.

Irgendwann in dieser Zeit zieht die Familie Hitler vom »Gasthaus Streif« in das »Gasthaus zum Hirschen«, das uns als Hitlers Geburtshaus bekannt ist. Klara sorgt für Fannis Kinder und ist auch um Fanni liebevoll bemüht. Sie besucht sie oft in Ranshofen und muss dafür eine Fußstrecke von einer Stunde pro Weg zurücklegen. Ein Jahr später im August 1884 stirbt Fanni mit 23 Jahren an Tuberkulose.

Das Schicksal dieser Frau hat nicht nur Klara, sondern auch meine Urgroßmutter Rosalia tief berührt. Sie besuchte öfters Fannis Grab in Ranshofen. Seit die Hitlers in der Salzburger Vorstadt wohnen, arbeitet sie im »Führer-Haus«. Für wen aber kochte sie? Für das Gasthaus? Oder für die Hitlers? Oder für beide zugleich? In welchem genauen Dienstverhältnis meine Urgroßmutter Rosalia Hörl zur Familie Hitler stand, weiß ich nicht. Sie selbst sagt, sie habe fünf, sechs Jahre mehr oder weniger als Kinderfrau, Köchin und Haushälterin für die Hitlers gearbeitet.

Anfang 1885 heiratet der inzwischen 47-jährige Alois die 24-jährige Klara, um 6 Uhr früh. An diesem Tag habe Alois Rosalia angeherrscht, dass »sie den Salon zu wenig geheizt habe und es zum Empfang der Trauzeugen noch zu wenig warm war«. In einer späteren Befragung[2] berichtet sie, das Hochzeitsmahl gekocht zu haben. Auch nach der Hochzeit habe Klara ihren Mann noch immer »Onkel« genannt und sich nicht daran gewöhnen können, dass er nun ihr Mann war. Auch Johanna, eine Schwester von Klara, »welche sehr zum Unterschied von dieser bös und eingebildet war«, sei nun in die Wohnung eingezogen.

Klara blieb der Hochzeitstag eindringlich in Erinnerung: »Um 6 Uhr früh haben wir in der Stadtpfarrkirche geheiratet, und um 7 Uhr ging mein Mann schon wieder in den Dienst.« Klara war bei der Hochzeit bereits im fünften Monat schwanger.

Im August desselben Jahres heiratete die 23-jährige Rosalia Schichtl den Hausbesitzer Georg Hörl und zog in das schöne Haus Altstadt 16. Fleißig führte sie jetzt einen Lebensmittelladen und einen Holzhandel. Außerdem machte sie eine Hebammenausbildung in Linz. Viel Zeit, sich um den Haushalt der Hitlers zu kümmern, wird sie jetzt nicht mehr gehabt haben. Allerdings wohnte sie nicht mal fünf Minuten zu Fuß vom Führer-Haus entfernt.

Klaras erster Sohn Gustav kam im Mai 1885 zur Welt; im September des darauffolgenden Jahres wurde Ida geboren. Beide Kinder starben im zweiten Lebensjahr an Diphterie. Als Hebamme für die beiden kommt Rosalia nicht infrage. Die staatliche Prüfung, die sie mit Note 1 bestand, fand erst 1887 statt, ihre erste Entbindung laut Taufregister erfolgte am 29. August 1887. Damit begann ihre 46 Jahre dauernde Karriere als Hebamme.

1933 erzählte Rosalia einem Journalisten[3], dass sie von 1886 bis 1889 »in den Diensten der Familie Hitler stand«. Wann auch immer sie für die Hitlers tätig war, Johanna, Klaras zwei Jahre jüngere Schwester, war keine große Stütze im Haushalt. Wegen der »spinnerten« Johanna hat Rosalia dann auch entnervt den Job bei den Hitlers hingeschmissen. Ob meine Urgroßmutter am 20. April 1889 Klara bei der Geburt von Adolf Hitler Beistand geleistet hat oder ob es Franziska Pointecker war, die im Taufbuch als Hebamme genannt wird, habe ich, wie oben beschrieben, nicht herausfinden können.

Laut Melderegister zogen die Hitlers am 8. Mai 1890 in die Altstadt 16. Vermutlich hat Rosalia Hörl in dieser Zeit weiter als Köchin oder Kindermädchen bei den Hitlers gewirkt. Im Interview von 1940 erzählte sie dem Parteigenossen Mück, dass »der Herr Oberofficial« sie beauftragt habe, »ihm täglich Bier zu holen«, und sie selbst musste auch mittrinken. »Es wurde mir oft ein Glas eingeschenkt.«[4] Ob es dabei zu Anzüglichkeiten kam, verriet sie nicht. Alois war 53, Rosalia 28 Jahre alt. Sie war ja nicht so töricht, gegenüber der Partei oder Journalisten mit einer Affäre zu prahlen, wenn es denn eine gegeben hätte.

»Als ich einmal gerade beim Ausputzen war, kam der ›gnä‹ Herr heim und wollte mir den Fußboden nicht wieder verschmutzen. Er begann seine Stiefeletten auszuziehen. Ich sagte ihm, dass er sich die Füße nass machen wird, er aber antwortete, er werde doch nicht mit den schmutzigen Schuhen hereintappen, da ich mich doch geplagt habe und das Wasser über zwei Stiegen herauftragen müsse.«

Als sie ihn einmal fragte, ob es ihn nicht geniere, mit »gewöhnlichen Leuten« in einem Haus zu wohnen, habe er geantwortet: »Er werde sich nicht viel um sie kümmern und ihnen danken, wenn er gegrüßt werde. Er war kein Schuft, sondern zahlte anständig. Finanziell hatte er keine Sorgen.«[5]

Die gedruckte Weihnachtskarte an die Hörls fand ich im Nachlass meiner Mutter.

Frohes Weihnachtsfest verbunden mit den besten Wünschen zum Neuen Jahr.

Alois Hitler und Frau

Mein Vater erzählte mir, »Adi« habe bei meiner Urgroßmutter im Haus immer Würmer gefuttert. Er berichtete auch, dass Alois Hitler oft am Globus stand, sich sehr für die Feldzüge großer Strategen interessierte und eine große Bibliothek mit militärischer Literatur besessen hatte. Insofern ist Charlie Chaplins Idee, in seinem Film *Der große Diktator* Hitler im Größenwahn am Globus Ballett tanzen zu lassen, eine zutreffende Parodie, auch wenn Chaplin den realen Hintergrund nicht gekannt haben konnte.

In dem mittelalterlichen Hörl-Haus mit den dicken Mauern lebten die Hitlers nur knapp vier Monate. Am 1. September zogen sie in die Linzer Straße 47. Dort blieben sie zwei Jahre, bis sie im August 1892 nach Passau weiterzogen. In dieser Zeit hat meine Urgroßmutter den kleinen »Adi« gelegentlich wiedergesehen. Eines Tages sei er ihr im Palmpark begegnet, wo das riesige Denkmal des erschossenen Buchhändlers Johann Philipp Palm steht. Da habe sie ihn gefragt: »Ja, wie kommst du denn daher?« Klein-Adi habe ein »Spielschürzerl« getragen und die Taschen mit Steinen angefüllt, mit denen er spielte. Rosalia sah ihn wahrscheinlich häufiger, hat darüber aber nichts hinterlassen.

Über Alois Hitler hat Rosalia, wie schon erwähnt, nie schlecht geredet. Der mittelgroße, rundliche Herr mit graublauen Augen und blondem Kaiserbart habe sehr energisch sein können, aber einen guten Charakter gehabt: Ein pflichtbewusster Zollbeamter, der ganz in seinem Dienst aufgegangen sei. Stolz, sich aus eigener Kraft emporgearbeitet zu haben. Zu Hause habe er oft den strengen, brummigen Familienvater gegeben, den man am besten in Ruhe ließ. Insgesamt, meinte sie, sei er ein selbstzufriedener Mann gewesen, der sich gerne mit der Bienenzucht beschäftigt habe.

Klara, Hitlers Mutter, wird von Rosalia als schlichte, arbeitssame Hausfrau geschildert, deren ganze Sorge dem Wachsen und Wohlergehen ihrer Kinder gegolten habe. Die Formulierungen klingen wie Zitate aus *Mein Kampf*. Als Adolf Hitlers Stern über Braunau aufging, glaubte Rosalia Hörl an den Führer Adolf Hitler.

Nach dem Anschluss Österreichs an das Deutsche Reich kaufte Martin Bormann im Auftrag Hitlers im Mai 1938 das Haus Salzburger Vorstadt 15. Hitler hatte bestimmt, dass es zu einem Parteilokal umgebaut werden soll. In der Braunauer Wochenzeitung *Neue Warte am Inn*[6], das im März 1938 vom katholischen, antisemitischen zum nationalsozialistischen Kampfblatt wurde, fand ich in der Ausgabe vom 1. Juni 1938 folgende Nachricht:

»Braunau, dessen frühere Bedeutung heute schon überstrahlt wird von dem Ruhm, des Führers Geburtsort zu sein, wird in Zukunft mehr noch als heute schon zu einer Stätte werden, die jeder Deutsche besucht haben will. Vor kurzem hat, wie berichtet, die NSDAP das Geburtshaus erworben. Es steht nun unter Denkmalschutz. Es ist jetzt geplant, das Haus wieder auf den Zustand zu bringen, den es hatte, als die Eltern des Führers es bewohnten. Der notwendige Umbau wird vor allem das obere Stockwerk des Hauses erfassen, in dem die Familie wohnte.

Es lebt in Braunau noch eine Frau, Rosalia Hörl, die einst bei der Familie Hitler bedienstet war. Heute, 80 Jahre alt, kann Sie sich dennoch deutlich an den einstigen Zustand der Wohnung der Familie Hitler erinnern. Nach ihren Angaben soll der Umbau der Wohnung erfolgen. Die ehemaligen Wohnräume werden ihre Inneneinrichtung wiederbekommen. Im übrigen sollen die Räume mit Bildern aus der Jugendzeit des Führers ausgestattet werden, so daß hier eine Erinnerungsstätte entstehen wird, die mit einmaliger Eindringlichkeit von dem Leben des Führers Zeugnis geben wird, das an dieser Stätte voll Schlichtheit und Einfachheit seinen Ausgang nahm. Das Geburtshaus des Führers war einst ein alter Einkehrgasthof und Rasthaus. Der geräumige Hof wird von schweren Bogengängen umschlossen.«[7]

Eilig hatte man es damit nicht. Erst fünf Jahre später wird es eröffnet, als Führer-Gedenkstätte, Volksbücherei und Kunstgalerie. Was auch immer Rosalia Hörl zu der Rekonstruktion von Hitlers Geburtszimmer beigetragen hat, heraus kam ein vollständig stilisiertes Zimmer. Die Decke mit Stuck verziert. Eine Deckenfunzel, die kaum Licht auf die düstere Blümchentapete wirft. Die weißen Vorhänge zugezogen, kein Blick geht nach draußen. Neben dem Fenster ein schmales Einzelbett, in dem der Führer zur Welt gekommen sein soll; vor dem Bett, im Anschnitt, das Waschlavoir. Schale und Schüssel, wie damals üblich. Alles sauber und aufgeräumt. Nichts liegt herum. Leblos. Ein Tisch mit Siegerkranzmuster. Das Gästebuch, geschlossen. Daneben ein Thonet-Stuhl. Leer. Sämtliche Alltagsspuren verwischt. An der Wand überlebensgroß das Porträt des Führers. Zahlreiche Bilderrahmen mit Bilddokumenten,

als ob es von den Hitlers viele Familienfotos gäbe. Vielleicht hat es das nach Angaben meiner Großmutter rekonstruierte Geburtszimmer nie in der Salzburger Vorstadt 15 gegeben und existierte nur als Postkartenklischee, vermutlich irgendwo aufgenommen, aber nicht am originalen Ort.

Am 2. Mai 1945 rückt die amerikanische Panzerdivision »The Black Cat« in die Geburtsstadt des Führers ein. Fünf Tage später interviewt ein amerikanischer Reporter meine Urgroßmutter in ihrem Haus. In der divisionseigenen Truppenzeitung erscheint dann der Artikel. Headline: »Adolf's Midwife is Glad He's Dead«. Darunter: »But 83 Year Old Frau Rosa Hörl Was Very Proud When Her Baby Became The Big Cheese In Europe«.

Der Kriegsreporter beschreibt die 83-jährige Rosalia Hörl als krumme, faltige Frau, die mit unübersehbarem Stolz behauptet, Adolf Hitler als Hebamme auf die Welt verholfen zu haben. Zugleich

Rosalia Hörl, um 1940

lege sie aber Wert darauf, von Politik nichts zu verstehen. Dennoch sei sie über Hitlers Tod froh. Habe er doch Deutschland und Österreich ins Unglück gestürzt.

»Zunächst war ich natürlich stolz, als Hitler die Führung des Deutschen Reiches übernommen hat«, zitiert sie der Kriegsreporter. »Jeder in Braunau hat ihn für einen ordentlichen Menschen gehalten. Wir haben alle gedacht, dass der Krieg nur sechs Wochen dauern würde, bis die Frage des Danziger Korridors geklärt sei. Meine Nachbarn sind der Meinung, dass preußische Politiker an dem Desaster schuld sind. Sie haben Hitler den Kopf verdreht. Ihn gedrängt, England und Amerika den Krieg zu erklären. Dadurch, dass er auf sie gehört hat, hat er alles kaputt gemacht.«[8]

Zur näheren Erklärung habe die »senile kleine Frau mit ihrer piepsigen Stimme, die eher ein Quieken ist«, erklärt: »Wissen Sie, die Österreicher und die Bayern mögen sich nicht.« Mit »Bayern« meinte Frau Hörl wohl sämtliche Deutschen. Bayern war für sie Deutschland, weil sie von Deutschland nur Bayern kannte und die Grenze von ihrem Haus nur einen Kilometer entfernt war.

Vom Reporter befragt, wie denn der kleine Hitler so gewesen sei, gab sie nur wenig Auskunft.

»Ein ganz normales, gesundes Baby. Das ist wirklich alles, was ich über ihn weiß«, begrenzte sie ihre Aussage.

Über Hitlers Eltern sagte sie mehr: »Ich kannte seinen Vater und seine Mutter sehr gut. Eine brave, ordentliche Familie. Politik war ihnen egal. Sie hatten keine Probleme, weder mit Juden noch irgendwelchen anderen Leuten. Der Führer muss seine Ansichten von anderen Menschen haben.«

Der Artikel schloss mit einer Beschreibung des Ortes, an dem das Interview stattfand. Der Reporter schrieb, er habe Rosalia Hörl in ihrem wunderschönen, rosa angestrichenen Barockhaus getroffen, »direkt hinter der Kirche, in der Hitler getauft worden war«. Sie wohne in dem Haus mit ihrer »hübschen Enkelin« zusammen.

So was, denke ich, davon hat mir die » hübsche Enkelin« nie etwas erzählt. Die hübsche Enkelin ist nämlich meine Mutter. Sie war zu diesem Zeitpunkt im fünften Monat schwanger. Mit mir.

Ich war peinlich berührt von dem »Käse«, den meine Urgroßmutter dem amerikanischen Kriegsreporter erzählte. Die Kopie des Artikels aus der Truppenzeitung *The Black Cat* hat mir der Braunauer Lokalhistoriker Florian Kotanko überreicht. Ich traf ihn im April 2016 im »Gugg« in der Linzer Straße.

»Es sieht so aus, als habe die Truppenzeitung eine gute Schlagzeile gebraucht«, meinte er mit einem süffisanten Lächeln.

Ich las die Headline.

»Sie meinen das mit der Hebamme?«

»Ja. Laut Taufregister war eine Franziska Pointecker die Hebamme.«

»Was beweist das schon?«

»Dass Rosalia Hörl nicht die Hebamme von Adolf Hitler war.«

Damit war für ihn die Sache erledigt. Für mich nicht.

»Meine Urgroßmutter hat nie behauptet, dass sie bei der Taufe anwesend war. Die Eintragung im Taufbuch spiegelt doch nur die Anwesenheit in der Kirche wider. Vielleicht wollte sie nicht zur Kirche gehen, oder sie musste für die Tauffeier kochen. Sie war ja gleichzeitig Köchin bei den Hitlers. Und Hebammen helfen sich gegenseitig aus.«

Kotanko schmunzelte.

»Sie meinen«, fragte ich nach, »es gibt so was wie Stolz, mit dem größten Gangster der Weltgeschichte Berührung gehabt zu haben? Das hatte sie auch als Haushälterin.«

»Ich bin mir nicht mal sicher, ob sie im April 1889 schon staatlich geprüfte Hebamme war«, meinte Kotanko.

Ich nahm aus einem Umschlag das Foto, das ich von Rosalia Hörl besitze, und verwies auf die Urkunde, die hinter ihr an der Wand hängt. Er war erstaunt. Das Foto kannte er nicht.

»Das Porträtfoto direkt hinter dem Kopf der Rosalia Hörl ist ihre Tochter, meine Großmutter Rosa Elisabeth.«

»... die leider früh verstorben ist.«

» Ja. Ein Trauma für meine Mutter. Sie war gerade sechzehn Jahre alt.«

»Verständlich.«

»Und darüber, ebenfalls eingerahmt, eine Urkunde: 46-jähriges Berufsjubiläum.«

»Kann man die Jahreszahl erkennen?«

»Leider nicht. Ich hab schon alles probiert.«

»Kann ich das Foto trotzdem verwenden?«

»Warum nicht?«, sage ich spontan. »Ich schick Ihnen eine Kopie zu.«

»Ich würde das Foto nämlich gerne in »Braunau-History« veröffentlichen.«

Florian Kotanko ist verdienstvoller Mitarbeiter der Internetseite »Braunau-History«, die die Geschichte Braunaus darstellt und schon auf viele Fehler in den berühmten Hitler-Biografien hingewiesen hat.

»Woher stammt eigentlich Ihre Urgroßmutter?«, fragte er.

Ich zog nicht ohne Stolz den Ahnenpass meiner Mutter hervor.

»Oh. Darf ich einsehen?«

Ich gab ihm das braune Heftchen.

»Darf ich das fotografieren?«

Ich nickte.

Er schaute sich die Seite an.

»Auch ihren Ehemann Georg Hörl, den Eigentümer des Hauses Altstadt 16?«

»Selbstverständlich.«

Dann startete ich einen letzten Versuch, den Hebammenstatus meiner Urgroßmutter zu retten: »Meine Urgroßmutter hat jedes Jahr von Hitler Blumen zum Geburtstag geschickt bekommen, meist eine Azaleenschale.«

»Kann sein. Dagegen spricht allerdings, dass sie nicht auf Hitlers Geschenkliste steht.«

»Ich habe dafür zwei Zeugen.«

Es war nichts zu machen. Kotanko wollte die Urgroßmutter als Hebamme kassieren.

»Ich bin sehr gespannt auf Ihr Buch«, sagte er abschließend. »Ich werde es dann sofort lesen. Wann kommt es heraus?«

»Im Herbst 2017 zur Frankfurter Buchmesse.«

»Und wie wird es heißen?«

»Weiß ich noch nicht.«

»Na, da haben Sie noch was vor. Bin wirklich sehr gespannt.«

Und freundschaftlich fügte er hinzu: »Eigentlich kann es Ihnen doch egal sein, ob Ihre Urgroßmutter tatsächlich Hitlers Hebamme war oder ob sie das behauptet, um sich Aufmerksamkeit zu erschwindeln. Es reicht doch, dass sie seit 1884 bei den Hitlers ein und aus ging, als Köchin, Haushaltsgehilfin oder Kindermädchen. Das bestreitet ja auch niemand.«

Ich wundere mich selbst, dass mir die Geschichte mit der Hebamme so wichtig ist. Ansonsten sind mir Hebammen eigentlich gleichgültig. Sie machen ihren Beruf wie andere auch. Aber bei meiner Urgroßmutter ist es etwas anderes. Sie war die Hebamme von Adolf Hitler.

Wir verabschiedeten uns.

»Kommen Sie morgen zur Gedenkstunde?«, fragte er einladend.

»Gerne. Wo findet die statt?«

»Am Mahnstein vor Hitlers Geburtshaus. 17:30 Uhr.«

»Ich bin da.«

»Das würde mich freuen«, fügte er abschließend hinzu.

Was wäre Braunau ohne Hitler.

Kastrationsdrohung

Zahlreiche Psychoanalytiker haben zu verstehen versucht, woher der unendliche Hass, der Hitler antrieb, stammen könnte. Die oft zu lesende These lautet, dass der Hass in einer missglückten Bewältigung der ödipalen Phase zu finden sei. Zu Beginn seines Buches *Mein Kampf* schwärmt Hitler von seiner Mutter Klara, die »in ewig gleicher liebevoller Sorge uns [Kindern] zugetan« ist.[1] In dieser Formulierung sahen die Analytiker die verdrängende Verharmlosung eines höchst konfliktreichen Geschehens. Allzu große Fürsorge vonseiten der Mutter habe der junge Adolf als eine sexuelle Überstimulierung erlebt und das brutale Verhalten seines Vaters als überdimensionierte Kastrationsdrohung. Da diese unbewusst fortwirkte, habe er sie ständig bei seinen öffentlichen Auftritten abwehren müssen, zum Beispiel, indem er eine Rednerpose einnahm, die einem erigierenden Penis ähnelte.[2] Auch imitierte er den »kastrierenden Blick« seines Vaters, – der seine Familie stets wie ein totalitäres Regime führte, – indem er grimmig in die Menschenmasse blickte und sich in enthemmte Wutausbrüche steigerte. Der brutale Herrscher Alois, der den Sohn durch Schläge demütigte und ihm gleichzeitig Respekt und Liebe abverlangte, missbrauchte das Kind im Dienste seiner strotzenden Virilität, eine Potenz, die Adolf gleichermaßen fürchtete und gleichzeitig begehrte. So habe sich in Hitler eine perverse Identität entwickeln können.[3] Seine spätere Grausamkeit sei als Rache für seine früh erlittenen narzisstischen Kränkungen zu verstehen.

Welches Verhältnis hatte Hitler zu seiner Geburtsstadt Braunau? Vermutlich kein besonders positives. Er hatte begriffen, dass seine

Geburtsstätte weder für seinen Ruhm noch für einen Führer-Mythos taugte. Ein Blick auf Stalins Geburtsstätte mag ihm das bewusst gemacht haben. Stalin, vielleicht sein größter Konkurrent, wurde in einer kleinen Backsteinhütte geboren. Die Kindheit verbrachte er in großer Armut. Er war ebenso bäuerlicher Herkunft wie Hitler. Die Väter von Hitler und Stalin erlernten beide das Schusterhandwerk. Hitlers Vater hatte sich zum Staatsbeamten hochgearbeitet, Stalins Vater dagegen landete in einer Schuhfabrik. Die Mutter Stalins war willensstark, und sie unterstützte seine Entwicklung. Stalin war weder mit dem aristokratischen Sankt Petersburg noch mit dem Bürgertum von Moskau jemals in Berührung gekommen. Der Revolutionär kam aus der untersten Gesellschaftsschicht.

Hitlers Geburtsort dagegen roch weder nach revolutionärer Urkraft noch nach naturhafter Primitivität; ihm war nur der zweite Stock eines Vorstadtgasthauses vergönnt. Sein Geburtszimmer lag über der Gaststube, in dem Kleinbürger an Biertischen palaverten

Salzburger Vorstadt 15, von der Rückseite, im Hintergrund das Gasthaus (Hitlers Geburtshaus), vorne rechts die Stallungen

und der Vater abendlich beim Dämmerschoppen das Wort führte. Hitler wusste, dass ein solches Ambiente dem Mythos eines zukünftigen Welteroberers nicht dienlich war. Das idyllische Kleinstädtchen Braunau bietet nun einmal nicht den Hintergrund für die Behausung von Leibeigenen, aus der große Revolutionäre zum Licht emporsteigen. Vielleicht wird deshalb in Braunau vielfach erzählt, Hitler sei nicht im Gasthaus, sondern im Hinterhaus, im Pferdestall geboren, und vielleicht sollte man bei solchen Geschichten an die Geburt Jesu im Stall von Bethlehem denken …? Auf diese Idee allerdings kamen weder die NSDAP noch Hitler selbst. Martin Bormann, der das Gasthaus 1938 für die Partei kaufte, hat die Pferdestallungen abreißen lassen.

Noch abenteuerlicher ist eine weitere Version des Hitler-Geburtsmythos. Der Kapuzinerpater Amman aus Vorarlberg behauptete, »Hitler sei gar nicht in Österreich geboren, sondern auf der bayrischen Seite des Inns.« An jenem Ostersamstag habe Vater Alois Dienst gehabt in der Zollstation. Die hochschwangere Mutter wollte ihrem Mann das Essen bringen, habe ihn aber nicht auf der österreichischen Seite angetroffen, sondern jenseits des Inns, in Bayern. Dort, vor Simbach, sei Mutter Klara niedergekommen. Rasch habe man sie zurück über die Grenze gebracht, die Hebamme Franziska Pointecker aus der Braunauer Löwengasse[4] geholt und zu Hause »offiziell« entbunden. Der Kapuzinerpater hat diese Behauptung bis zu seinem Tod aufrechterhalten. Beweise dafür gibt es nirgendwo.«[5]

Ich vermute, der Kapuzinermönch hat die erste Seite von Hitlers *Mein Kampf* gelesen: »Als glückliche Bestimmung gilt es mir heute, dass das Schicksal mir zum Geburtsort gerade Braunau am Inn zuwies. Liegt doch dieses Städtchen an der Grenze jener zwei deutschen Staaten, deren Wiedervereinigung mindestens uns Jüngeren als eine mit allen Mitteln durchzuführende Lebensaufgabe erscheint! Deutschösterreich muß wieder zurück zum großen deutschen Mutterlande … Gleiches Blut gehört in ein gemeinsames Reich.«[6]

Eine Sturzgeburt mitten auf der Innbrücke zwischen Bayern und Oberösterreich. Wenn das kein deutlicher Schicksalswink ist für einen Messias, der 1938 die beiden Länder zu einem Großdeutschland vereinen wird!

Hitler bemühte noch einen anderen Mythos, um das »unscheinbare« Braunau aufzuwerten. In *Mein Kampf* erwähnt er den Nürnberger Buchhändler Johann Philipp Palm, der 1806 in Braunau auf Befehl Napoleons hingerichtet wurde.[7] Hitler stilisiert Palm zum kämpferischen Patrioten und standhaften Märtyrer.[8] Aber das ist genau so eine Legende, wie die Darstellung in *Mein Kampf*, sein Vater sei ein armer Waldviertler Bub gewesen, der als mittelloser Knecht auf Wanderschaft gegangen war. Vater Alois war bei Adolfs Geburt längst ein eingesessener und angesehener Bürger der idyllischen Kleinstadt Braunau, der in Gasthäusern über den Stammtischen zu wohnen pflegte. In diesen Häusern roch es nach gutbürgerlicher Küche und Bier. Der pflichtbewusste Beamte, wie Hitler seinen Vater in *Mein Kampf* beschrieb, war allerdings nur am Stammtisch eine Persönlichkeit, dazu ein Schürzenjäger und »Weiberer«.

Deshalb war die Salzburger Vorstadt 15 für den zukünftigen Welteroberer einfach nur peinlich, der Ort seiner Geburt für den Mythos vom Außerordentlichen ungeeignet. Es gab in Braunau keine nennenswerte bürgerliche Herrschaftsklasse, gegen deren Selbstzufriedenheit es sich gelohnt hätte als nationalsozialistischer Revolutionär aufzubegehren. Stalins Vater stammte noch aus der Zeit der Leibeigenschaft. Vater Alois nicht. Unter der Schmach seiner durchschnittlichen Herkunft litt Hitler zeitlebens. Deshalb komponierte er sich in *Mein Kampf* eine Vergangenheit, die Stalin in die Wiege gelegt worden war.

Dieser brauchte kein Camouflage. Seine Geburtsstätte in Gori, Georgien, wurde schon zu seinen Lebzeiten ein Mythos. Die erhaltene Geburtshütte verklärten die georgischen Genossen 1937 zum »heiligen Bezirk«. Wie im antiken Tempelbau die »Cella«, der Wohnort Gottes, von Säulen umgeben und überdacht ist, »übertempelten« sie Stalins »Geburtshüttlein« und machten es zum Wohnort eines »Gottes«. Die vierkantigen Säulen vermittelten den Eindruck stählerner Sowjetmacht. Ein gelber Stern, eingebettet ins Licht der Morgen-

oder Abendröte, leuchtete wachsam über dem geduckten Häuslein. Die Entstalinisierungsaktionen nach 1956, bei denen auch zahlreiche Stalin-Denkmäler »geschliffen« wurden, verschonten Stalins Geburtshaus. Zufall?

Nachdem Hitler Österreich 1938 in die Knie gezwungen hatte, blieb ihm nichts anderes übrig, als den Akt der »Wiedervereinigung« mit einer Fahrt über den Inn von Simbach nach Braunau zu vollziehen. Diese fand am 12. März 1938 statt. Hitler verknüpfte mit dieser Propagandafahrt wenig lustvolle Erwartungen, ganz im Gegensatz zu den Braunauer Bürgern, die mit »ihrem größten Sohn der Stadt« ein rauschendes Fest feiern wollten.

Die *Neue Warte am Inn*, die bereits am 16. März als »nationalsozialistisches Kampfblatt für den Kreis Braunau am Inn« gleichgeschaltet ist, erinnerte vier Tage später an die aufregenden Stunden: »Die Braunauer sowie die aus der Umgebung herbeigeeilten Menschenmengen jubelten den seit den frühen Morgenstunden durchmarschierenden Truppen begeistert zu. Mit Windeseile verbreitete sich mittags die Nachricht: ›Der Führer kommt am Nachmittag!‹ Immer stärker wurde in den frühen Nachmittagsstunden der Zustrom. (…) Wie am Vortag zu dem grandiosen Fackelzug, strömten auch heute auf Lastautos, auf Rädern und zu Fuß die bäuerliche Bevölkerung in die Stadt … Die Parteiformationen BDM, Hitlerjugend, SA, SS, hatten eine Absperrung von der Innbrücke über den Hauptplatz in die Salzburger Vorstadt, die von jetzt ab ›Adolf-Hitler-Straße‹ heißen wird, bis vor das Geburtshaus Adolf Hitlers gezogen. Beiderseits der Absperrung staute sich die Menge, die mit Hakenkreuzwimpeln ausgerüstet, des Kommens des Führers harrte.«

Die Spannung bei den Wartenden wuchs von Stunde zu Stunde. Endlich riefen die Bayern über den Inn hinüber nach Österreich: »Der Führer kommt!« Gegen 15:50 Uhr war es dann so weit. Die Wagenkolonne, der Wagen des Führers mit offenem Verdeck an der Spitze, fuhr in langsamem Tempo auf die Innbrücke. Angesichts des riesigen Kirchturms hält er es nicht mehr für angebracht, lässig in seinem Sitz zu lehnen, sondern er steht auf, den Blick stramm auf die im Mittelalter angelegte Burg-ähnliche Stadt gerichtet. Die Vereinigung des emporstrebenden Deutschlands mit dem Mutterschoß Braunau wird vollzogen. Kurz vor Erreichen des österreichischen Brückenkopfes bleibt der Wagen stehen. Hitler, hoch aufgerichtet, wird von seinen jubelnden österreichischen Volksgenossen empfangen. Seit Stunden hat die Musikkapelle des Chemiewerkes Wacker aus Burghausen auf diesen Augenblick gewartet. Die Musik setzt ein. Mag. Fritz Reithofer, Braunaus NSDAP-Kreisleiter mit der frühen Mitgliedsnummer 64 619, begrüßt, vor Erregung kaum Worte findend, den Führer: »Sie können versichert sein, mein Führer, daß Ihnen nirgends in Deutschland die Herzen freudiger entgegenschlagen als in Ihrer Heimat. Mein Führer, die Heimat dankt Ihnen dafür, daß Sie sie erlöst haben. Die Heimat wünscht Ihnen allen erdenklichen Segen. Die Heimat, mein Führer, grüßt Sie mit einem dreifachen ›Sieg Heil!‹«[9]

Hitler gibt sich erschüttert und antwortet kurz und knapp: »Keine Macht der Welt wird mir dieses Land wieder entreißen.«

Auf dem Stadtplatz sind die Menschen trunken vor Glück. Mit Blumensträußen versuchen BDM-Mädels dem eingefrorenen Stechblick ihres Abgottes ein vorsichtiges Lächeln zu entlocken. Glocken läuten, Sirenen heulen. Das Bad in der Menge beginnt. »Sehnsucht und Traum von Jahrhunderten sind politische Wirklichkeit«, schreibt die *Neue Warte am Inn* in ihrer nächsten Ausgabe: »Diese ganze Begrüßung spielte sich unter dem ungeheuren und begeisterten Jubel der Bevölkerung ab, die in nicht endenwollende ›Sieg Heil‹-, ›Heil-Hitler‹- und ›Es lebe der Führer‹-Rufe ausbrach.« Es ist vollbracht. Der Führer hat in seiner Geburtsstadt das Land betreten, »das ihm seine Erlösung aus unerträglicher Knechtschaft heiß und leidenschaftlich dankt.«

Umgeben von idyllischen Barockfassaden, kreischen unzählige Frauen. Jede will seine Hand berühren, ihn am liebsten umarmen, wenn möglich küssen. Langsam rollt der Geländewagen über den Stadtplatz. Tausende Arme und Hände, stramm aufgerichtet, begrüßen den Führer. Der hält sich mit der linken Hand an der Frontscheibe fest und schwenkt die rechte lässig, fast verächtlich, zum Heil.

»Er will zu seinem Geburtshaus!«, raunt es vereinzelt in der Menge. Nur langsam kann sich der Wagen bewegen. Verhalten lächelnd dirigiert der Führer die ekstatische Menschenmasse. Aus den Fenstern im zweiten Stock des Hauses Stadtplatz 36 winkt meine Mutter dem Führer zu, neben ihr ihre beste Freundin, aber auch mein Großvater Karl, dessen Bruder Hans und meine beiden Urgroßmütter Elise und Rosalia, seine Hebamme.

Das mächtige Kabriolett hat sich bis zum Salzburger Tor vorgearbeitet. Jetzt muss es sich vorsichtig durch die schmale Öffnung in der alten Stadtmauer zwängen. Der Wagen schrammt fast die Torwände. Aber der Anblick des Hauses, in dem er sein erstes Lebensjahr verbrachte, gefällt ihm nicht. Erinnerungen an erlebte mütterliche Überstimmulierung und Kastrationsangst durch den Vater drängen sich auf. Nein, die Sache muss so schnell wie möglich abgeschlossen werden! Das gibt er augenblicklich dem für das Protokoll Verantwortlichen zu verstehen. Wir müssen weiter! Die peinliche Begegnung mit Anstand, aber bitte zügig hinter uns bringen. Hitlers ernster Blick, sein aufrechter Arm, die aufrechte Hand, alles wirkt verkrampft wie bei einer Beerdigung. Aber nein, diese Geste bitte noch etwas länger durchhalten! Gerührte Betroffenheit zeigen. Nur nicht zu kurz! Dann abruptes Ende des Begrüßungsrituals. Weiterfahrt, das heißt wieder zurück. Die große Limousine rauscht am Haus Salzburger Vorstadt Nr. 15 vorbei, zwängt sich wieder durch das Schlupfloch auf den Stadtplatz. Mit mehrfachem Heil winkt Hitler seinen Auftritt als erledigt ab. Er ist ja nur auf der Durchfahrt! Von München über Linz zum grandiosen Auftritt nach Wien! Schon biegt der Wagen in die Linzer Straße. Gas geben! ruft er dem Fahrer zu. Weg aus diesem Nest! Bloß raus aus Braunau, weiter nach Linz, Hauptstadt seiner frühen Wagnerträume und seines erwarteten Ruhms als Kunstmäzen. Und morgen dann nach Wien.

Lange Gesichter bei den Braunauern. War das alles? Weshalb hat es Hitler so eilig? Sie sind enttäuscht, haben mehr erwartet, fühlen sich gedemütigt und missachtet. Nichts als ein Pflichtbesuch fürs Protokoll? Der ist kein Österreicher mehr. Sie verstehen sein Verhalten nicht. Sie hätten ihren größten Sohn gerne noch über Nacht bei sich gehabt. Er ist doch einer von ihnen!

Die »schwarz gekleidete Witwe« ist schuld, geht das Gerücht herum. Die Chefin des NS-Frauenbundes hatte gerade ihren Mann verloren, aber sie habe Hitler die Hand gegeben. Das hat ihn verschreckt! Sie ist schuld, dass er nach dem 12. März nie mehr nach Braunau zurückgekommen ist!

Diese Begründung für sein konsequentes Fortbleiben erzählt man sich in Braunau heute noch.

Am Gedenkstein

Am Tag, nachdem ich Florian Kotanko getroffen habe, es war der 29. April 2016, folge ich seiner Aufforderung und gehe in die Salzburger Vorstadt. Die Veranstaltung findet zwar vor Hitlers Geburtshaus statt, sie gilt aber nicht dem Geburtshaus, sondern der Botschaft des schweren Basaltrohlings, der auf dem Bürgersteig vor Hitlers Geburtshaus zur Ruhe gekommen ist. Er ist 115 Zentimeter hoch und 160 Zentimeter breit, zu schwer, um ihn ohne großes Gerät wegbewegen zu können. 1989 hat ihn der damalige Bürgermeister Gerhard Skiba, ein Sozialdemokrat, vor Hitlers Geburtshaus bringen lassen, nachdem sich die Eigentümerin des Hauses gegen die Anbringung einer Gedenkplakette an ihrem Eigentum verwahrt hatte. Viele Braunauer empfanden und empfinden diesen unverrückbaren Granitblock als überflüssig, ein Ungetüm, das den Gehweg behindere und einen möglichen Parkplatz vernichte. Vielleicht stört sie aber auch die eingemeißelte Inschrift: »Für Frieden, Freiheit und Demokratie. Nie wieder Faschismus. Millionen Tote mahnen«. Die Gedenkstunde findet seit 1989 einmal im Jahr statt.

Die Straße vor dem Haus ist für den Verkehr gesperrt. Mitten auf der Straße, direkt vor dem Gedenkstein, sind Stuhlreihen aufgestellt. Ich bin vorzeitig da. Außer den Organisatoren der Erste. Ich setze mich und betrachte den Stein, das »Verkehrshindernis«. Seine Herkunft weckt in mir Erinnerungen. Zweimal war ich in Mauthausen. Jedes Mal zu Dreharbeiten. Einmal im Herbst 1987 für den ARD-Film *Der Anschluss – ein österreichisches Trauma* und zwei Jahre später im September 1993 für den NDR-Film *Todesbilder*. Jedes Mal hatte ich das Gefühl, die in der Nazi-Zeit verübten Grausamkeiten seien eben erst begangen worden. Auch in Theresienstadt empfand ich so. Das mag daran liegen, dass diese KZs weitgehend in ihrem Originalzustand erhalten wurden. Bei der Anfrage nach der Drehgenehmigung fragte mich die Dame am Telefon damals: »Spielfilm oder Dokumentarfilm?« Sie erkundigte sich damit nach dem Aufwand, den wir betreiben würden.

Ich hatte mich 1993 mit Leo Kuhn vor Ort verabredet, einem Exhäftling des Lagers Mauthausen. Wir wollten ihn bei einer Führung für eine Schulklasse mit der Kamera begleiten. Die Schüler waren pünktlich gekommen, und Leo Kuhn begrüßte sie am Eingangstor mit den Worten: »Hier sind die Häftlinge vom Lagerkommandanten Ziereis oder dessen Stellvertreter empfangen worden. Der hat ihnen gesagt: ›Durch dieses Tor seid ihr hereingekommen. Durch die Kamine des Krematoriums werdet ihr das Lager verlassen.‹ Dann hieß es: ›Alle zur Mauer. Nackt ausziehen. Die Kleider kommen in die Desinfektion.‹«

Bei diesen Worten zeigte Leo Kuhn auf die Mauer hinter den Schülern. Die drehten sich um.

»An dieser Mauer mussten die Neuankömmlinge bei jeder Witterung stehen. Egal ob es kalt oder warm war, ob in der Sonne, im Regen oder Schnee; stundenlang standen sie ohne Kleidung, je nach der Lust des jeweiligen SS-Mannes.«

Die Schüler wandten sich wieder dem Exhäftling Leo Kuhn zu. Sie wirkten teilnahmslos.

Der intensivierte seinen Anschauungsunterricht: »Im Februar 1945 kam hier eine Gruppe von circa 300 alten Männern aus dem Lager Sachsenhausen an. Man ließ sie drei Tage und zwei Nächte an der Mauer nackt stehen. Sie wurden stundenlang kalt abgespritzt, bis sie zusammenbrachen oder an Lungenentzündung erstickten.«

Die Schüler zeigten keine Reaktion.

Kuhn: »So, gehen wir ein Stückel weiter.«

Wir filmten den gesamten Rundgang, den Leo Kuhn und die Schulklasse absolvierten. Anderthalb Stunden durch die erhaltene

Gaskammer, vorbei an den Verbrennungsöfen bis zum Grausamsten, was Mauthausen zu bieten hat: zum Steinbruch. Mauthausen ist das einzige Konzentrationslager, das bereits bei der Planung »Vernichtung durch Arbeit« vorsah. Sie fand im angegliederten Steinbruch hinter dem Lager statt. Dort stellten inhaftierte Kriegsgefangene, meist Russen, Baumaterial für Hitlers Führerbauten her, für Linz, die geplante Hauptstadt der Kunst und Kultur, und für Berlin. Bei dieser Sklavenarbeit gingen sie zugrunde und starben. Ein Doppelgewinn für die Wertschöpfung war die Idee.

Leo Kuhn, gefolgt von seinen Schützlingen, blieb am Rand des Steinbruches stehen. Mir wurde schwindelig. Die Grube ist 40 Meter tief.

»Die Häftlinge, die mit 1 000 Kalorien am Tag ständig unterernährt waren, mussten die Steine auf einem Holzgestell, das sie wie einen Rucksack am Rücken trugen, über 186 Stiegen hier hinauftragen, von der SS oder vom Kapo angetrieben. Die Steine wogen zwischen 10 und 50 Kilo. Die Häftlinge versuchten natürlich, möglichst kleine Steine aufzuladen, die SS und der Kapo achteten darauf, dass sie möglichst groß waren. Wer einen 50-Kilo-Stein auf dem Rücken hatte, kam kaum zwei oder drei Stiegen rauf. Dann wackelte er, fiel um und wurde, wie es damals hieß, ›auf der Flucht‹ erschossen. Ein SS-Mann ist hier oben gestanden. Wenn eine Gruppe nicht genügend Steine hochbrachte, hat er dem Ersten einen Tritt gegeben. Der kippte zurück. Wie eine Lawine rissen Steine und Menschen Dutzende mit in den Abgrund. Man nannte die so Getöteten im SS-Jargon ›Fallschirmspringer‹. Das war eine zusätzliche Methode, Menschen, wenn sie nicht durch die Arbeit im Steinbruch zugrunde gingen, vom Leben zum Tod zu befördern.«

Zuletzt betraten wir einen Raum mit Vitrinen. Leo Kuhn zeigte auf ein Holzgestell, einem Schlitten ähnlich.

»Das ist der Bock. Häftlinge, die gegen die Lagerordnung verstoßen haben, wurden darüber gespannt und zusammengebunden. Mit langen Knüppeln hat es zehn bis fünfzig Schläge auf das nackte Hinterteil gegeben. Der Häftling musste mitzählen. Wenn er bei dreißig veranschlagten Schlägen nur bis fünfzehn zählen konnte, wurde er abgeschnallt, in die Baracke geschmissen, am nächsten Tag wieder darüber geschnallt. Dann ging die Prozedur von vorn los. Wieder zählen von eins bis …«

Solcherlei Schilderungen der in Mauthausen üblichen Strafmaßnahmen hatte sich Leo Kuhn für den Schluss aufgehoben. Ich glaube nicht, dass er deshalb bei den Schülern einen nachhaltigeren Eindruck hinterlassen konnte. Die Führung dauerte anderthalb Stunden.

Der Basaltstein vor dem Hitler-Haus wird das Grauen von Mauthausen wohl nur dem gegenwärtig machen, der den Ort schon einmal selbst kennengelernt hat. Meiner Erfahrung nach »sprechen« Gedenksteine eher selten. Die Teilnehmer an der »Gedenkstunde« haben vermutlich alle schon einmal Führungen in Mauthausen mitgemacht.

Inzwischen sind die Besucher der heutigen Gedenkstunde eingetrudelt. Florian Kotanko begrüßt mich und stellt mich der politischen Prominenz als Buchautor vor. Zunächst dem Bürgermeister der Stadt, dann den Vertretern der Parteien, einem Landtagsabgeordneten der ÖVP, den Fraktionsmitgliedern von SPÖ und Grünen im Braunauer Gemeinderat.

»Kein Vertreter der FPÖ?«, frage ich Kotanko.

»Nein.«

»Warum schafft es diese Partei nicht, einen Vertreter zu dieser Veranstaltung zu schicken?«

»Das kann ich Ihnen nicht sagen. Da müssen Sie sie schon selbst fragen. Ich kann mich jedenfalls nicht erinnern, jemals einen von dieser Partei hier gesehen zu haben.«

»Da geht es um das Gedenken an Millionen Tote, um die Grausamkeiten in den Konzentrationslagern, und es kommt keiner von denen, die seit Jahrzehnten abstreiten, geistig aus dem Sumpf ehemaliger Nationalsozialisten zu stammen.«

Kotanko kann nur mit den Schultern zucken.

Die Stuhlreihen füllen sich. Ich setze mich neben eine Frau, die um einiges jünger ist als ich. Um die Wortlosigkeit beim Warten auszufüllen, frage ich sie:

»Sind Sie Braunauerin?«

»Nein, ich bin aus Salzburg angereist.«

Anerkennend schaue ich sie an.

»Man muss heute Flagge zeigen«, erklärt sie. »Gerade jetzt, wo die Stichwahl zwischen den Kandidaten bei der Bundespräsidentenwahl ansteht.«

Ich nicke zustimmend.

»Schauen Sie sich doch die Grafiken über die Verteilung der Wähler an. Ganz Österreich ist blau, mit drei kleinen roten Punkterln.«[1]

Die Stichwahl zwischen Norbert Hofer (FPÖ) und Alexander Van der Bellen (ehemals von den Grünen) zum Amt des österreichischen Bundespräsidenten steht vor der Tür. Ein ungutes Gefühl beschleicht mich, etwas, was ich in Deutschland seltener erlebt habe, was mich in Österreich aber immer begleitet hat. Hier erlebe ich es lautstark, hemmungslos und aggressiv: die Stimme des Volkes, die ewig Gestrigen, die nach Demokratie schreien, aber Menschenrechte nicht gelten lassen wollen. Die dumpfe Wut gegen alles Fremde. In Österreich habe ich immer das Gefühl, einer Minderheit anzugehören, die anders denkt. Und die hat sich gerade versammelt. Knapp fünfzig Teilnehmer im kleinen Kreis, unter sich.

Die Veranstaltung beginnt mit einem der sogenannten antifaschistischen Lieder des »Demokratischen Chors Braunau«. Es sind alte kämpferische Lieder. Aber auch die Mauthausen-Kantate wird gesungen:

Dort auf der breiten Treppe,
Auf der Treppe der Tränen,
Im tiefen »Wiener Graben«,
Im Steinbruch der Klagen.

Dort laufen Juden und Partisanen,
Stürzen Juden und Partisanen,
Schleppen Steine auf dem Rücken,
Steine, Kreuz des Todes.

Dort hört Andonis die Stimme,
Hört die Stimme sagen:
Kamerad, o Kamerad,
Hilf mir die Treppe hinauf!

Doch dort auf der breiten Treppe
Und auf der Tränen Treppe
Ist solche Hilfe Schande,
Ist solch ein Mitleid Fluch.

Der Jude stürzt auf der Treppe,
Die Treppe färbt sich rot.
Und du, mein Junge, komm mal her,
Schlepp jetzt einen doppelt so großen Stein.

Ich nehm einen zweimal, dreimal so großen.
Ich heiße Andonis,
Und bist du ein Mann, komm her,
Auf den marmornen Droschplatz.

Der Autor dieses Liedes, Iakovos Kambanellis, war seit 1943 Gefangener im Lager Mauthausen. Er trug die Häftlingsnummer 10.205. Am 5. Mai wurde er von der 11. US-Panzerdivision Thunderbolt befreit.

Nach dem ersten Lied spricht der stets freundlich lächelnde Bürgermeister Magister Johannes Waidbacher (ÖVP). Nach dem Zweiten Weltkrieg habe es großer Anstrengungen bedurft, in Europa Frieden zu schaffen. Die aktuelle geopolitische Situation zeige aber, wie fragil dieser Zustand auch heute noch sei und wie rasch Extremismus zu Instabilität und Krieg führen könne. Es werde aber auch deutlich, wie wichtig ein friedliches Miteinander und ein respektvoller Dialog seien. Abschließend, wie zu erwarten, der Hinweis, aus der Vergangenheit zu lernen.

Dann folgt eine Gedenkminute, die nicht ganz eine Minute dauert. Der demokratische Chor singt wieder. Dann tritt der Referent an das Lesepult, seine Exzellenz Andrej Cilerdžic. Er ist für Österreich-Schweiz-Italien Bischof der serbisch-orthodoxen Eparchie. Einen langen Bart trägt er, spricht aber in den Worten eines modernen, soziologisch und politisch geschulten Aufklärers: »Der beschleunigte Prozess der Globalisierung mit seinen Auswirkungen für den sozialen, kulturellen und moralischen Zusammenhalt der Gesellschaften hat dazu geführt, dass es eine angespannte Suche nach Verwurzelung von individuellen und gemeinschaftlichen Identitäten gibt. Die Grundüberzeugungen der Moderne – wie etwa der Glaube an den unbegrenzten Fortschritt, die Vorherrschaft wissenschaftlicher Rationalität, die scheinbare Unausweichlichkeit der Säkularisierung und die sichere Erwartung, dass sich das westliche gesellschaftliche System allgemein durchsetzen werde – sind problematisch geworden.«

Ich bin gespannt, was den großen Worten an Erläuterungen folgen wird. Doch Bruder Andrej wäre kein Bischof, wenn er nicht bald dort landet, wo alle Prediger landen: bei der Liebe zum Nächsten, bzw. beim Dialog. Und den gilt es zwischen allen Religionen und Kulturen zu führen mit dem Ziel einer multikulturellen Gesellschaft: »Der Dialog selbst lebt von der aktiven Bejahung der Vielfalt. Der Dialog bemüht sich darum, jenen ›Raum‹ zu schaffen, in dem das Eigene und das Fremde einander in der ›Würde des Unterschieds‹ begegnen können.«

Notwendige Worte in einer Stadt, deren Bürger bei der Bundespräsidentenwahl fast in der Mehrheit die FPÖ, die »Partei der Heimat« wählen. Norbert Hofer hat bei der Stichwahl in Braunau 49,45 Prozent der Stimmen bekommen. Der Parteivorsitzende der FPÖ, Heinz-Christian Strache, hält sich für christlich, wenn er Nächstenliebe wörtlich nimmt: die Liebe zu meinem Nachbarn, dem Österreicher.

Nachdem Bruder Andrej seine Rede beendet hat, singt der demokratische Chor ein letztes Mal. Der Bürgermeister dankt für die Teilnahme. Die Gedenkstunde ist beendet. Die Presse schießt Fotos von den zusammengerückten Prominenten. Bis zum nächsten Jahr. Dann wird sich die Gedenkstunde zum 28. Mal wiederholen.

Der Anschluss-Film

Sommer. Jeden Tag Sonne. Das städtische Schwimmbad erscheint mir wie ein großer See. Das Becken himmelblau, das Wasser kalt und frisch. Wir sind die ersten Besucher. Die Liegewiese erwärmt sich bereits. Wir sind die Ersten, breiten unsere Handtücher aus. Unter der »Eisbrause« ein glitzernder Regenbogen. Abgekühlt gleitet meine Mutter in die Stille des Beckens. Mein dünner Körper folgt ihrem Kielwasser. Manchmal gibt sie mir einen Vorsprung. Wenn ich mich anstrenge, schlage ich vor ihr auf der anderen Seite an. Wenn sie vom Beckenrand springt, folge ich den Perlen, die sie im zerstäubenden Wasser hinterlässt, auf geliebter Spur. Mit blauen Lippen schnatternd, wärme ich mich im Bademantel auf. Sie scheint zu schlafen. Ich stelle mich schlafend. Eine unendliche Ruhe umgibt uns beide. Die Zeit rückt gleichmütig vor.

Während sich die Versammlung auflöst, bleibe ich noch sitzen. Der Basaltbrocken vor dem Hitlerhaus lässt mich nicht los. Ich denke an den Ausbruchsversuch hunderter Häftlinge aus dem KZ Mauthausen, von dem ich 1987 erfuhr. Wir drehten damals in Mauthausen und im umliegenden Mühlviertel.

In der Nacht zum 2. Februar 1945 schlossen sowjetische Kriegsgefangene mit feuchten Decken die stromführenden Stacheldrähte kurz und eroberten nach kurzem Kampf den östlichen Wachturm. 500 Menschen brachen aus dem Lager aus. Nachdem sie die Mauer überwinden konnten, blieben die ersten vor Erschöpfung liegen. Sie wurden erschossen. Der Mehrzahl aber gelang die Flucht ins Mühlviertel, Richtung tschechoslowakische Grenze. Die Lagerleitung befahl, niemanden lebend ins Lager zurückzubringen. Die SS nannte die Großfahndung »Mühlviertler Hasenjagd«. Die Bevölkerung wurde aufgefordert, mitzuwirken.

Von der »Solidarität« großer Teile der umliegenden Bevölkerung mit der SS berichtete Gendarmeriemajor Johann Kohout aus Schwertberg: »... ein großes Morden begann – ein richtiges Blutbad. Der Schneematsch auf der Straße färbte sich mit dem Blut der Erschossenen. Überall, wie und wo man sie antraf, im Kuhstall, im Heuboden, im Keller, erschoss man sie auf der Stelle ... einigen spaltete man das Haupt mit einem Beil ... An einem Abend hörte eine Frau in der Futtervorratskammer ein Geräusch. Sie holte ihren Mann, der einen Flüchtling aus dem Versteck hervorholte ... Der Bauer stach diesem armen Menschen mit seinem Taschenmesser in den Hals, dass das Blut spritzte. Die Frau sprang hinzu und versetzte dem Sterbenden eine Ohrfeige ... Es dürften ungefähr 150 solcher armen Menschen in diesen Tagen in Schwertberg und Umgebung niedergemetzelt worden sein.«[1]

Im Interview berichtete uns der ehemalige KZ-Häftling von Mauthausen, Hans Maršalek: »Zuerst gab es hier nur deutsche SS. Ab 40/41 kamen zunehmend Unterführer der SS, Rottenführer, Unterscharführer. Alle Österreicher. Die wollten natürlich beweisen, dass sie bessere Deutsche sind als die Deutschen. Und das haben sie gezeigt durch ausgeprägte Brutalität und Rücksichtslosigkeit gegenüber den Häftlingen.«[2]

Die Mentalität sehr vieler Österreicher während des Nationalsozialismus war so abstoßend, dass ich in meinen »Anschluss«-Film einen Ausschnitt aus der Fernsehaufzeichnung des Einpersonenstückes *Der Herr Karl*, gespielt von Helmut Qualtinger, einbaute, der dieses Denken aufs deutlichste beleuchtete.

»Der Herr Karl« rechtfertigt sich: »Alles, was man uns dann vorgeworfen hat, das war ja falsch. Ich weiß noch, bei uns im Gemeindebau haben wir einen Juden gehabt, einen gewissen Tennenbaum. Sonst ein netter Mensch. Und da haben sie Sachen geschmiert gegen die Nazis, auf die Trottoirs, auf die Gehsteige. Und – er hat's aufwischen müssen, der Tennenbaum. Nicht er allein. Die anderen Juden auch. Ich hab ihn hingeführt, dass er's aufwischt. Der Hausmeister hat zugeschaut. Hat gelacht. Er war immer bei einer Hetz dabei. Nach dem Krieg ist er zurückgekommen, der Tennenbaum. Hab ich ihm begegnet auf der Straße. Hab ich gesagt: Die Ehre, Herr Tennenbaum. Schaut er mich nicht an. Ich grüß ihn noch einmal. Die Ehre, Herr Tennenbaum. Der schaut mich wieder nicht an. Da hab ich mir gedacht, siehst, jetzt ist er bös. Dabei irgendwer hätt's ja wegwischen müssen. Der Hausmeister war ja auch kein Nazi. Er hat's halt nicht selber wegwischen wollen. Alles, was man heute darüber spricht, ist ja falsch. Es war eine herrliche, eine schöne Zeit – damals – ich möchte diese Erinnerung nicht missen.«[3]

Wien, 10. November 1938, ein Tag nach der »Reichskristallnacht«. Fotos zeigen grinsende, lachende Wiener, die auf Juden herunterschauen, die, auf dem Boden knieend, mit Bürsten und Zahnbürsten die Straße reinigen. Polizisten und SA-Männer achten darauf, dass die Arbeit ordentlich verrichtet wird. Mehrere Tage lang bestimmen Gewalttaten gegen die jüdische Bevölkerung in Wien das Straßenbild: SA-Männer, HJ-Angehörige und Mitläufer des NS-Regimes schlagen, verhaften und demütigen jüdische Männer, Frauen, manchmal auch Kinder. Jüdische Geschäfte und Wohnungen werden geplündert, die Synagogen Wiens in Brand gesteckt oder gesprengt, 6547 Wiener Juden verhaftet. Es heißt sogar, in Berlin sei man über die Exzesse erschrocken.

Helmut Qualtinger demonstriert in seiner Rolle als »Der Herr Karl«, wie der opportunistische Österreicher die Realität verleugnet und das Geschehene beschönigt. Dass ich Ausschnitte aus diesem Stück über den Anschluss Österreichs in den Film nehmen wollte, überzeugte den WDR-Redakteur. Ihm gefiel meine Idee, nicht nur den politischen Ablauf der Vereinigung beider Länder zu zeigen, sondern gerade auch die Mitläufer. Er hat mir das Projekt anvertraut, obwohl weit prominentere Autoren wie Dagobert Lindlau sich als dafür geeigneter betrachteten und geradezu beleidigt waren, dass sie nicht berücksichtigt wurden. Was den Redakteur in seiner Wahl sicher machte, war die einfache Tatsache, dass ich die österreichische Staatsbürgerschaft besitze und aus Braunau stamme.[4] So wurde ich in allen Pressemitteilungen als österreichischer Autor angekündigt. Und wenn ein Österreicher mit seinem eigenen Land ins Gericht geht, dann ist das zwar Nestbeschmutzung, aber keine Arroganz gegenüber dem Nachbarstaat.[5]

Wir begannen die Dreharbeiten für den Film *Der Anschluss – ein österreichisches Trauma* dort, wo Hitler nach langer Zeit der Österreich-Ferne am 12. März 1938 wieder seine Geburtsstadt und damit österreichischen Boden betrat: in Braunau.

Links das Einfahrtstor nach Braunau mit K.-u.-k.-Doppeladler. Das Tor am Ende der Innbrücke wurde Anfang Mai 1945 zerstört. Rechts der »Kaiserpark« mit Kaiser-Franz-Joseph-Büste aus weißem Stein.

Ich erklärte Jürgen, meinem Kameramann, wie damals, 1938, die Limousine des »Messias von Braunau« von Simbach aus den Inn nach Braunau überquerte. Jürgen zeigte demonstrativ ein schlecht gelauntes Gesicht angesichts der nüchternen Betonbrücke.

»Über diese öde Fahrrinne willst Du Hitler fahren lassen? Über das Nachkriegsmodell?«

»Die schöne alte Stahlbrücke mit dem K.-u.-k.-Doppeladler« hat der Gauleiter bei Kriegsende in den Inn versenkt«, antwortete ich.

»Du weißt: Ich drehe keine Bilder für den Papierkorb«, sagte Jürgen.

»Seit wann nicht?«

Er schaute mich kopfschüttelnd an.

»Lass dir was anderes einfallen. Am Anfang des Films will keiner so eine scheußliche Brücke sehen.«

»Was schlägst du vor?« frage ich ihn.

»Wochenschau: Propagandabilder von damals.«

»Also, wie immer.«

»Wieso nicht? Also mit der Brücke am Filmanfang, da möchte ich nicht als Kameramann im Abspann genannt werden. – Wenn's Dir um deinen persönlichen Auftritt in Braunau geht, um hier Eindruck zu schinden, dreh ich dir gerne ein paar andere Bilder. Okay?«

»Damit sich die Braunauer an den Nestbeschmutzer erinnern?«, antwortete ich.

»Versprich mir eins. Du schmeißt alles, was wir hier drehen, weg.«

»Okay, okay.«

»Das kostet Dich sonst sechs Flaschen Rotwein.«

Wir drehten mit großem Aufwand. Zuerst auf dem Braunauer Stadtplatz. Die Kamera auf dem Auto. Langer Schwenk. Dann vor dem Hitler-Haus. Ein paar ältere Herren schlichen drumherum. Nachdem wir die Kamera aufgebaut hatten, waren alle verschwunden. Lautlos hatten sie sich hinter dem Kameramann versammelt und schauten uns zu. Jürgen hatte eine Idee.

»Guten Tag«, sprach er die älteren Männer an. »Ihr habt doch gerade nichts zu tun. Kann nicht mal einer von Euch oder am besten gleich alle durchs Bild laufen. Das Haus wirkt sonst so tot.«

Von den Hitler-Pilgern rührte sich keiner.

»Kommt. Tut doch nicht weh. Ich gebe auch einen aus.«

Keiner ging auf Jürgens Angebot ein.

Ein schöner Drehbeginn, wenn auch nur für den Abfall. Ich ging noch eine Weile alleine über den großen Braunauer Stadtplatz mit seinen vielen Geschäften, Hotels und Kaffeehäusern. Hier ist er damals durchgefahren, denke ich. Gejubelt haben sie. Und dann ist er gleich weiter. Sein Ziel war der vollgefüllte Heldenplatz in Wien. Begeisterung bei seiner Antrittsrede.

»Der Herr Karl«, also Helmut Qualtinger, berichtet: »Da san's einmarschiert, die Deutschen, mit klingendem Spiel. Die Polizisten sind gestanden mit den Hakenkreuzbinden. Fesch. Furchtbar, ein Verbrechen, wie man diese gutgläubigen Menschen in die Irre geführt hat. Der Führer hat geführt. Persönlichkeit war er. Vielleicht ein Dämon. Aber, man hat eine gewisse Größe gespürt. Er war ja nicht groß. Bin ja vor ihm gestanden beim Blockwartetreffen im Rathaus. So wie wir da sitzen, ist er vor mir gestanden. Hat er mich angeschaut mit seinen blauen Augen. Ich hab ihn angeschaut. Da hat er gesagt: Ja, ja. Da hab ich alles gewusst. Wir haben uns verstanden.«[6]

Zufrieden saß ich am Abend mit meinen Kollegen in der Wirtsstube des Hotel Mayrbräu, bei Kalbsschnitzel mit Vogerl-Erdäpfel-Salat und einigen Krügerl Bier. Ich fühlte mich zwischen den herumsitzenden Braunauer Tschecheranten heimisch. Meine erste Übernachtung in Braunau überhaupt. Am nächsten Tag fuhren wir unverrichteter Dinge weiter.

Unser Ziel war Altaussee. Dort wohnte Wilhelm Höttl, ehemaliger SS-Obersturmbannführer, SD-Mann und Freund Adolf Eichmanns. Der Geheimdienstler hatte mir telefonisch bisher unbekannte Informationen zum Verlauf des Anschlusses versprochen. Mit 500 Mark Cash will er sie sich vergolden lassen.

Die Sonne schien. Wir fuhren Richtung Salzkammergut. Die Landschaft fühlte sich wie Heimat an. Wir kamen am Irrsee vorbei. Ein kleiner See. Wenig Tourismus. Einer der wärmsten des Salzkammerguts. Mutters Freundin Elli erzählte mir, meine Mutter und sie seien im Sommer immer zu einem der vielen Seen im Salzkammergut geradelt. Sie hätten ein Picknick gemacht, wären geschwommen.

Zehn Minuten später waren wir am Mondsee. Er schien mir optisch interessanter durch die hohen Berge, die ihn umgeben.

»Jürgen, hältst du mal an?«

»Gerne, hier wollte ich immer schon mal Urlaub machen.«

»Würdest du mir den See drehen?«

»Für den Anfang?«

»Dann halt nicht.«

Die Fahrt von Braunau nach Altaussee dauerte ungefähr zwei Stunden. Das Wort Salzkammergut beglückte mich. Die Namen der Seen – Mondsee, Wolfgangsee, Bad Ischl, Grundlsee – alles klingt so einladend …

Als wir am Irrsee vorbeifuhren, erinnerte ich mich an eine schöne Ferienreise, die ich ein paar Jahre zuvor mit einer Gruppe von Ärzten, Pflegern und Patienten nach Triest machte, also mit Menschen, die ihr Leben mehr oder weniger gemeinsam in einem Landeskrankenhaus für Psychiatrie und Neurologie verbringen müssen. Der Klinikleiter, Dr. Alois Marksteiner, hatte das Landeskrankenhaus 1975 übernommen und betrieb dessen Abschaffung nach italienischem Vorbild.

Triest galt damals als Mekka der Anti-Psychiatrie. Der Direktor der dortigen psychiatrischen Großanstalt, der Italiener Franco Basaglia, hatte 1975 damit begonnen, die menschenunwürdige Unterbringung der Patienten in der Anstalt zu beenden und die Anstalt aufzulösen. Die Menschen seien in Betten angeschnallt gewesen oder durch Elektroschocks und Lobotomie geistig zerstört worden. Sie seien nur noch dahinvegetiert. Franco Basaglia befreite die von Gewalt Gezeichneten und brachte sie in kleinen Wohneinheiten mitten in der Stadt unter. 1978 wurde die Anstalt geschlossen. »Mehr Freiheit wagen« war das Motto der ungewöhnlichen Ferienreise nach Triest. Die Busfahrt auf der Autobahn war zunächst von verhaltenem Bangen geprägt. Doch das änderte sich rasch. Als wir den Semmering überquert hatten und durch das enge Mürztal Richtung Italien fuhren, zeigte eine Patientin – sie hieß Hanni – auf den ins Tal stürzenden, reißenden Fluss: »Guck mal, ein Wasserrohrbruch!«

Eine andere rief: »Da! Unsere Enterln!« Ein spontanes befreiendes Lachen unter den Betreuern. Seit Jahrzehnten hatten die beiden Patientinnen die Klinik nicht mehr verlassen. Jetzt wurde sie sichtbar: die Mauer, die die Hospitalisierung in ihren Seelen errichtet hatte. Die beiden Patientinnen betrachteten die Welt draußen mit den Maßstäben ihres Alltagslebens in der Anstalt. Sie waren aber nicht seelisch tot, das Lebendige war nur verschüttet.

Natürlich wollten alle im Mittelmeer schwimmen. Man fragte sich aber, ob das Wasser auch wirklich sauber sei. Da meinte eine: »Wieso? Das kann man doch auslassen und frisches einlassen.« Alle lachten. Als sich dann eine Patientin doch ins Wasser traute und hinausschwamm, bekam sie plötzlich Angst und rief: »Da unten ist einer. Der will was von mir.« Daraufhin meinte einer der Ärzte: »Geh. Der sucht nur den Stöpsel von der Hanni.« Nach ein paar Tagen vergaßen die Betreuer Pillen an die Patienten zu verteilen und die Patienten kümmerten sich um die Ärzte und Pfleger, wenn diese zu viel getrunken hatten. Am Ende waren wir alle eine heitere Gemeinschaft.

Ich erzählte die Geschichte im Teamwagen, während wir der Route nach Altaussee folgten, vorbei am Irrsee zum Mondsee. Durch hügeliges Gelände ging der Weg bergauf. Ich lauschte dabei über Kopfhörer der Stimme Qualtingers als der »Herr Karl«. Auch er berichtete gerade, wie er mit dem Auto auf Reisen durch Österreich unterwegs ist. Oben, am Pass, der freie Blick. Vor uns der Wolfgangsee.

»Schön hier. Wo warst du dieses Jahr in Ferien?«, fragte mich Jürgen.

»Jürgen! Du weißt, ich bin freier Mitarbeiter. Ich muss bei den Dreharbeiten Urlaub machen. Siehst du doch. Guck nach vorne. Österreich. Der Wolfgangsee. Einer der wärmsten des Salzkammerguts. Eine naturgeschützte Oase. Heile Welt mit Seeforellen und Hechten. Sauberes, klares Wasser.« Ich sagte das im Tonfall eines Fernsehkommentators.

»Hier wollte ich immer schon mal Ferien machen!« Er meinte es ernst.

»Dann schau weiter auf den See«, dirigierte ich seinen Blick, »und hör zu. Ich spiele dir was vor.«

Ich spulte die Kassette zurück, stellte auf laut und drückte auf PLAY. Qualtingers Stimme ertönte aus dem Lautsprecher: »Ich habe kein Bedarf für so viel Wasser. Ich habe immer ein blödes Gefühl, wenn ich so viel Wasser sehe. Das ängstigt mich. Oder ein See. Ich weiß, es gibt herrliche österreichische Seen. Aber ich hab das nicht gern. Ich träume oft von einem See. Ich liege auf einer Luftmatratze. Auf einmal kommt einer und zieht die Stöpsel raus. Oje. Ich hab oft furchtbare Träume. Ich kann Ihnen sagen, ich hab im Traum den Zweiten Weltkrieg vorhergesehen. Alles geträumt. Das Schießen, das Rennen, das Häuser-Zusammenfallen. Den ganzen Krampf.«[7]

Ich drückte die Stopptaste.

»Und?«, fragte er.

»So stelle ich mir den Anfang des Filmes vor!« Jetzt wurde ich kreativ. »Du siehst den Wolfgangsee. Hörst einen Text, der von den herrlichen österreichischen Seen schwärmt. Während du immer noch den See siehst, hörst du den Qualtinger, dass er kein Wasser mag. Umschnitt. Du siehst Qualtinger mit seiner Angst, dass ihm einer den Stöpsel aus der Luftmatratze rauszieht. Nach seinem letzten Wort knallt ein Hakenkreuz wie ein Stempel auf eine rote Fläche. Marschgeräusche und deine Propaganda-Wochenschau: Einmarsch über eine Brücke nach Österreich. Originalton: Der Marschtritt deutscher Bataillone … Überall stürmischer Jubel … die deutschen Truppen nicht als Eroberer, sondern … und so weiter.«

Jürgen musste lachen. »Jetzt weiß ich auch, warum dich der Redakteur als Autor ausgewählt hat.«

»Warum meinst du?«

»Weil ein Braunauer im deutschen Fernsehen Narrenfreiheit genießt.«

»Das ist nun mal der Vorteil, wenn man aus einem renommierten Geburtsort kommt.[8] So, und jetzt halt mal an. Den See drehen wir.«

Jürgen machte keine Anstalten auszusteigen.

»Und wie stellst du dir das vor?«

»Na, der Zuschauer muss denken, er stünde mitten im Wasser und wäre im Urlaub.«

»Es ist Oktober ...«

»Du bist nicht im Urlaub. Auf!«

In Altaussee interviewten wir Wilhelm Höttl, aber seine Bemerkungen waren nicht brauchbar. Die 500 Mark kassierte er, bevor er überhaupt anfing zu reden. Als er behauptete, Eichmann habe Juden geholfen, stellte Jürgen die Kamera ab.

»Als Teamverantwortlicher muss ich Dich darauf hinweisen, dass wir mit sechs Rollen Filmmaterial genug verpulvert haben.«

Draußen beschwere ich mich.

»Sein Lob auf Eichmann war doch entlarvend.«

Jürgen wurde sauer, wenn auch nicht auf mich. »Beim Zuschauer bleibt hängen, Eichmann hat Juden gerettet.«

Wir fuhren weiter Richtung Steiermark und Burgenland. Unser Ziel hieß Tobias Portschy. Ehemaliger Gauleiter vom Südburgenland in der Zeit, in der die NSDAP in Österreich verboten war. Er wurde mir empfohlen als einer der fanatischsten Deutschnationalen. Jörg Haider sei sein »Ziehsohn«. Portschys ist Gasthausbesitzer. Bei ihm trifft sich die politische Prominenz aus sämtlichen österreichischen Parteien. Unter dem Tresen soll er noch ein MG 42 in Bereitschaft haben. Er ist Mitglied der FPÖ.

Portschy war während des austrofaschistischen »Ständestaates« (1934–1938) Illegaler. Seine Einstellung gegenüber Zigeunern wird in seiner Schrift *Die Zigeunerfrage* von 1938 überdeutlich. Sie seien asozial und ließen sich, anders als die Ungarn, nicht zivilisieren. Zigeuner wohnten eng beieinander in Hütten, machten Sex vor den Augen der Kinder, die das gleich nachmachen würden. Verkehr mit Zigeunern sei Rassenschande. Sie müssten wie erbkranke Deutsche behandelt und sterilisiert, am besten ganz entfernt werden.

Bevor wir zu Portschy fuhren, hielten wir in Lackenbach, einem kleinen Ort nahe der ungarischen Grenze, und suchten den alten jüdischen Friedhof. Einige Grabsteine standen noch. Insgesamt war er völlig verwildert. Niemand schien die Gräber zu pflegen. Er wurde verwüstet, als ihn die SS als Massengrab für Zigeuner verwendete. Mitten im Ort befand sich das »Zigeuner-Anhalte- und Arbeitslager«, das größte auf österreichischem Boden. Vor 1938 lebten 8 000 Zigeuner im Burgenland, heute noch etwa 1 500. Viele werden wieder diskriminiert, finden keine Arbeit und wohnen isoliert. Ein Denkmal steht an der Stelle, wo sich das Lager befand. Es versucht, an die Qualen der Häftlinge zu erinnern. Die unterernährten und oft kranken Zigeuner ließ man Basaltblöcke mit der Hand bearbeiten, zu Material für den Straßenbau. Wer dabei nicht umkam, starb an den unmenschlichen Verhältnissen, an Gewalt und Seuchen.

Ich hatte Adolf Papai angerufen und mit ihm einen Termin für ein Interview verabredet. Er war als Kind in dem Lager gewesen und hatte überlebt.

»Wir haben einen Lagerleiter gehabt«, sagte er, »der war unmenschlich. Wenn die Kinder zu den Mistkübeln gegangen sind, um etwas für sich herauszusuchen, um es sich zu nehmen, war er mit der Peitsche da. Wenn die Kinder den nur gesehen haben, haben sie sich schon versteckt, um keine Hiebe zu bekommen. Die Frauen mussten schwer arbeiten, Straßenbau. Auch die Männer sind eingeteilt worden zum Straßenbau. 1941 war ein strenger Winter. Viele sind gestorben. Am Tag fünf, zehn, fünfzehn, zwanzig. Weil sie die Toten nicht aus dem Lager zum jüdischen Friedhof rausführen konnten, haben sie sie einfach auf einen Haufen geschmissen.«

Während er sprach, begann er zu weinen. Es war mein erster Film, bei dem ich erlebte, dass ein Zeitzeuge vor der Kamera in Tränen ausbricht, übermannt von Trauer und Wut. Mir ging es genauso.

1942 begann für diese Häftlinge die »Endlösung«. Die SS brachte 2 000 Zigeuner auf Lastwagen ins Ghetto Litzmannstadt. 1943 wurden weitere Häftlinge in das »Zigeunerfamilienlager« im Vernichtungslager Auschwitz-Birkenau gebracht und später vergast. Von den 4 000 Lackenbacher Häftlingen überlebten nur einige Hundert.

Wir verabschiedeten uns und fuhren weiter nach Rechnitz, um Tobias Portschy zu interviewen. Ich hatte Tage zuvor als Autor vom WDR angerufen. Portschys Tochter war am Telefon.

»Worum geht es?«

»Ich habe den Auftrag, über den Anschluss Österreichs einen Film zu machen.«

»Was hat mein Vater damit zu tun?«

»Er war zwischen 1934 und 38 als Gauleiter am Aufbau der Partei im Burgenland beteiligt.«

»Mein Vater will keine Interviews mehr geben.«

»Bitte, fragen Sie ihn doch. Es geht nur um den Anschluss Österreichs.«

»Gut, ich frag ihn.«

»Ich bleibe am Apparat.«

»Bitte nehmen Sie Rücksicht auf ihn. Er regt sich immer so auf.«

»Es geht nur um die Zeit vor dem Anschluss.«

»Warten Sie, ich frage ihn.«

»Ich warte.«

Geräusche. Ich höre, wie im Hintergrund die Tochter auf ihren Vater einredet.

»Portschy.«

»Henning Burk.«

»Was wollen Sie von mir?«

»Sie interviewen über den Aufbau der Partei in der illegalen Zeit.«

»Sind Sie deutschnational eingestellt?«

Die Frage überraschte mich. Ich war noch unerfahren. Mir wurde heiß.

»Ich kann das nicht genau sagen«, stotterte ich.

»Na, dann kommen Sie her.«

Er bestand auf einem Vorgespräch. Darauf achtete offensichtlich seine Tochter. Die passte auf ihn auf, denn Portschy hielt gewöhnlich mit seiner Weltanschauung nicht lange hinterm Berg. Er war sehr gesprächig und begab sich oft aufs Glatteis. Leider war ich auch kein ausgebuffter Vorgesprächsstratege.

Zu Beginn schaute er mich prüfend an.

»Junger Mann.«

Die Art, wie er diese beiden Worte betonte, ließ mich schaudern.

Er machte eine Pause, als wolle er mir Zeit geben, mich auf eine große Aufgabe einzustellen. Dabei schaute er mir feierlich in die Augen und fragte: »Waren Sie schon mal bei einer Fahnenweihe?«

Hilflos wartete ich, wie es jetzt weiterginge.

»Wenn es Ihnen eiskalt den Rücken runterläuft.«[9]

Verdattert gestand ich, bisher nicht das Vergnügen gehabt zu haben. Das gefiel dem Exgauleiter. Er schien mich als »formbar« einzustufen. Dann begann er über seine nationalsozialistische Parteiarbeit zu berichten. Das Eis schien gebrochen. Doch dann machte ich den für einen Journalisten unverzeihlichen Fehler und fragte ihn nach Lackenbach.

»Aha, deswegen sind Sie also gekommen!«

Er wurde laut. »Ich werde immer aufgrund meiner damaligen Denkschrift beschuldigt, ich sei für die Kasernierung und die Vertreibung der Zigeuner verantwortlich. Beides ist unwahr. Ich habe nie Sondergesetze gegen Zigeuner veranlasst, sondern nur vorgeschlagen, sie den Juden gleichzustellen, entsprechend den Nürnberger Gesetzen. Nach römischem Recht hätte ich nie verurteilt werden dürfen. Wissen Sie, Zigeuner erfüllen nicht ihre Pflicht gegenüber unserer Heimat. Sie leben auf unsere Kosten, sind Schmarotzer und Diebe. Wir sind für sie nur das Wirtsvolk.«

Dann schaute er mir noch mal in die Augen.

»Wer essen will, muss auch arbeiten.«

Jedes einzelne dieser Worte begleitete er mit einem energischen Faustschlag auf den Tisch. Ich wusste genau, was er damit meinte: Ich sah Adolf Papei vor mir oder die im Lager erfrorenen Roma. Ich fragte ihn erst gar nicht mehr, ob er mir das auch vor der Kamera erzählen würde. Ich fühlte mich erschlagen von dieser nackten Gewalt. Wie sagte Hitler in *Mein Kampf*? Das »Ungeziefer vertilgen«, die »Schmarotzer« am Volkskörper ausrotten.

Ich verabschiedete mich und ging. Ich wusste, dass der Redakteur enttäuscht wäre, wenn ich mit leeren Händen käme, aber ich schaffte es nicht, diesen unbeirrbaren Unmenschen vor die Kamera zu bitten.

Tobias Portschys »Ziehsohn« Jörg Haider verkündete 1991 im Kärntner Landtag, dass die Beschäftigungspolitik im Dritten Reich ordentlicher gewesen sei, als es die gegenwärtige Regierung in Wien zusammenbrächte. Vier Jahre später sagte er im Parlament: »Die, die da hinten schreien, werden – wenn ich etwas zu sagen habe – ihre Luft noch brauchen. Zum Arbeiten.«

Wenn ich das Gedankengut der heutigen FPÖ anschaue, läuft es mir wieder eiskalt den Rücken herunter. Im Dezember 2016 schlossen die Spitzenvertreter der FPÖ in Moskau mit Putins Partei »Einiges Russland« eine Vereinbarung zur engeren Zusammenarbeit. Neben der Förderung der Freundschaft zwischen beiden Ländern sei ein wichtiges Ziel die »Erziehung der jungen Generation im Geiste von Patriotismus und Arbeitsfreude«.

Die Linde am Dichterstein

Im Jahr 2003 bekam ich den Auftrag, einen Film über die »Bücherverbrennung« zu machen. Anlass war der siebzigste Jahrestag. Für den 10. Mai 1933 hatten Teile der deutschen Studentenschaft zur öffentlichen Bücherverbrennung aufgerufen. In 22 deutschen Städten warfen Zehntausende Studenten zeitgleich deutsche Literatur, darunter Werke von Thomas Mann, Sigmund Freud und Stefan Zweig, ins Feuer. Zu der Berliner Aktion hatten die Studenten Propagandaminister Joseph Goebbels eingeladen, die Feuerrede zu halten.

»Das Zeitalter eines überspitzten jüdischen Intellektualismus ist nun zu Ende, und der Durchbruch der deutschen Revolution hat auch dem deutschen Weg wieder die Gasse freigemacht. (…) Der kommende deutsche Mensch wird nicht nur ein Mensch des Buches, sondern auch ein Mensch des Charakters sein. Und deshalb tut ihr gut daran, um diese mitternächtliche Stunde den Ungeist der Vergangenheit den Flammen anzuvertrauen.«[1] Der neue deutsche Mensch brauche also keine Bücher, die das Ideal der Freiheit lehren, das auf Vernunft gegründete Zusammenleben freier Persönlichkeiten. Aufklärung sei von nun an als Nihilismus zu betrachten und müsse vernichtet werden.

Erich Maria Remarques Roman *Im Westen nichts Neues*, der nicht von Heldenlegenden, sondern von der grausamen Wahrheit des Krieges erzählt, wurde ins Feuer geworfen. Es war eines der 251 Bücher, die für diesen Tag auf der »schwarzen Liste« standen. Die Leitlinie war einfach: Auszumustern sei alles, was Gefahr liefe, den deutschen Geist und das deutsche Blut zu zersetzen: Asphaltliteratur[2], Werke jüdischer Wissenschaftler, Bücher mit marxistischem oder pazifistischem Inhalt. Bekannte Autoren wie Karl Kraus und Erich Kästner, aber auch inzwischen unbekannte Namen wie Friedrich Wilhelm Förster oder Werner Hegemann landeten auf den Scheiterhaufen. Der Tag, an dem die Bücher brannten, blieb im Gedächtnis als der Tag, an dem Gedanken hingerichtet wurden.

Während meiner Recherche, unter anderem in Würzburg, Berlin, München und Marburg, stieß ich auf eine Zeitungsnachricht, dass es im oberösterreichischen Dorf Offenhausen[3] eine »altdeutsche Weihestätte« geben soll, genannt »Dichterstein«. Sie sei in den 1960er-Jahren zur Pflege deutschen Schrifttums angelegt worden, um deutsche Dichter zu verewigen. Im Sommer seien dort »Begegnungstage« abzuhalten. Der Träger dieser Weihestätte, der »Verein Dichterstein Offenhausen«, sei seit Kurzem wegen NS-Wiederbetätigung verboten worden. Die weitere Recherche ergab, dass unter den über 500 deutschen Dichtern und Schriftstellern, die am »Dichterstein« mit je einem eigenen Stein verewigt sind, kein einziger Autor dabei ist, dessen Bücher 1933 verbrannt wurden. Kein einziger jüdischer Schriftsteller.

Für mich war die Sache klar: Das ist kein Denkmal für große deutsche Literatur, sondern für die ewig Gestrigen, für Schriftsteller und Dichter, die bei den Nazis auf Wohlwollen gestoßen waren und nach dem Zusammenbruch keine öffentliche Rolle mehr spielten. Ich fand, dass die Anlage zu meinem Filmprojekt passte. Sie war so etwas wie eine umgekehrte Bücherverbrennung, eine Bücherverbrennung in Stein. Der »Dichterstein« zählte auf, was übrig bleibt, wenn das Beste vernichtet wird. Mir gefiel dieses größte Denkmal deutschen Schrifttums als Beleg dafür, dass das Schattensystem des Nationalismus weiterexistiert.

Im März 2003 begannen die Dreharbeiten. Wir fuhren nach Offenhausen. Eine hügelige Gegend. In Offenhausen quartierten wir uns im »Gasthof Lauber« ein, ganz in der Nähe zum Dichterstein. Am Nachmittag bestiegen wir den Hügel. Oben, vor dem Wald, eine mächtige, wagenburgartige, achsensymmetrische Anlage. In der Mitte eine Treppe hinauf ins Innere der Weihestätte. Rechts und links des Eingangs je ein Wikingerschild. Jeweils beschriftet mit Goethe -beziehungsweise Schillerzitaten. Man sollte gleich sehen: Hier ist der heilige Hain deutschen Dichtertums.

Wir zünden Nebelkerzen, die Anlage steht übertrieben im Rauch. Sie wirkt sofort gespenstisch. Als ob Geister anwesend sind. Wirkung vor Logik hat einmal ein Kameramann zu dieser Bildgestaltungspraxis gesagt. Dann wird es dunkler. Wir zünden eine Fackel an. Das verstärkt noch die Wirkung, erinnert an nächtliche SS-Märsche.

Mit der Fackel lese ich die Dichternamen: Erwin G. Kolbenheyer, bekannt als Fachmann für antisemitische Heimatromane, oder Herbert Böhme, der in seiner Lyrik das Führerprinzip verherrlicht:

Der Führer

Eine Trommel geht in Deutschland um,
Und der sie schlägt, der führt,
Und die ihm folgen, folgen stumm,
Sie sind von ihm gekürt.

Sie schwören ihm den Fahnenschwur,
Gefolgschaft und Gericht,
Er wirbelt ihres Schicksals Spur
Mit ehernem Gesicht.

Er schreitet hart der Sonne zu
Mit angespannter Kraft.
Seine Trommel, Deutschland, das bist du!
Volk, werde Leidenschaft[4]

Die Gedichte jüdischer Schriftsteller wurden verbrannt, solcher Schwachsinn wurde gefördert. Wer als Dichter das nationalsozialistische Gedankengut mit größtem Pathos vortrug, hatte gewonnen. Dessen Bücher erzielten Massenauflagen und wurden den Soldaten an der Front in die Hand gedrückt.

Ich machte damals ein Interview mit dem Salzburger Germanisten Gert Kerschbaumer. Der erklärte mir: »Man weiß zum Beispiel, dass in den 20er-Jahren einige jüdische Autoren große Erfolge erzielt haben. Stefan Zweig zum Beispiel. Und man sieht auch, wie sich Dichter wie Heinrich Waggerl bemüht haben, aber erst in den 30er-Jahren zum Erfolg gekommen sind. Diese Konkurrenzverhältnisse spielen eine große Rolle. Da geht es um Materielles. Wenn Sie sich anschauen, was dem Nationalsozialismus genehme Dichter im Dritten Reich verdient haben, Lesereisen, sonstige Auftritte et cetera, das ist schon spektakulär. Das sind Einnahmen, wie sie Gauleiter und Reichsstatthalter hatten. Also, die haben ein Riesengeschäft gemacht.«

Die meisten nationalsozialistisch gesinnten Dichter wurden 1945, nach dem Zusammenbruch, von den Amerikanern verfolgt und waren natürlich die Verlierer, während die Autoren verbrannter Bücher nach und nach wieder auf den Markt kamen und Gewinne erzielten. Verständlich, dass die Verlierer sich wieder versammelten, Gruppen bildeten, Vereine gründeten, um nicht ganz in der Versenkung zu verschwinden. Die »Begegnungstage Offenhausen« und die Ehrung durch einen Gedenkstein waren für manche von ihnen ein kleiner Hoffnungsschimmer. Und manch belasteter Autor wurde in den 1950er- und 1960er-Jahren, in der Zeit der Restauration, sogar wieder gefördert.

In einem Linzer Altersheim traf ich Rudolf Nowotny, den Mann, der jahrzehntelang die Anlage betreut und den »Verein Dichterstein Offenhausen« aufrechterhalten hatte. Ich fragte ihn im Interview, was denn seine schönste Erinnerung an die Begegnungstage war. Er überlegte lange.

»Da wurde eines Tages die Idee aus dem Mitgliederkreis geboren, eine Linde in der Anlage anzupflanzen. Die Idee war gut und zeitgemäß. Man kann nicht genug für die Natur und ihre Belassenheit tun. Da schlug ein Mann aus Südtirol vor: ›Wie wäre es, wenn wir in die Grube, in die diese Linde hineingesetzt werden muss, Erde aus allen deutschen Gauen, aus denen die Dichter stammen, mitbringen lassen würden?‹ Diese Idee wurde gutgeheißen. Ich kann mich noch gut erinnern, wie ich bei Osnabrück bei der Abschussstelle meines Bruders Major Walter Nowotny – Ritterkreuzträger mit Eichenlaub, Schwertern und Brillanten mit 258 Luftsiegen im Zweiten Weltkrieg – Erde geholt habe. Mit diesem Säckchen bin ich damals zusammen mit allen anderen, die ihr Säckchen mit Erde aus Ostpreußen, aus Südtirol, aus dem Elsass, aus Kärnten, von überall hergebracht haben, zum Dichterstein gekommen und wir haben den Inhalt unserer Säckchen in das Loch, in dem der Baum stehen sollte, geleert. Die Linde hat wunderbar eingeschlagen, und es ist ein wunderbarer Baum geworden.«

Bis 1998 pilgerten Jahr für Jahr im Mai völkische Dichterfreunde zum Dichterstein und versammelten sich in dieser Wagenburg-artigen Germanenanlage zu den Dichtertagen. »Wer den Geist verrät, verrät sein Volk«, prangte ursprünglich auf dem Querbalken über der Eingangstreppe. Von dem Motto Erwin Guido Kolbenheyers ist wenig übrig geblieben. Die Buchstaben wurden aus Protest so demoliert, dass man den Satz nicht mehr lesen kann. Sichtbarer Vandalismus in einer Anlage, die ohnehin nach und nach verrottet. Verwittert sind bereits die eingemeißelten Worte wie: Arbeit adelt, Muttersprache, Sippenreinheit.

Nein, beschützen muss man so ein Denkmal nicht.

Gert Kerschbaumer sagte mir im Interview: »Man kann die Geschichte nicht einfach auslöschen und sagen, schleifen wir den Dichterstein, und wir haben wieder eine saubere Geschichte. So leicht kann man es sich auch nicht machen.«

Eine Idee, wie man eine Gedenkstätte, die einer Zeit der Unkultur gewidmet sein soll, gestalten könnte, hatte er auch nicht. Vielleicht muss man den Dichterstein einfach verrotten lassen.

Das Hörl-Haus

Ende der 1920er-Jahre

Das zweite Haus meines Triangulums, das Hörl-Haus, Altstadt 16, gilt heute als eines der charakteristischsten und schönsten Häuser der Braunauer Altstadt. Das massive Barockeckhaus befindet sich direkt gegenüber der hundertfach mächtigeren spätgotischen Stadtpfarrkirche St. Stephan, eines der größten Kirchenbauwerke Österreichs. Mit 85 Metern steht der Kirchturm in keinem harmonischen Verhältnis zu der kleinen Stadt, die heute nur noch den Stadtkern von Braunau bildet. Noch aufdringlicher wirkt auf mich das 60 Meter lange dreigliedrige Kirchenschiff. Ich möchte ein so langes Gebäude nicht in meiner Nachbarschaft haben. Morgens Punkt sechs Uhr beginnt der Tag mit aufdringlichem Gotteslärm. Dann gibt das Geläut mit seinem schweren durchdringenden Glockenton den Takt für den Tag vor. Ein guter Katholik könnte das Gefühl haben, zum jüngsten Gericht gerufen zu werden. Als Kind erzählte mir meine Mutter, dass an Gründonnerstag die Glocken nicht läuten, weil sie nach Rom geflogen seien und erst in der Osternacht wieder heimkehrten. Deshalb könnte man sie erst am Ostersonntag wieder hören.

Der Katholizismus war für meine Urgroßmutter, Großmutter und Mutter das sie umgebende Seelen- und Trostgewand. Rosalia hatte St. Stephan, das mächtige Wahrzeichen Gottes, ihr ganzes Leben hindurch direkt vor Augen. Ihre Zimmer lagen zum Kirchplatz hin. Sie konnte durch ihre Fenster das Kirchturmende nicht sehen. Die unendliche Größe Gottes war dadurch spürbarer. Rosalia war häufig in der Stadtpfarrkirche. Nicht nur sonntags. Hebammen waren traditionell nach der Geburtshilfe auch bei der Taufe anwesend. Und die meisten Braunauer Babys wurden in der Pfarrkirche getauft, auch Adolf Hitler. Für manche »ihrer« Kinder, die später in Not gerieten und für die eine Messe gelesen wurde, ging sie auch abends noch über den Kirchplatz in die Kirche. Dort wurden auch für Adolf Hitler Messen gelesen.

Auf dem Foto[1], das ich im Nachlass meiner Mutter fand, erscheint das Hörl-Haus ziemlich vernachlässigt. Die Farbe auf der Frontseite ist abgeblättert. Im ersten Stock, rechts neben dem Fenster, aus dem meine Urgroßmutter guckt, befindet sich zwischen zwei Fenstern ein verblassendes Fresko, barock umschnörkelt. Es stellt die Madonna mit Kind dar und stammt von dem akademischen Kunstmaler Aloys Wach[2], einem aus Lambach im Riedkreis stammenden Künstler, den es durch wilde Kunststile zu Anfang des 20. Jahrhunderts getrieben hat, bis er schließlich 1922 in Braunau sesshaft wurde. Meine Urgroßmutter, die ein Herz für den armen Künstler hatte, gab ihm 1927 den Auftrag, ein Fresko an ihre Hauswand zu malen. Leider war das Bild zu der Zeit, als das Foto aufgenommen wurde, bereits ziemlich verblasst. Es gab viele dieser Fresken von Aloys Wach in Braunau. Heute sind die meisten von ihnen zerstört.

Aloys Wach war nicht nur ein wunderbarer Maler, Zeichner, Grafiker. Er war auch ein großer Schwärmer. Man muss nicht jeden seiner Spleens für gut befinden, doch auf mich wirken seine künstlerischen und politischen Äußerungen wie ein Seismograf für den ideellen Wandel in dieser Zeit. Wach begann seine Künstlerkarriere als Expressionist in München. In Paris zeichnete er empfindsam die Konturen moderner Großstadtmenschen mit ihren Gefühlen der Verlorenheit. Nach der Katastrophe des Ersten Weltkriegs bebilderte er als sozialrevolutionärer Grafiker agitatorische Flugschriften für die Münchner Räterepublik. Nachdem er aus München fliehen musste, landete er in Braunau. Dass ihn die Revolutionszeit nachhaltig bewegte, lässt sich an einem Bilderzyklus ablesen, der die verschiedenen sozialrevolutionären Strömungen der 1920er-Jahre symbolisiert. Im Museum Herzogsburg, Altstadt 10, hängt ein Ölgemälde von Wach, das die kämpferische Entschlossenheit der Bauern während der Bauernkriege des 16. Jahrhunderts darstellt. In düsterer Nacht versammeln sie sich auf freiem Feld. Im Mondlicht glänzen ihre Waffen. Ein anderes Gemälde zeigt einen Zug deprimierter, hungernder Menschen. Ein Nachklang des verlorenen Ersten Weltkrieges. Im Hintergrund glüht noch die Materialschlacht als roter Himmel. Ruinen erinnern an die maßlose Gewalt und Zerstörung.

Aloys Wach ist ein Maler, der in jedem seiner Bilder die nackte Existenz des Menschen in den Mittelpunkt stellt. Dazu gehören nicht nur Leid und Elend, sondern auch Erlösung. In der Braunauer Stiftskirche, ganz versteckt, zeigte man mir zwei bunte Glasfenster: Zwei Engel, wunderbar in ihrer Reinheit, wie Ruhepole in angespannter, unruhiger Zeit. Gegen Ende der 1920er-Jahre wird Aloys Wach immer mehr zum Schwärmer. Er wendet sich fast ausschließlich christlichen Motiven zu und schließt sich selbst in die christliche Traumwelt ein.

Historiker äußerten vielfach die These, dass die Heilsversprechungen des Katholizismus in der tiefgläubigen Bevölkerung Oberösterreichs besonders starke Wirkung zeitigten. Das gelte auch für Adolf Hitler, der sich dazu verstieg, an seine eigene messianische Vorsehung zu glauben.[3]

Eigentlich nicht verwunderlich, dass der eigenwillige Aloys Wach sich nicht scheute, seinen Gefühlen für den Führer Adolf Hitler öffentlich freien Lauf zu lassen. Nach dessen Machtergreifung nahm er zur Frage einer Ehrenbürgerschaft Hitlers in Braunau öffentlich Stellung:

»Mit Beschämung ob der außerordentlichen Unvernunft, die gewaltet hat bei der Abstimmung der Frage, ob man dem Herrn Reichskanzler Adolf Hitler das Ehrenbürgerrecht zuerkennen solle oder nicht, nimmt man das Resultat dieser Abstimmung zur Kenntnis. Ich bitte Sie, Herr Bürgermeister, meinen Protest zu dieser Entschließung der Stadtgemeinde entgegenzunehmen! Hier, in dieser Stadt, ist der Mann geboren, der als Einziger wirklich gewagt hat, dem Kommunismus den Kampf anzusagen. Der diesen Kampf auch wirklich durchgeführt hat ohne Kompromiß. Dieser bewundernswerte Mann ist, ganz auf sich alleingestellt, auf sein Genie und seinen Charakter, der Mann geworden, der er ist: Adolf Hitler; der einzige große Mann, der in dieser Stadt das Licht der Welt erblickte. Der einzige in dieser Stadt Geborene, auf den diese Stadt stolz sein könnte – denn sonst ist niemand da, dessentwegen es sich gelohnt hätte, daß diese Stadt überhaupt existiert im Raume der Geschichte und der Zeit! Erbittert darüber, daß die Heimatstadt Hitlers eine ganz selbstverständliche Pflicht zu einer Affaire des Parteienstandpunktes überhaupt gemacht hat, erbittert darüber, daß der Beschluß einer Handvoll Leute entscheiden kann über eine nie wiedergutzumachende Blamage der gesamten Einwohnerschaft der Stadt Braunau am Inn, wollen Sie, Herr Bürgermeister, zur Kenntnis nehmen, daß ich fernerhin es mir nicht zur Ehre anrechnen kann, in dieser Stadt zu wohnen. Ich muß es vorziehen, meinen Wohnsitz aus einer Stadt fortzuverlegen, die nicht wert ist, einen Sohn zu haben wie Adolf Hitler – da sie ihm nicht die selbstverständliche Ehre geben will, die ihm gebührt. Wollen Sie, Herr Bürgermeister, meinen Entschluß der Gemeindevertretung bekanntgeben.«

Diesen Brief schrieb Aloys Wach am 19. April 1933 an den Bürgermeister der Stadt Braunau, Friedrich Leistner[4]. Darauf antwortete Leistner am 9. Mai:

»Auf Ihr Schreiben vom 19. 4. 1933 beehre ich mich Ihnen mitzuteilen, daß sich die Rechtssektion gegen den Ton Ihrer Protestnote verwahrt und sie zurück weist.
Der Bürgermeister«
(Leistner)

Hitlers »Ehrenbürgerschaft« von Braunau endete am 11. Juli 2011. Es ist jedoch unklar, wann sie begonnen hat und ob sie überhaupt für ganz Braunau zutrifft. Zunächst ließ die späte Aberkennung vielfach den Verdacht aufkommen, dass Braunau keine besonderen Anstrengungen unternommen hätte, sich von Hitler zu distanzieren. Dem ist nicht so. Die Frage, ob Hitler überhaupt Ehrenbürger von Braunau war, lässt sich nicht klar beantworten. Hitler wurde 1933 von der Nachbargemeinde Ranshofen zum Ehrenbürger ernannt. Nach dem Anschluss Österreichs am 15. Oktober 1938 wurde Ranshofen in Braunau eingemeindet. Damals ging man davon aus, dass damit eine Ehrenbürgerschaft Hitlers für Braunau automatisch erfolgt sei. Nach dem Krieg fand man jedoch in der Gemeindeverwaltung der Kernstadt keinen Hinweis darauf, dass Hitler jemals Ehrenbürger der Stadt gewesen ist. Die späte Aberkennung im Jahre 2011 durch den Braunauer Gemeinderat traf man deshalb betont »vorsorglich«, um jeglichem falschen Verdacht entgegenzuwirken. Insgesamt wurden im Großdeutschen Reich Hitler etwa 4 000 Ehrenbürgerschaften verliehen.

Heute ist Aloys Wach in Braunau wegen seiner vorübergehenden Hitlerschwärmerei eine »Persona non grata«. Zu Unrecht, wie ich finde. Er ist für mein Empfinden ein feinsinniger, ideenreicher, kreativer Maler, der äußerst impulsiv seine augenblicklichen Ansichten in die Öffentlichkeit trug.

Meine Mutter, meine Großeltern und meine Urgroßmutter wohnten zusammen in der Altstadt 16, im Hörl-Haus. 1937 starb Rosa Elisabeth, die Mutter meiner Mutter. In der *Neuen Warte am Inn* war zu lesen: »Es war ein langer Trauerzug, der sich am Donnerstag um 10 Uhr zum Friedhof bewegte, um der so früh verstorbenen Postbeamtengattin Frau Rosa Schneider das letzte Geleit zu geben. Österreichisches Jungvolk, die erste Klasse der Mädchen-Hauptschule, die erste Klasse der Kaufmännischen Wirtschaftsschule eröffneten den Zug … Die katholische Frauenorganisation, der Katholische Volksverein, Herr Ing. Hans Sigl für die Winterhilfe, der Bund heimattreuer Frauen … waren im Zuge zu sehen. Am Grabe hielt Hochwürden Herr Dechant Ludwig einen warmen Nachruf, in dem er der Toten Dank sagte für die von ihr geleistete Arbeit für die Winterhilfe, wie auch für die Jugendfürsorge. Gar viele Augen wurden nass bei der heiligen Handlung angesichts des blumengeschmückten Grabes. Doch wo Liebe weint, tröstet der Glaube.«[5]

Mein Großvater nahm sich alsbald eine Louise zur Frau, mit der sich meine Mutter nicht gut verstand. Er zog aus dem Haus Altstadt 16 aus. Meine Mutter blieb bei meiner Urgroßmutter und wohnte auf derselben Etage wie Rosalia, aber im hinteren Teil, mit freiem Blick aus dem Fenster; auf keine Kirche, sondern auf den Inn, den Grenzfluss zwischen dem oberösterreichischen Innviertel und Bayern. Dieser Teil des Hauses besteht aus besonders dicken Mauern, die zum mittelalterlichen Kern der Braunauer Stadtbefestigung gehören. Meine Mutter konnte aus ihrem Fenster bis tief nach Bayern hineinschauen, in das Land, nach dem sich viele Österreicher damals sehnten. Von Bayern erwarteten die Oberösterreicher die Erlösung aus dem Elend, das ihnen der Erste Weltkrieg gebracht hatte.

Erster Weltkrieg, Gródek

Staub, Geröll, Fels. Wo bin ich? Auf dem Mond? Der Boden unter meinen Füßen fühlt sich nicht stabil an. Ein Erdbeben? Ich glaube, kleine Risse zu erkennen. Das Grau verfärbt sich. Wirkt rötlich. Warm. Der Boden bewegt sich. Wellenartige Zuckungen. Ein Blubbern? Ich schwebe leicht darüber. Ich interviewe den Führer am Kraterrand des Vesuv. »Statistisch gesehen wird es wieder Zeit«, sagt er, »er kann jederzeit explodieren.«

Der Stadtplatz ist der zentrale öffentliche Platz des alten Braunau. Von schmucken Barockfassaden eingerahmt, dient er vorwiegend dem Handel. Hier ist der Markt, hier trifft man sich in den Cafés, besonders im Sommer auf der Straße. Wer nichts Besseres zu tun hat, verweilt eine Zeitlang. Denn auf dem Stadtplatz läuft man anderen Braunauern zwangsläufig über den Weg und kann eine Weile »ratschen«.

Jeden Mittwoch von 7 bis 12 Uhr ist Wochenmarkt. Diesen müsse man als Fremder und Angereister, so wie ich einer bin, unbedingt gesehen haben, sagte meine 95-jährige Gastgeberin Lore[1]. Nun ja, für mich ein Markt wie viele andere. Die Stände füllen nur einen verschwindend kleinen Teil des 300 Meter langen und 30 bis 40 Meter breiten Platzes.

Die Häuser rundherum sind gegen den Uhrzeigersinn durchnummeriert. Das Rathaus hat die Nummer 38. Es wurde 1903 in Anwesenheit Kaiser Franz Josephs I. eingeweiht. Vom Rathaus aus gesehen zwei Häuser weiter rechts stand das kleine, schmale Haus Stadtplatz 36, nicht mal 6 Meter breit«. (Abbildung Seite 34)

Es ist das dritte Haus meines Triangulums. In ihm wohnte und arbeitete sein Leben lang mein Urgroßvater Josef Schneider (1871–1933). Mit vierzehn Jahren begann er als Lehrling. Gut 49 Jahre, von 1885 bis 1933, saß er im ersten Stock an der Linotype und goss für die Firma Josef Stampfl & Co. Texte in Bleisatz. Tag für Tag, Zeile für Zeile, Artikel um Artikel nahm durch ihn das regionale Wochenblatt *Neue Warte am Inn* Gestalt an. Neben Weltnachrichten und Meldungen aus dem Kreis Braunau und dem Innviertel betrieb die katholische Wochenzeitung zunehmend antisemitische und antibolschewistische Propaganda, lange bevor Hitler auf der Welt war. Das fünfzigjährige Dienstjubiläum erlebte mein Urgroßvater nicht mehr. Er starb am 4. Oktober 1933.

Die Neue Warte am Inn schrieb am 10. Oktober 1933:

»Die überaus große Beteiligung am Begräbnisse zeigte die hohe Wertschätzung, welche Herr Schneider überall genossen hat. Die Stadtkapelle, der Krieger- und Veteranenverein, die Kaiserschützen, darunter mehrere in alter Uniform, eine Abordnung des Rainerbundes[2], die Eulogi-Hammerlzunft[3] mit Fahne gaben ihrem treuen Mitgliede … das letzte Geleite …. Ergreifend war es, als die Kaiserschützen nach der Rede ihres Obmannes ihr Edelweiß vom Rocke nahmen und ins offene Grab warfen, als herzliche Treue und Kameradschaftskundgebung. …. Die drei Salutschüsse erinnerten die Trauergäste, daß Herr Schneider auch Kriegsteilnehmer war. Der schwergeprüften Witwe und ihren Kindern wird allseits aufrichtiges Beileid entgegengebracht. Der Verstorbene hing ja mit ganzer Liebe und Sorge an seiner großen Familie. Leider konnte sein jüngster Sohn Rudi, durch den der Name Schneider in der ganzen Welt bekannt wurde, am Begräbnisse nicht teilnehmen, weil er derzeit wieder auf einige Monate in England weilt.«

Stampfl stellte seinem treuen Mitarbeiter den zweiten Stock des Druckerei-Gebäudes als Wohnung zur Verfügung. Nachdem Josef Schneider am 7. Februar 1898 die Braunauerin Elise Krämpl geehelicht hatte, bekamen sie zusammen noch elf Kinder. Mein Großvater Karl, der älteste Sohn, kam schon vor der Heirat auf die Welt. Er wurde am 28. Oktober 1896 geboren. Nach der Heirat wuchs die Familie von Jahr zu Jahr. Von den ursprünglich zwölf Kindern überlebten vier Mädchen und zwei Knaben das Kindesalter nicht. Vielleicht starben sie an Tuberkulose oder Diphterie wie viele Kinder damals. Es gab noch keinen Impfstoff. Übrig blieben sechs Buben, der Reihe nach: Karl, mein Großvater als der Älteste, dann Hans, Fritz, Willi, Franz und Rudi, der Lieblingsonkel meiner Mutter. Alle acht Personen lebten in der kleinen Dreizimmerwohnung auf engstem Raum: Es gab eine Küche, das kleine Schlafzimmer der Eltern und ein großes Wohnzimmer, das den Kindern auch als Schlafraum diente.

Im Parterre, hinter dem Schaufenster, lag die Stampfl'sche Buch- und Schreibwarenhandlung. Dort konnten sich Damen zu einem katholischen Strickkurs anmelden. In den hinteren Räumen und im ersten Stock waren die Druckerei und die Redaktion der Wochenzeitung *Neue Warte am Inn*. Josef Stampfl hatte das klerikale Kampfblatt 1881 gegründet, nachdem die alte *Warte am Inn* aufgegeben worden war. Die politische Ausrichtung der Zeitung steht im Zeitungskopf direkt unter dem Namen: »Organ für Interessenvertretung des Bauern- und Gewerbestandes«. Stampfl selbst war Redakteur und sorgte für Meinungsbildung ganz im Sinne der oberösterreichischen Volkskredit und des katholischen Volksvereins.

Gleich in der ersten Ausgabe vom 6. Februar 1881 machte Stampfl die Zielrichtung deutlich: »Noch selten ist im politischen Leben ein Gesetz mit so viel Sehnsucht seitens der Bevölkerung erwartet worden, wie das im Augenblicke im österreichischen Reichsrathe in Beratung stehende Wuchergesetz. Dieser Tatsache können sich weder die liberalen Doctrinäre des wirtschaftlichen Manchesterthums, noch die Knechte des Groß-Kapitals verschließen.«

Stampfl stand mit seiner von der katholischen Kirche finanziell unterstützten journalistischen Macht an der Seite der Bauern,

Handwerker und Arbeiter gegen einen Kapitalismus, der sich immer hemmungsloser ausbreitete, vor allem nach der Verabschiedung der Staatsgrundgesetze im Dezember 1867. Die *Neue Warte am Inn* wetterte gegen die liberale Presse, die unter der Fahne der Freiheit die Unverletzlichkeit des Eigentums und die Freiheit der Preisgestaltung als eine »zivile Errungenschaft« propagierte: »Was soll dem Volk eine Freiheit«, schrieb Stampfl, »bei der es der Ausbeutungssucht durch das mobile Kapital vollkommen preisgegeben ist? Was helfen dem österreichischen Volke die Errungenschaften von 1848 und 1868, wenn ihr Endziel auf eine ›allgemeine Auswucherung‹ des Mittelstandes und der arbeitenden Classen gerichtet ist?«[4]

Die These kommt mir nicht unbekannt vor. Ich war 1968 Student. Dann aber ließ Stampfl die Katze aus dem Sack: »Die jüdische Presse als Dienerin des Großkapitals, sie wußte allerdings, was sie that, als sie mit dem Schlagworte ›Aufhebung der Wuchergesetze, Freiheit des Capitals‹ debutirte. Sie wußte, daß damit alle Knöpfe von den Säcken des Bauers und alle Nähte von den Taschen des Handwerkers und Gewerbestandes beseitigt und für den Eingriff des Groß-Capitals zurechtgelegt werden.«

In klassenkämpferischem Ton griff Stampfl die Presse an. Sie habe mit ihren liberalen Phrasen die Gutgläubigen raffiniert geblendet. Jetzt, nach dreizehn Jahren, habe man die Bescherung. Jetzt müsse man mitansehen, »welche Verheerungen der Wucher unter allen Gesellschaftsklassen angerichtet hat«.

Stampfl richtete seine Papierkanone gegen die jüdische Presse als den Lakaien des Großkapitals. Jüdische Presse – das sei nicht die von Juden geleitete Presse, sondern die Presse selbst habe die Eigenschaft, »jüdisch« zu sein. Das zu sagen war sein katholischer Auftrag. Seit dem »Gründerkrach«, der 1873 an der Wiener Börse die Finanzmärkte zusammenbrechen ließ und den spekulativen Firmengründungen ein Ende bereitete, wurden Verschwörungstheorien gegen Juden verbreitet. Die katholische Kirche machte »den« Juden als »raffenden«, »gierigen«, »blutsaugenden« Finanzkapitalisten für die nachfolgende wirtschaftliche Depression verantwortlich.

Mehrmals wurde Josef Stampfl als harter Verfechter der Politik seiner christlichen Kreditgeber vor Gericht gestellt.[5] Doch er schaffte es bis 1908, Geschäftsführer und verantwortlicher Redakteur der *Neuen Warte am Inn* zu bleiben. Dann übergab er aus gesundheitlichen Gründen den Betrieb an Leopold Höglinger. Von der Volkskredit als zuverlässig eingestuft, leitete dieser das Geschäft weitere dreißig Jahre lang – bis zum Anschluss Österreichs im März 1938.

Die *Neue Warte am Inn* berichtete katholisch untertänig und war von absoluter Kaisertreue. Als am 30. Juni 1903 Seine Hoheit, Kaiser Franz Joseph I. die Stadt am Inn das erste und letzte Mal besuchte, war der 700. Geburtstag der Stadt Braunau der Anlass. Die *Neue Warte* berichtete in der Ausgabe vom 4. Juli 1903 seitenlang über jeden Schritt, den der Kaiser laut Protokoll absolvieren musste. Von der Einfahrt des Hofsonderzugs im Braunauer Bahnhof bis zum Besuch der Stadtpfarrkirche musste er jeden Einzelnen in den gesellschaftlichen Hierarchien persönlich begrüßen, obwohl er das Defilieren und Händeschütteln hasste. Den Sonntagsreden hörte er erst gar nicht zu. Nur im persönlichen Gespräch mit seinen strammstehenden Soldaten blühte Seine Majestät auf. Als oberster Kriegsherr, der Kriege immer nur verloren hatte, vertiefte er sich leidenschaftlich in die Erörterung von Orden, die die aufgestellten Veteranen trugen.

»Wo haben Sie gedient?«, fragte der Kaiser einen Hochdekorierten.

»Bei den Zehnerjägern, Hoheit, unter Oberst Kopal bei Magenta und Santa Lucia mitgefochten.«

»Diese alten Radetzky-Soldaten werden schon selten; nur hier und da steckt noch einer.«

Der nächste Veteran trug noch mehr Medaillen und Kreuze auf der Brust.

»Wo gedient?«

Keine Antwort. Der Kaiser verdutzt.

»Er hört nicht mehr gut«, heißt es.

»Na ja«, murmelt der Kaiser und tippelt zum nächsten hochdekorierten Weißhaarigen.

»Dienstzeit?«

»1849 in Piemont im ungarischen Infanterieregiment Nr. 19 gedient, Feldzug in Italien, 1850 bei der Artillerie, 1851 zur Marine transferiert worden, 1859 bei Ragusa am Kampf mit einer französischen Fregatte teilgenommen, 1864 für die Teilnahme an der Schlacht von Helgoland die Tapferkeitsmedaille; im selben Jahr die hannoversche silberne Verdienstmedaille bekommen und die schleswig-holsteinische Erinnerungsmedaille als Geschützmeister auf dem Admiralsschiff ›Schwarzenberg‹ unter Admiral Tegetthoff zuerkannt. 1873 die Kriegsmedaille, 1898 Jubiläumsmedaille und das achtzehnjährige Mannschaftsdienstkreuz, Majestät.«

Nachdem der Kaiser geduldig die Aufzählung des Veteranen vernommen hat, fragt er nach: »Wo haben Sie gedient?«

»Seine Majestät, bei der K.-u.-k.-Kriegsmarine.«

Dann deutet Franz Joseph auf eine der vielen Auszeichnungen. »Wo haben Sie die Auszeichnung bekommen? Im Jahre 1866 bei Lissa?«

»Nein, Majestät, im Jahre 1864 bei Helgoland. Im Jahre 1866 war ich als Parkmeister im Arsenal in Pola, wo ich die Kriegsschiffe mit Artilleriegegenständen ausgerüstet hatte.«

Man kann es nicht fassen. Dieser geistig verknöcherte Kaiser hat über das Schicksal Europas entschieden. Ich habe von diesem Tag Filmsequenzen gesehen, in denen der 73-jährige Franz Joseph mit seinem struppigen Backenbart wie ein alternder Hund über den Braunauer Stadtplatz herumtappt. Wie ein Automat fasst er sich in seiner liebsten Rolle als Oberbefehlshaber der österreichisch-ungarischen Armee ständig militärisch grüßend an den Helm, als ob die harmlosen Braunauer, die ihn umjubeln und huldigen, angetreten seien, um anschließend für ihn ins Feld zu ziehen.

Am 4. Juli 1914 beginnt der Untergang der Monarchie. Tränenreich beschreibt die *Neue Warte am Inn* bis ins kleinste Detail den genauen Ablauf des blutigen Attentats auf Seine Hoheit, den Thronfolger Erzherzog Franz Ferdinand.

Im Kommentar ruft die *Neue Warte* alle Braunauer und ganz Österreich zur Besinnung auf: »Gewiß, wir haben einen Verlust erlitten, der kaum hoch genug angeschlagen werden kann. Einer der edelsten Österreicher ist gefallen. Es ist ein großer erhebender Tod. Es ist die Vollendung, der Gipfel eines österreichischen Heldenlebens. Wahrlich, die Weltgeschichte dichtet die erschütterndsten Tragödien. (...) Unser österreichisches Bewußtsein ist im Tiefsten ergriffen. Es ist, als ob wir über den geopferten Leichen das Banner Österreichs in erhabeneren Schauern rauschen hörten. Fester als je steht dies Banner in bosnischer Erde, ob auch die Hand des Bannerträgers gesunken ist. Das Banner wird nie sinken, denn eine unsterbliche Legion hält es allzeit aufrecht.«

Der Kaiser weiß, was von ihm erwartet wird. Er haut auf den Tisch. Wir müssen uns endlich mal durchsetzen. Meine Völker machen langsam, was sie wollen. Wir senden den Serben ein unannehmbares Ultimatum. Dann haben wir Krieg. Deutschland gibt uns Rückendeckung.

Mit dieser Vorstellung löste Franz Joseph I., Oberbefehlshaber der österreichisch-ungarischen Armee, den Ersten Weltkrieg aus. Eine vorhersehbare absurde Kettenreaktion an Bündnisverpflichtungen nahm man in Kauf. Es musste endlich einmal ein Sieg her, und zwar gegen Russland. Einen Monat nach dem Attentat von Sarajevo, am 28. Juli 1914, erklärt Franz Joseph I., die militärischen Möglichkeiten Österreich-Ungarns und Deutschlands völlig überschätzend, Serbien den Krieg.

An sein Volk richtete er die Worte: »An meine Völker! (...) Serbien hat die maßvollen und gerechten Forderungen Meiner Regierung zurückgewiesen und es abgelehnt, jenen Pflichten nachzukommen, deren Erfüllung im Leben der Völker und Staaten die natürliche Grundlage des Friedens bildet.

(…) Ich habe alles geprüft und erwogen. Mit ruhigem Gewissen betrete ich den Weg, den die Pflicht Mir weist. Ich vertraue auf Meine Völker, die sich in allen Stürmen stets in Einigkeit und Treue um Meinen Thron geschart haben und für die Ehre, Größe und Macht des Vaterlandes zu schwersten Opfern immer bereit waren. Ich vertraue auf Österreich-Ungarns tapfere und von hingebungsvoller Begeisterung erfüllte Wehrmacht. Und ich vertraue auf den Allmächtigen, daß er Meinen Waffen den Sieg verleihen werde. Franz Joseph m. p.[6].«[7]

Einen Monat später, am 5. September 1914 lasen die Braunauer in der *Neuen Warte*: »Mit freudigem Staunen haben wir alle die glänzenden Waffentaten gesehen, welche die reichsdeutschen Heere im neuntägigen Schlagen gegen Frankreich=Belgien=England verrichtet haben; um die Wette haben wir gejubelt mit unseren Volksgenossen im Reiche draußen, als die Siegesnachrichten aus Lothringen, Namur und Longwy und St-Quentin usw. einlangten – aber das Ringen an der französischen Grenze Deutschlands steht an gewaltiger Großartigkeit und entscheidender Folgenschwere zurück hinter der größten Schlacht, welche die Bücher der Weltgeschichte bis auf unsere Tage werden melden müssen: hinter dem Riesenringen Österreichs mit Rußlands an den Nord- und Ostgrenzen Galiziens. Hier handelt es sich um die Zukunft und um den Bestand des kulturellen Kaiserstaates, welcher Europa gegen die Barbarei des Islam, gegen die Knechtung des Korsenkaisers gerettet hat und jetzt gegen die Barbarei des Russentums retten soll. Es handelt sich um noch mehr als einzig um den Bestand unseres Vaterlandes als Großstaat: auf dem Spiele steht Recht und Kultur und Zivilisation des alten Europa. Ganz treffend nennen daher die deutschen Zeitungen diesen Kampf das Heldenringen Österreich-Ungarns. (…) Schon haben die Russen furchtbare Schläge erhalten und sind zum Teil aus österreichischem Gebiete hinausgedrängt. (…) Die Hauptentscheidung ist in nächster Zeit zu gewärtigen … Hoffen wir zu Gott auf einen glänzenden Sieg unseres tapferen Heeres, er wird teuer erkauft werden, aber er wird das Glück unseres Vaterlandes besiegeln.«

In Wahrheit hatte die überlegene russische Armee 1914 fast ganz Galizien überrollt. Der größenwahnsinnige Generalfeldmarschall Conrad von Hötzendorf hatte nach Anfangserfolgen darauf gedrängt, weiter nach Osten auf russisches Gebiet vorzudringen. In der Schlacht vom 26. bis 29. August standen sich 115 K.-u.-k.-Bataillone einer Übermacht von 200 russischen Bataillonen gegenüber. Die Österreicher wurden 30 Kilometer zurückgeworfen. Aber General Conrad von Hötzendorf wollte unter keinen Umständen aufgeben und befahl den erneuten Angriff, obwohl die russische Armee auf 292 Bataillone angewachsen war. Es kam zur Katastrophe. Die 3. Armee wurde zerschlagen. 20 000 Mann gerieten in Gefangenschaft. Es gab viele Tote und Verwundete. Lemberg musste aufgegeben werden. Die Österreicher mussten sich zurückziehen auf eine Linie, auf der auch Gródek lag[8].

Ich wusste von dieser Schlacht bis zur Recherche für dieses Buch nichts. Ich kannte nur den Ersten Weltkrieg im Westen: rund um Verdun, an der Somme und in Flandern. Aber das Wort »Gródek« war mir bekannt. Der österreichische Lyriker Georg Trakl war in Gródek stationiert und hat seine Eindrücke und Gefühle dort in einem gleichnamigen Gedicht verarbeitet:

Gródek

Am Abend tönen die herbstlichen Wälder
Von tödlichen Waffen, die goldnen Ebenen
Und blauen Seen, darüber die Sonne
Düstrer hinrollt; umfängt die Nacht
Sterbende Krieger, die wilde Klage
Ihrer zerbrochenen Münder.
Doch stille sammelt im Weidengrund
Rotes Gewölk, darin ein zürnender Gott wohnt
Das vergossne Blut sich, mondne Kühle;
Alle Straßen münden in schwarze Verwesung.
Unter goldnem Gezweig der Nacht und Sternen
Es schwankt der Schwester Schatten durch den

schweigenden Hain,
Zu grüßen die Geister der Helden, die blutenden Häupter;
Und leise tönen im Rohr die dunklen Flöten des Herbstes.
O stolzere Trauer! Ihr ehernen Altäre
Die heiße Flamme des Geistes nährt heute ein gewaltiger Schmerz,
Die ungebornen Enkel.

Für den 100. Geburtstag des am 3. Februar 1887 geborenen Trakl machte ich einen kleinen Film, der seine Verzweiflung in den Mittelpunkt stellte.

Dennoch, Trakl war ein Kaisertreuer. Er folgte Franz Joseph I. in dessen Krieg. Ganz Europa geriet in Flammen. Trakl trat freiwillig als Feldapotheker auf das Schlachtfeld in Galizien. Während seine Kameraden sich an Siegesmeldungen berauschten, fiel ihm auf, dass die K.-u.-k.-Armee ein verrotteter Haufen war: dünkelhafte Offiziere, schlechtes Material, Soldaten ohne Ausbildung, ein zerstrittenes Vielvölkerheer. Die russische »Dampfwalze« eroberte gleich zu Beginn Lemberg. Um den weiteren Vormarsch aufzuhalten, warf ein

Georg Trakl (1987–1914)

überheblicher General die im Chaos versinkende Armee gegen die russische. Trakl hatte den Auftrag, in einer Scheune nahe Gródek (Ostgalizien, heute Ukraine) die Betreuung von neunzig Schwerverwundeten zu übernehmen, ohne ärztliche Unterstützung. Völlig hilflos musste er Tag und Nacht das Stöhnen der Soldaten ertragen. Die Gepeinigten bettelten darum, getötet zu werden. Einer mit einem Blasenschuss jagte sich eine Kugel durch den Kopf. Blutige Gehirnpartikel klebten an der Wand. Trakl hielt es nicht länger aus. Als er verzweifelt aus der Scheune rannte, empfing ihn der Anblick Gehenkter, an Bäumen baumelnd, bestraft wegen angeblicher Kollaboration.

Irgendwo auf dem Rückzug stand Trakl beim Nachtmahl im Kreis seiner Kameraden plötzlich auf, erklärte, er müsse sich sofort erschießen und stürzte ins Freie. Die Kameraden liefen ihm nach, entwaffneten ihn. Katatone Starrheit wechselte mit wilder Entschlossenheit, sich als Infanterist in die Schlacht zu werfen. Zur Beobachtung seines Geisteszustands wurde er in ein K.-u.-k.-Garnisonsspital nach Krakau überwiesen. Während der Zugfahrt unternahm er einen Fluchtversuch, wurde aber eingeholt. Der Psychiater stellte eine hohe Dosis Cocain fest und »Gesichtshalluzinationen«. Trakl redete wirr. Hinter seinem Rücken stünde ein Mann mit gezogenem Messer, er höre Glockengeläut, stamme nicht vom Vater ab, sondern von einem Kardinal. Er werde noch mal ein großer Herr!

Sein Verleger besuchte ihn. Trakl ging ruhig auf ihn zu. Ohne ein Wort zu sagen, schloss er ihn in die Arme, hob den Kopf und fragte: »Was denken Sie? Ich fürchte nämlich, wegen jenes Vorfalls vor ein Kriegsgericht gestellt und hingerichtet zu werden. Verzagtheit, wissen Sie: Äußerung der Mutlosigkeit vor dem Feind – ich muss darauf gefasst sein.«

Der Verleger versuchte, Trakls Bedenken zu zerstreuen.

»Also – nicht? Sie meinen: Nicht?«

Der Verleger schüttelte verneinend den Kopf.

»O doch«, beharrte Trakl, »wozu sonst werde ich hier zurückgehalten? – Wollen Sie hören, was ich im Feld geschrieben habe? Es ist blutwenig.«

Dann las er mit leiser, schlichter Stimme das Gedicht *Grodek*.

Der Verleger schilderte später, er hätte den Eindruck gehabt, Trakl sei jetzt gänzlich jenseits der Realität angekommen, und verabschiedete sich. Bald würden sie sich wiedersehen, in Innsbruck.

»Glauben Sie?«, fragte Trakl, drückte dem Verleger kurz die Hand, dankte für den Besuch und bat, die Freunde zu grüßen. Er legte sich zurück und zog die Decke hoch.

Am 4. November 1914 bemerkte das Krankenblatt: »Vorgestern abends ganz munter, gestern in der Frühe in tiefem bewußtlosen Zustand, Pupillen erweitert, reaktionslos … Um 9 abends exitus letalis.«

Ob mein Urgroßvater Josef Schneider am Ersten Weltkrieg teilnahm, weiß ich nicht. Wenn ja, nehme ich an, dass er bei den »Kaiserschützen« war. Er führte nach dem Krieg den Kaiserschützen-Veteranenverein als Vorsitzender. Er kann an den Schlachten in Galizien, auf dem Balkan oder in den Alpen teilgenommen haben. Grauenhaft waren die Kriegserlebnisse im Ersten Weltkrieg überall. Mein Großvater in Bad Nauheim kam um diese Erfahrung herum. Er war nicht k. v., nicht kriegsverwendungsfähig. Beim Schlittschuhlaufen war er auf dem zugefrorenen Teich im Kurpark eingebrochen und hatte sich eine komplizierte Fraktur des linken Fußes zugezogen, die schlecht verheilt war. So fand für ihn der Krieg morgens in der Zeitung und abends auf dem runden Wohnzimmertisch statt. Zufrieden schob er auf Generalstabskarten die Armeen in Form von Klötzchen hin und her, den Zeitungsberichten entsprechend.

Okkultismus

Der Erste Weltkrieg ist zu Ende. Die entfesselte Rüstungsindustrie hat die fürchterlichsten Auswüchse veranstaltet, Landschaften verwüstet, Berge von Schulden hinterlassen und die Seelen der Menschen wund gerieben. Männer sind auf dem »Feld der Ehre« gestorben, in einem Massengrab verschollen oder finden nur mühsam den Heimweg. Es gibt keinen Kaiser mehr. Die Donaumonarchie ist zerfallen.

Die *Neue Warte am Inn* schreibt: »In aller Stille haben mitten im Weltkrieg die katholischen Priester der Linzer Diözese ein Werk geschaffen, welches geeignet ist, vielen armen Invaliden das Los zu erleichtern …«

Es ist Samstag, der 14. Dezember 1918. Draußen auf dem Braunauer Stadtplatz Schneegestöber. In der Zeitung wird aufgeführt, dass alle höheren Vertreter der Kirche von den Ärmsten der Armen abstammen und wissen, was in der Not getan werden muss. Die Kirche habe schon immer demokratisch gehandelt.

Vor dem Haus Stadtplatz 36 geben sich Kinder eine Schneeballschlacht. Willi, der jüngere Bruder meines Großvaters, ist mit von der Partie. Er hat vor, ins Kino zu gehen. *Das andere Ich* läuft, mit Raoul Aslan, Fritz Kortner und Magda Sonja. Vielversprechend. Beginn: 19:45 Uhr. Auf der Leinwand findet Fritz, ein Ingenieur in einer elektrisch-magnetischen Fabrik, beim nächtlichen Nachhausekommen auf seinem Schreibtisch einen Brief, in dem er ersucht wird, morgens um zwei Uhr in der St. Niklasstraße zu erscheinen. Fritz zögert anfangs. Aber dann lockt ihn das Geheimnisvolle. Ein mysteriös erscheinender Mann (Fritz Kortner) empfängt ihn und geleitet ihn durch dicke Mauern in eine Katakombe. Offenbar das Laboratorium. In dessen Mitte steht eine größere Maschine. Wozu sie diene, fragt Fritz. Es gehe um ein magnetisches Experiment. Er solle bei der Ausführung behilflich sein. Ohne dass er davon in Kenntnis gesetzt wird, ist er selbst das Versuchsobjekt. Ein Stromschlag und er sinkt besinnungslos zu Boden. Er hat seltsame Träume: Er sieht sich selbst und neben sich eine Kopie von sich, »das andere Ich«. Der Wissenschaftler hat ihn geklont.

Durch stöbernde Schneeflocken schwebt Willi nach Hause.

In jeder Mittagspause kommt Willi an der Kaserne Salzburger Tor vorbei, die neben dem Geburtshaus Hitlers steht. In Ermangelung militärischer Aufgaben lungern die dort stationierten Soldaten auf der Straße herum und wissen nicht, was sie tun sollen. Einige sind gerade wieder mal im Stampfl'schen Papiergeschäft und kaufen sich große weißen Zeichenblätter. Der Laden befindet sich im Parterre Stadtplatz 36. Willi sind die Soldaten schon länger aufgefallen. Ein guter Anlass, denkt Willi. Als sie den Laden verlassen, betritt er ihn.

»Was machen denn die Soldaten mit Zeichenblättern?«, fragt er Fräulein Poldi, die hübsche Verkäuferin.

Willi, trotz seiner noch nicht 16 Jahre, interessiert sich sehr für Fräulein Poldi, ist aber recht verlegen.

»Genau weiß ich's auch nicht, aber die Männer sind ganz wild drauf.«

»Worauf sind die wild?«, fragt Willi.

Fräulein Poldi wird rot. Sie mag den Pubertierenden.

»Die Soldaten sind die Warterei in der Kaserne leid.«

»Und dann machen sie was mit dem Papier?«

»Sie versuchen, Nachrichten von toten Kameraden zu empfangen.«

»Von deren herumschwebenden Seelen?«

Fräulein Poldi geht zur Auslage, holt ein Holzgerät aus der Auslage und zeigt es Willi.

»Guck, damit machen sie das.«

»Und was ist das?«

»Eine Planchette.«[1]

»Eine was?«

»Ein Psychograf.«

»Und was macht man damit?«

»Aufzeichnen, was unsichtbare Seelen von sich geben.«

Willi nimmt das Ding in die Hand und betrachtet es sorgfältig.

»Mit den Beinen stellt man es aufs Papier«, sagt Fräulein Poldi.

»Und dann?«

»Komm, ich zeig dir's.«

Fräulein Poldi legt ein Blatt Einschlagpapier auf die Theke und stellt das Gerät drauf, nimmt Willis Hand und legt sie auf das Brettchen. Willi legt gleich los, fährt wild auf dem Papier herum.

»Net so, Willi. Locker.« Fräulein Poldi legt ihre Hand auf seine. »Du musst ganz vorsichtig die Fingerspitzen auflegen, an nichts denken und vor allem die Hand nicht bewegen.«

»Und wenn doch?«

»Mach die Augen zu, wirst schon merken.«

Willi schließt die Augen. Nach einer Weile setzt sich das Gerät zittrig in Bewegung.

»Siehst du, Willi. Bei dir regt sich was.«

»Mir wird ganz warm.«

Die Poldi schaut gespannt zu, was auf dem Papier entsteht.

»Kommt was?«, fragt Willi.

Die zittrige Zickzacklinie wird langsam flüssiger, und es entsteht die symbolische Gestalt eines Herzens.

»Geh, Willi, das hast du jetzt aber absichtlich gemacht.«

»Ich kann nichts dafür, das hat das Ding von allein gemacht. Ehrlich.«

»Du willst mich nur ärgern.«

»Aber nein, Fräulein Poldi. Das würde ich niemals tun.«

Willi bedankt sich bei Fräulein Poldi gespielt schüchtern und verschwindet durch die Hintertür in den zweiten Stock.[2]

Die langen Winterabende in der Schneider'schen Wohnung sind nicht mehr wie zu Kriegszeiten mit bangem Warten erfüllt, sondern mit Langeweile. Elises Mann Josef, mein Urgroßvater, geht wieder jeden Abend nach dem Nachtessen, als wäre nichts gewesen, ein Stockwerk tiefer an seine ratternde Linotype, um die eingegangenen Texte für die *Neue Warte am Inn* in Blei zu setzen. Klackend reihen sich die Buchstaben aneinander. Für Josef ist das Geräusch Musik, inzwischen seit 33 Jahren. Sein Familienlohn ist klein, die Wohnung über der Druckerei und den Redaktionsräumen auch. Geheizt wird nur im Wohnzimmer, ein langer schlauchartiger Raum von 9 Metern Länge und 3,20 Metern Breite, schummrig erleuchtet von den Wolframfäden in den Glühbirnen. Alles findet hier statt. Das gesamte Familienleben. Essen, lesen, spielen, das Schlafen der Kinder.

Fast jeden Abend verbringt Elise Schneider, Josefs Frau, mit Frau Höglinger, der Frau von Leopold Höglinger, seit 1909 Geschäftsführer von Stampfl & Co. Meist bringt Frau Höglinger ihre Schwester mit.

Elise legt gerade die Hand aufs Brettchen, schließt die Augen, wartet auf eine Bewegung. Spannung entsteht im Raum. Kommt

Elise Schneider und ihre Enkelin Lola, meine Mutter, 1922

etwas Aufregendes? Hat sich endlich eine unsichtbare Seele ihrer Hand bemächtigt? Ein verschollener Soldat? Ist die Nachricht auf dem Zeichenpapier entzifferbar? Elise nimmt die Sache ernst. Als strenge Katholikin steht sie wie ihre Freundinnen fest im Glauben. Wenn es schon Engel gibt, müssen auch die Seelen der Verstorbenen existieren. Warum sollten sie nicht auch bei ihr anklopfen wie bei anderen? Bisher sind alle Versuche einer Kontaktaufnahme im Sande verlaufen. Der erhoffte Schauer des Unheimlichen will und will sich nicht einstellen. Aber sie gibt nicht auf.

Die Buben müssen jeden Tag dem Treiben der Damen zuschauen. Wie die sich abquälen! Es dauert nicht lange, dann fangen sie an, »Geister« zu spielen. Willi hält sich dabei zurück. Er glaubt nicht an Okkultismus. Er denkt sich, allein die Vorstellung, dass eine Bewegung kommen muss und Frau Höglinger auch darauf wartet, dass sie eintritt, zwingt die Hand der Mutter dazu, sich zu bewegen. Wie kann man den Damen helfen oder zumindest eine Freude machen?

In der Nacht berät sich Willi mit seinen Brüdern. Das Zusammenleben auf engem Raum befördert Fantasie und Tatendrang. Der Ideenreichtum für außergewöhnliche Aktivitäten ist enorm. Die Buben beschließen, sich ein eigenes »Bretterl« zu bauen und auszuprobieren, unbemerkt von den Eltern.

Am 19. Januar 1919 kommt Frau Höglinger während einer wieder mal enttäuschenden spiritistischen Sitzung auf die Idee, mal die Buben zu fragen, ob sie mitmachen. Vielleicht sind sie gute Hilfsmedien, die jungen Seelen. Die Jungen schauen sich verwundert an, wehren das Ansinnen ab, so etwas trauen sie sich nicht zu oder wollen einfach mit der Sache nichts zu tun haben. Einer meint, der abwesende Willi sei wohl als Einziger von ihnen dafür geeignet. Willi ist noch nicht da. Er kommt meist spät nach Hause.

Kaum taucht er auf, stürzt sich Frau Höglinger auf ihn. Willi verhält sich wie die anderen, wehrt erst mal ab. Doch die anderen Jungs unterstützen lautstark Frau Höglinger. Sei kein Frosch, Willi. Hab dich nicht so. Schließlich habe er doch mit dem »Bretterl« von Fräulein Poldi geübt. Er kenne sich doch mit der Handhabung aus. Er sei bestimmt geschickter als jeder der anderen Brüder im Umgang damit.

Willi ziert sich noch ein Weilchen, kommt aber dann doch der Forderung nach. Gelangweilt stellt er sich an den Tisch der Damen und legt wie selbstverständlich seine Hand auf die Planchette. Und siehe da, das Gerät setzt sich selbstständig in Bewegung. Oder?

»Wie bei der Poldi«, meint Karl und lacht. Er ist schon verlobt mit Rosa, meiner Großmutter.

Alle schauen gespannt auf das Papier. Ein Wort entsteht. Ein schriller Aufschrei, ein Schluchzen unter den Damen. Willi hat Kontakt! Mit wem? Einer Dame! Kein Wunder. Der Junge ist sechzehn! Auf dem Papier steht das Wort OLGA.[3]

Seit diesem Tag ist Willi ein Medium. Woher die Dame denn stamme, fragen sich alle erstaunt. Wer kennt eine Olga? Wer ist sie? Eine Verstorbene aus dem Totenreich? Egal. Willi glänzt in der Damenrunde und bei seinen Brüdern. Bei denen hat er jetzt einen Stich gut.

Da sich die Sache wiederholen lässt, spricht sie sich schnell in Braunau herum. In der Wohnung der Schneiders spuke es. Ach was, so ein Blödsinn, sagen die einen. So etwas gibt's doch nicht. Die anderen überfällt das Gruseln oder packt die Neugier. Willi ist auf dem Weg, stadtbekannte Attraktion zu werden.

Er, der gerne ins Theater und ins Kino geht, gefällt sich in seiner neuen Rolle. Mehrmals die Woche füllt sich die Schneider'sche Wohnung im zweiten Stock des Zeitungshauses Stampfl & Co. mit Schaulustigen. Die Sitzungen beginnen gegen 21 Uhr.

Ein Korvettenkapitän a. D. läuft auf Grund

Major Josef Kogelnik, vormals Korvettenkapitän in der K.-u.-k.-Marine, musste nach dem verlorenen Krieg und dem Verlust der Marine mit einer anderen Aufgabe betraut und versorgt werden. Er wurde nach Braunau am Inn versetzt und musste als Finanzbeamter statt Seeluft den Muff einer Provinzstadt einatmen. Für ihn waren die mysteriösen Vorgänge in der Schneider'schen Wohnung »absolut unerhört«. Er ist der älteste mir bekannte Zeitzeuge der dortigen »Erscheinungen«.

In seinen Erinnerungen schreibt er: »Aufgefordert durch einen aus der österreichischen Kriegsgefangenschaft in Braunau zurückgebliebenen russischen Offizier, Herrn v. B., ging ich am 29. Mai 1919 mit seiner Frau und meinen Freunden zum ersten Mal zu einer Sitzung im Hause Schneider, nicht ahnend, daß dies der erste Anstoß sein sollte, mit meiner bisherigen Weltanschauung in Konflikt zu kommen. Außer uns waren nur einige Mitglieder der Familie Schneider anwesend, die sich jedoch im Hintergrund des Zimmers, ganz abseits vom Medium aufhielten.[1]

Willi saß auf einem kleinen Holzschemel, der auf ein Kanapee gestellt war, vor ihm der mit einem weißen, fast bis zum Fußboden reichenden Tischtuch bedeckte Tisch, auf welchem ein großes, mit weißem Papier bespanntes Brett lag, auf das nun der Psychograf gestellt wurde. Wir saßen im Halbkreis um das eine Ende des Tisches. Die über dem Tisch befindliche Lampe wurde gelöscht, eine andere in der Zimmermitte hängende mit weißem Papier verhüllt, sodass im Zimmer ein Zwielicht herrschte, welches aber genügte, die Gestalt des Mediums und die Sitzungsteilnehmer deutlich zu sehen. Das Medium lag in einer recht unbequemen Lage; um sich diese etwas zu erleichtern, stützte es den Kopf mit seiner rechten Hand, während die linke leicht auf dem Psychografen ruhte.

Nach einigen Minuten begann der Psychograf zu kreisen, erst langsam, dann immer schneller, bis die kreisende Bewegung eine fast unheimliche Geschwindigkeit erreichte. Sie war offensichtlich durch die Hand des Mediums hervorgerufen; das Medium sagte, daß seine Hand von Olga geführt werde. Nun meldete sich Vater Schneider aus dem Hintergrund des Zimmers und fragte: ›Olga, bist Du da?‹ Die kreisende Bewegung hörte mit einem Ruck auf, der Psychograf hob sich auf zwei Füße und gab mit dem dritten einen scharfen Schlag auf das Brett; dies war die Antwort und hieß ›Ja‹.«[2]

Für die Zuschauer muss das »Ja« ein elektrisierendes Gefühl ausgelöst haben. Ihnen wurde versprochen, dass es sich hierbei nicht um eine Vorführung von Zauberkunst handele, sondern um die Kontaktaufnahme mit einer Person, von der man annehmen müsse, dass sie in einer übersinnlichen Welt existierte.

Welchen Schock die Teilnahme an einer solchen Séance auslösen konnte, wurde mir klar, als ich Ende April 2016 in Braunau einen Mann traf, dessen Mutter einer der zahlreichen Sitzungen in der Schneider'schen Wohnung beigewohnt hatte. Er erzählte mir, dass sie danach tagelang nicht mehr habe schlafen können, so sehr habe sie das Erlebte in Erregung versetzt. Ihr Bericht sei ihm sehr deutlich in Erinnerung; sie habe gewirkt, als habe sie das personifizierte Grauen gesehen.

In Braunau spreche man nicht gerne darüber, meinte er. Er selbst sei in dieser Sache Skeptiker und könne sich nur vorstellen, dass es sich um Zauberei gehandelt habe.

Das machte mich nachdenklich. Zauberei und okkulte Ereignisse sind von der Erscheinung her tatsächlich nicht leicht zu unterscheiden. Vom Zauberer wird erwartet, dass er das Unerklärbare mithilfe seines Geschickes hervorruft. Er versteht es, mit Tricks dem

Publikum Unerklärbares vorzutäuschen, und man bewundert ihn für seine Kunstfertigkeit. Vom Medium, das einlädt, an der Erscheinung von Unerklärbarem teilzunehmen, erwartet man das Gegenteil: Die vorgeführten Phänomene müssen »passieren«. Sie müssen »echt« sein. Wird das Medium als Zauberer entlarvt, fühlt man sich enttäuscht, betrogen und in seinem Vertrauen verletzt. Das entlarvte Medium gilt fortan als Lügner und Betrüger, auch wenn es genau dasselbe geleistet hat wie ein Zauberer.

Josef Kogelnik wird an diesem Abend vom Skeptiker zum Gläubigen. Folgen wir weiter seinem Bericht.

Im weiteren Verlauf der Veranstaltung habe Josef Schneider aus dem rückwärtigen Raum gerufen: »Olga, bitte hebe das Tischtuch mit deiner Hand auf.«[3] Die Planchette setzt sich umgehend in Bewegung. Willis Hand folgt den schreibenden Kräften. Auf dem Papier steht: »Wartet ein wenig, es sind zu viele Fremde hier.« Daraufhin habe Vater Josef eine Pause von fünf Minuten angeordnet. Alle hätten gewartet. Willi bewegte sich nicht.

»Plötzlich zupfte etwas am vorderen unteren Rand des Tischtuches«, erinnert sich Kogelnik. »Dieses wurde von einem unsichtbaren Etwas bis zur halben Tischhöhe emporgezogen, blieb so durch etwa fünf Sekunden und fiel wieder runter.«

Für Vater Schneider sei das das Zeichen gewesen, dass die »Vorführung« weitergehen könne.

»Nun forderte Vater Schneider Olga auf, mir einen Schuh auszuziehen. Ich glaubte, nicht recht gehört zu haben, denn das war doch … aber schneller, als ich mit Denken zu Ende kam, war die mystische Olga: Ein kräftiger Ruck zog meinen Fuß bis zum unteren Ende des Tischtuches vor, ein offenbar geschicktes Etwas löste behend meinen Schuhriemen, dann ein weiterer Ruck, ich war meines Schuhes entledigt und dieser wurde in die Mitte der Sitzungsteilnehmer geworfen.«

Kogelnik war tief verunsichert. Dann habe sich der Psychograf wieder bewegt und ein Taschentuch gefordert. Er habe es im Reflex aus der Tasche gezogen. Offenbar bemerkte Vater Schneider, dass Kogelnik jetzt wie ein Fisch an der Angel hing. Er habe ihn aufgefordert, das Taschentuch vor das Tischtuch zu halten. Mit einer vorschnellenden Bewegung, schwupp, sei es ergriffen worden und hinter der Tischdecke verschwunden. Nach einer Minute wurde es wieder zurückgeworfen; es war verknotet.

Kogelnik traute seinen Sinnen nicht mehr. Was würde der Psychograf nun schreiben? Der setzte sich auch sogleich in Bewegung. Er schrieb: »Gute Nacht«.

Ein neuer Fan für die Parapsychologie war geboren. Kogelnik erinnerte sich später: »Betrugsmöglichkeiten oder irgendeine natürliche Erklärung für die geschauten Phänomene konnten von keinem der Sitzungsteilnehmer gefunden werden.«

Dass der Korvettenkapitän den Ausdruck »Betrug« überhaupt verwendete, zeigt deutlich, dass er nicht mehr an Zauberei dachte, sondern sich sicher war, dass es sich um ein okkultes Ereignis handelte.

Während einer der nächsten Sitzungen erhärtete sich sein Glaube zur Gewissheit: »Einmal fragte Vater Schneider, ob mir Olga die Hand geben wolle. Ein Klopflaut mit dem Psychografen bekundete ihr Einverständnis. Ich hielt meine Hand gegen das vordere untere Ende des Tischtuches; dieses wurde gleich nachher von innen etwas gehoben, meine Hand wurde erfasst und gestreichelt. Ich fühlte eine Kinderhand, kühl und sanft in ihrer Berührung. Instinktiv zog ich meine Hand rasch zurück, bereute dies aber sofort, weil ich mir dadurch die seltene Gelegenheit entgehen gelassen hatte, das Geheimnis dieser unsichtbaren Hand zu ergründen. Ich bat also Olga, mir ihre Hand nochmals zu geben, und sie willigte ohne weiteres ein. Ich streckte meine Hand, mit der offenen Handfläche nach oben, weit hinter das Tischtuch. Schon nach wenigen Sekunden fühlte ich die gleiche Kinderhand in der meinigen; dies wahrnehmen und meine Hand fest zur Faust schließen, war das Werk eines Augenblicks. Aber Olga war noch schneller: meine geschlossene Faust war leer.«[4]

Die Überprüfung ergab, dass niemand unter dem Tisch war. Wissenschaftler stellten die Wohnung der Schneiders vor und nach jeder Séance auf den Kopf. Keine Tapetentür, kein Hohlraum. Die Parapsychologen stellten an sich selbst immer höhere Ansprüche, setzten immer strengere menschliche und technische Kontrollen ein, um den Vorwürfen zuvorzukommen, es handele sich um Zauberei. Es wurde nichts gefunden, was auf einen Betrug hätte hinweisen oder ihn belegen können.

Oft verlangte Olga ein Musikinstrument, um darauf zu spielen. Gewöhnlich machte sie das unter dem Tisch, hinter dem Tischtuch. Man hörte, wie sie an den Saiten zupfte und kräftig klimperte.

»Bei späteren Versuchen wurde es Olga schwerer gemacht, indem die Zither nicht mehr ganz hinter das Tischtuch geschoben wurde, so daß Olga gezwungen war, mit ihrer Hand herauszukommen, wenn sie die Saiten berühren wollte. Erst langsam und zögernd, sich immer wieder zurückziehend, zeigte sich ein schmaler weißer Arm mit fingerartigen Ausläufern, die dann in die Saiten griffen und zu klimpern begannen. Die Erscheinung war wesentlich verschieden von einem menschlichen Arm und glich eher einem vom Scheinwerferlicht bestrahlten Marmorarm.«[5]

Der Finanzbeamte Josef Kogelnik hat die geheimnisvolle Hand, die so lange hinter dem Tischtuch spukte, mit eigenen Augen gesehen. Zunächst war er äußerst skeptisch zu den Séancen gegangen. Ganz dem naturwissenschaftlichen Weltbild verpflichtet, wollte er die »Medialität« von Willi genauestens unter die Lupe nehmen, um sie als Zaubertricks zu entlarven. Doch was er dann an »Fernlenkungen« und »Materialisationsphänomenen« erlebte, war so überwältigend, dass er sich vom erbittertsten Gegner zu einem glühenden Gefolgsmann der Parapsychologie wandelte. Für ihn war die Existenz übersinnlicher Vorgänge nicht mehr zu bestreiten. Von nun an war der ehemals nüchterne Korvettenkapitän a. D. und Finanzbeamte nicht nur ein ständiger Gast bei den Séancen, sondern ein Gläubiger, der an Wundern teilgehabt hatte. Viele Braunauer, die damals bei den Phänomenen, die Willi vollbracht hatte, zugegen waren, überkam ein tiefes Glaubensgefühl, als ob sie zu den Auserwählten gehörten.

Solange Willi in Braunau lebte, nahm Kogelnik an jeder Sitzung teil. Nachdem Willi aber von dem berühmten Parapsychologen Albert von Schrenck-Notzing in München unter die Fittiche genommen wurde, zog Kogelnik sich völlig zurück und nahm auch nicht mehr an Séancen teil, die noch gelegentlich mit Willi in Braunau stattfanden. Die Braunauer merkten das, und man munkelte, Kogelnik habe entdeckt, alles sei Schwindel, und deshalb wolle er nichts mehr davon wissen.

Das war aber durchaus nicht der Fall, wie Schrenck-Notzings Assistentin Gerda Walther berichtete.[6] Im Gegenteil. Kogelnik sei immer von der Echtheit der Schneider'schen Phänomene überzeugt geblieben. Der Rummel, der mit den Jahren um Willi entstanden sei, habe ihn aber abgeschreckt. Dennoch hätten ihn die metapsychischen Phänomene überzeugt; es gäbe in der Welt nicht nur Materialismus, sondern auch etwas Übersinnliches. Mit neuem Verständnis hätten er und seine Frau dann begonnen, die Bibel zu lesen, und sie hätten erkannt, dass es etwas noch viel Höheres gäbe als das Übersinnliche der Parapsychologie. Deshalb wandten sie sich ab und beschäftigten sich mehr und mehr mit dem »viel höheren Religiösen«[7]. Seitdem besuchten sie regelmäßig die wunderschöne prächtige Stadtpfarrkirche.

Doch dann erfolgte eine neue Kehrtwende. Am 22. Februar 1922 las Kogelnik im *Kärntner Tagblatt*, dass es in Lieseregg, einer einsamen Gemeinde in Kärnten, gespukt habe. Erste Anzeichen lägen bereits drei Monate zurück. In der Nacht vom 24. auf den 25. November 1921 hörten die beiden Dienstbotenmädchen, Johanna B. (Hanni) und S. S., die zusammen in einem Zimmer schliefen, das Atmen oder Schnaufen einer Kuh, die sich niederlegte. Am nächsten Abend habe man es schon deutlicher hören können. Hinzu kamen schwere Schläge, Tische bewegten sich bis in die Früh. Zeugen, die zugegen waren, bestätigten die Ereignisse. In den darauf folgenden Tagen verstärkten sich die Phänomene. In dem Raum, in dem sich Hanni im dörflichen Gasthaus »Grud« aufhielt, bewegten sich Tische von selbst, Sessel erhoben sich plötzlich in die Luft, der Spiegel im Zimmer des Mädchens pendelte hin und her. Betrat Hanni die Küche, fielen Porzellan, Vasen, Krüge und Teller zu Boden. Tag und Nacht erschütterten Schläge das Haus. Klopftöne überall. Das ganze Dorf geriet in helle Aufregung. Besucher reisten an, nur um sich das Schauspiel anzuschauen. Hunderte haben die Vorgänge seitdem miterlebt.

Hanni sei sozial und psychisch vorbelastet, berichtete die Zeitung. Vater unbekannt, Mutter gestorben, als sie neun Jahre alt war. Eine Grazerin habe sie dann aufgenommen, aber unmenschlich behandelt und ständig geschlagen. Aus Angst floh sie und versteckte sich im Heu beim Gasthof »Grud« in Lieseregg. Die Wirtin habe das verstörte Mädchen entdeckt und »aus Mitleid und Herzensgüte« aufgenommen.

Aber auch hier läutete Tag und Nacht eine unsichtbare Glocke im Stall. Von Schwindel könne keine Rede sein. Mehrere Zeugen würden das Mädchen so kontrollieren, wie es in den publizierten wissenschaftlichen Experimenten mit Willi Schneider beschrieben steht. Man lagerte Hannis Schlafplatz sogar aus. Aber selbst über eine Entfernung von einem Kilometer reiche ihre Energie. Als sie um 5 Uhr in der Früh aufgewacht sei, habe sie an das Gasthaus »Grud« gedacht. Zur selben Zeit gab es in dem Gasthaus einen solchen Schlag, dass alle aufgewacht seien.

Den Hausleuten setzte die Zerstörungskraft des Mädchens so sehr zu, dass sie sich am 31. Januar 1922 schweren Herzens entschlossen, das Mädchen zu entfernen. Noch in der Nacht, nachdem Hanni ihre Koffer gepackt hatte, rollten im ganzen Gasthaus die Bierfässer und andere bewegliche Gegenstände hin und her und erzeugten einen ohrenbetäubenden Lärm. Als Hanni endlich weg war, hörte der Spuk in Lieseregg sofort auf. Sie trat eine neue Stelle in Villach an.

Inzwischen hatte man im Gasthaus »Grud« aus der Zeitung erfahren, dass der parapsychologische Markt in Österreich boome und man mit »Medien« ein Geschäft machen könne. Man holte sich die Hanni wieder und veranstaltete mit ihr kontrollierte Sitzungen am runden Tisch. Alsbald traten knisternde, raschelnde und klirrende Geräusche ein, im Trumeau (Wandspiegel) zwischen den beiden Fenstern, in einem Stoß Zeitungen und auf dem Marmor. Schließlich fielen nacheinander Zeitungen und Bücher zu Boden. Das Licht wurde von unsichtbarer Hand ein- und ausgeschaltet. Spontan ausgesprochene Wünsche nach Fernbewegungen wurden sofort erfüllt, bis alles plötzlich verstummte: Sobald der skeptisch eingestellte Ehegatte (der Hausherrin) im Zimmer erschien und an der Sitzung teilnahm, hätte sich nichts mehr ereignet.

Nachdem Kogelnik von alldem in der Zeitung gelesen hatte, überkam ihn großes Mitleid mit der Hanni. Er besprach die Sache mit seiner frommen Frau. Die beiden holten die arme Waise nach Braunau. Am 14. März 1922 begann sie ihren Dienst als Hausmädchen. Kogelnik war sich bewusst, dass er mit einem größeren Sachschaden rechnen musste. Er fand Hanni intelligent, physisch gut entwickelt, ohne Abnormitäten, aber zurückhaltend und misstrauisch, wie es zu erwarten war. Er nahm sich ihrer mit Güte und Herzenswärme an. Sie erfüllte pflichtbewusst ihren Dienst, erwies sich als willig und aufmerksam und schien ihrer Herrschaft zu vertrauen. Kogelnik hoffte, dass keine okkulten Phänomene auftreten würden. Leider wurde auch er enttäuscht. Fünf Tage später entdeckte er eine Wasserpfütze in seiner Stube. Und am nächsten Tag flogen Tintenfässer und Blumentöpfe durch den Raum. Hannis Unbewusstes begann wieder zu randalieren, so maßlos, dass ihre telekinetischen Kräfte das Haus fast zum Einsturz brachten.[8]

Das Beispiel vom Korvettenkapitän Kogelnik zeigt andeutungsweise, welches Ausmaß der Glaube an die Energie, die im Unbewussten aktiv ist, zu Beginn des letzten Jahrhunderts erreicht hatte. Das muss ansteckend gewesen sein und Züge einer Epidemie angenommen haben. Besonders in Österreich schossen Medien geradezu aus dem Boden. Die Entwicklung der Psychoanalyse ist für dieses Phänomen ein Indiz und Ursache zugleich. Die psychoanalytischen und parapsychologischen Studien in dieser Zeit sind oft von romanhafter Fantastik und gerade durch das Format »Fallbericht« mit seriösem ärztlichem Hintergrund eine verführerische Lektüre. In dieser Hinsicht wäre auch der Fall des Korvettenkapitäns zu betrachten.[9]

Lola Montez

Heinz Geilfus, beliebter Cartoonist für Jäger und Herzkranke, war der Großvater meines Vetters. Dessen Haus in Bad Nauheim lag nicht weit von unserem in derselben Straße. Ein einziges Mal war ich als Kind in seinem Atelier. Da war ich etwa acht Jahre alt. Als ich in das geräumige Zimmer eintrat, saß in einer Ecke ein Mann im Anzug und mit Hut. Er bewegte sich nicht. Konnte er auch nicht, denn er war tot. Ich sah das an den Knochen des Kopfes und der Hände. Großvater Heinz setzte sich direkt daneben und stellte mich dem Gerippe vor. Daraufhin begann der Totenschädel, lebendig zu werden, schien mich zu beachten, bewegte den Unterkiefer und fragte mich etwas. Ich erstarrte, brachte kein Wort heraus. Der Schädel fragte weiter, und Opa Heinz antwortete für mich. Ich dachte erst, er führe mir eine Puppe vor. Aber nein. Während die Puppe sprach und der Unterkiefer klapperte, sprach Opa Heinz nicht. Schauerlich! Ein Toter konnte sprechen! Ich wollte nur noch weg. Später erfuhr ich, dass Heinz Geilfuß Bauchredner war; sein schwarzer Humor machte auch vor Kindern nicht Halt.

Als meine Tochter in dem Alter war, in dem ich diese unvergessliche Szene erlebt hatte, liebte sie Gummibärchen. Bei jedem Kiosk hieß es, sie hätte gerne ein paar. Meistens steckte ich die Gummibärchen in meine Tasche, während sie mit dem Roller fuhr. Danach waren oft keine mehr da. Ich hatte sie nämlich heimlich genascht.

Die Reifen des Rollers mussten oft aufgepumpt werden. Während ich meinen Daumen auf das Loch für das Ventil legte, um den Luftdruck zu prüfen, quietschte es lautstark. Meine Tochter fragte erstaunt, wo denn das Quietschen herkomme. »Das sind die Gummibärchen, die da quietschen.« Sie guckte mich begeistert an und freute sich über dieses Wunder. Dahin sind sie also verschwunden! Ob ich ihr mit diesem spontanen Einfall die Möglichkeit von Geisterwesen weitergegeben habe?

Wie verbreitet man ein Geheimnis? Indem man etwas mit der Bedingung weitergibt, es keinem Menschen zu erzählen. In kürzester Zeit kennen alle das Geheimnis, wenn auch nicht offiziell. Das Geheimnis, um das es hier geht, ist das von Olga. Während einer der zahlreichen Sitzungen in der Schneiderwohnung, Stadtplatz 36, hat eines Tages Olga durch die Planchette kundgetan, sie heiße mit vollem Namen Olga Winter. Aber – Olga – das sei gar nicht ihr richtiger Name. Sie wolle auch nicht, dass der wirkliche publik werde. Eigentlich sei sie Lola Montez. Aber das solle keiner erfahren.

Korvettenkapitän Josef Kogelnik war nicht persönlich anwesend, als Olga ihr Geheimnis bei einer Sitzung lüftete. Er kannte das Geheimnis nur vom Hörensagen, oder wie es ihm Vater Schneider später unter der Auflage strengster Verschwiegenheit anvertraute. Kogelnik, der Gläubige, war genau der Richtige, das Geheimnis glaubhaft zu verbreiten. Wer vom Glauben erfüllt ist, sprudelt leicht über. Was er hörte, verbreitete er. Später erwähnte er es sogar in seinen Erinnerungen:

»Einmal meldete sich bei einer Sitzung eine ›Lola Montez‹, ein Name, der den Anwesenden unbekannt war. Erst später wurde festgestellt, dass Lola Montez jene berühmte Tänzerin war, die in München gelebt hatte und welche die Ursache dafür war, dass der Bayernkönig Ludwig I. im Jahre 1848 abgedankt hatte. Jene Lola bat um eine heilige Messe, und Vater Schneider als gläubiger Katholik erfüllte ihre Bitte. Bei einer späteren Sitzung meldete sie sich nochmals, bedankte sich bei Vater Schneider für die ihr geleistete große Hilfe und versprach nun ihrerseits ihre Hilfe bei den Sitzungen, durch welche die Familie Schneider berühmt werden solle. Sie wolle aber künftighin nicht mehr mit ihrem richtigen Namen, sondern einfach Olga genannt werden.«[1]

Wer aber war Lola Montez? Reicht es, wenn Kogelnik lapidar schreibt, »jene Tänzerin«, als ob sie nichts anderes gewesen sei als die Mätresse des bayrischen Königs. Lola Montez war weit mehr. In der spröden Biedermeierzeit hatte sie den Ruf eines erotischen Vulkans, weit ihrer Zeit voraus. Ihre Karriere begann die selbstbewusste Irin in London, wo sie sich als spanische Tänzerin ausgab. Als Hochstaplerin entlarvt, tingelte sie durch ganz Europa und tanzte auf vielen großen Bühnen ihren legendären Spinnentanz, mit dem sie Männern reihenweise den Kopf verdrehte. Namhafte Persönlichkeiten lagen der 26-Jährigen zu Füßen und landeten anschließend in ihrem Bett, so der Komponist Franz Liszt, der Romancier Alexandre Dumas, der Thüringer Fürst Heinrich von Reuß-Ebersdorf und viele andere.

Wo Lola auftrat, löste sie mit ihren Affären Skandale aus. Ihr Spinnentanz war für die Biedermeierzeit ein gewagter Striptease. Zehn Röcke zog sie nacheinander aus, pseudoangeekelt, weil sich in ihnen angeblich Spinnen verfangen hätten. Zum Schluss stand sie nur noch in fleischfarbener Unterwäsche da. Der Jubel kannte keine Grenzen. Im Oktober 1846 trat sie am Münchner Hof- und Nationaltheater auf. Die allgemeine Begeisterung schlug bei dem sechzigjährigen Bayernkönig Ludwig I. wie eine Bombe ein. Der Monarch verliebte sich so heftig in Lola, dass er ihr ein prunkvolles Palais in München kaufte, was beiden hinfort als Liebesnest diente. Er adelte sie, schenkte ihr Schmuck und finanzierte ihr ein Luxusleben. Als Gräfin Marie von Landsfeld mischte sich Lola Montez in die Politik des Landes ein. Oft ging sie mit der Peitsche aus dem Haus und schlug hemmungslos auf Passanten ein, wenn ihr etwas nicht passte. Sie war der Anlass, der den bayrischen Aufstand von 1848 einleitete. Ludwig I. hatte ein Einsehen, dass es an der Zeit war, für seine Leidenschaft zu büßen, und dankte ab.

Lola Montez wurde zur Ikone der Femme fatale. Heinrich Mann nahm sie zum Vorbild für die weibliche Heldin seines Romans *Professor Unrat oder das Ende eines Tyrannen*. 1918/19 kamen zwei Spielfilme ins Kino, die das Leben der Lola Montez nachzeichneten.

1930 sang Marlene Dietrich in der Rolle der »Lola« in dem Spielfilm *Der blaue Engel*: »Ich bin die fesche Lola, der Liebling der Saison.«

Weder in der Schneider-Familie noch unter deren Gästen, niemand will von der durch ihre Hemmungslosigkeit und Skandale berühmt gewordenen Frau etwas gewusst haben.

Wie trat Olga, oder sagen wir jetzt zutreffender Lola, bei den Séancen in der Schneider-Familie auf? Immer begrüßte sie ihre Gäste mit »Gott zum Gruß!«. Der gekünstelte Ton gehörte zu ihrer Rolle, sich als Fremde aus hoher Gesellschaft bei den Innviertlern anzubiedern. Das sollte authentisch wirken und alle im Raum von ihrer Echtheit überzeugen. Wer nicht daran glaubte, sondern paranormale Phänomene als Zauberkunststücke entlarven wollte, war nicht lange Zuschauer. Lola reagierte auf Skeptiker empfindlich. Sie gab sich sofort verschüchtert und zog sich zurück. Schnell war es ausgemachte Sache, wer schuld sei, wenn die »Fernbewegungen« und »Materialisationen« ausblieben. Lola selbst verkündete, dass Willis »Kraft« gegen den Widerstand bestimmter Leute im Raum nicht ausreiche, und sie deshalb versage. Wenn aber die Gläubigen in den Sitzungen unter sich waren, stellten sich die erwünschten Phänomene reichlich ein.

Eine gute Stimmung erbrachte außergewöhnlich gute Phänomene. Noch leichter kamen sie bei Musik. Lola wollte meist sehr rhythmische Melodien. Dem wurde sofort entsprochen und der Plattenspieler, die »Electrola«, angestellt. Und wenn dann auch noch das Publikum im Rhythmus »mitschwinge«, fördere das die Verdichtung von Willis Kraft. Das schrieb sie alles mit der Planchette, auf der Willis Hand lag. Wurde zum Beispiel der bayrische Defiliermarsch aufgelegt, kam ziemlich bald das »Greiforgan« zum Vorschein, ein unterarmähnliches Körperteil mit feuchten, kalten Fingern, ein eigenständiges Lebewesen aus glitschigem »Ektoplasma«, und hob das Tischtuch empor. Es schwang im Rhythmus mit, hob Taschentücher auf und scheute auch nicht die vorsichtige, feucht-kalte Berührung mit dem Publikum. Schalkhaft knöpfte es manchem Sitzungsteilnehmer die Schnürsenkel auf und vollführte allerlei unerklärbare

Vorgänge, wie sie sonst nur Zauberer bewerkstelligen können. Hilfreich soll auch das Lied »Kommt ein Vogel geflogen« gewesen sein. Gab sich das Publikum dem Lied hin und sang kräftig mit, tauchten sogar nebelartige Gestalten auf, bis hin zu dem Gesicht eines gerade verstorbenen Innviertlers.

Die Séancen bekamen zunehmend ausgelassenen Volkscharakter. Bei der Einstimmung des Publikums erwies sich Major Rudolf Kalifius, ehemaliger Kommandeur einer Panzerabwehrartillerie im Ersten Weltkrieg, als besonders geeigneter Animateur. Nachdem er zum Zirkelleiter in der Braunauer Wohnung bestimmt worden war, kam ein geregelter Ablauf der Sitzungen in Gang. Er sorgte dafür, dass sich die Sitzungsteilnehmer an den Händen fassten und eine Kette bildeten. Zweck der Übung war, demonstrativ heimliche Helfer bei der Erzeugung der »unglaublichen« Phänomene zu verhindern.

Doch das Geschehen auf der Bühne bestimmte immer Lola. Sie nahm sich die Zeit, die sie brauchte. Ungeduldige strafte sie durch Nichterscheinen. Nie gab sie das Heft aus der Hand. Das nährte natürlich den Verdacht, dass doch Trickserei im Spiel sei. Letztlich war Lola aber sehr willig und auch treu. Die ursprünglich zurückhaltende, eigensinnige und selbstständige Lola wurde ein Mitglied der Schneider-Familie.

Warum hat sich nie jemand darüber gewundert, dass eine Furie wie die Montez sich ausgerechnet eine kleinbürgerliche Familie ausgesucht hat? Über ein Jahrzehnt lang hat sie als Olga in Hunderten von Séancen brav alles ausgeführt, was man von ihr verlangte. Hat sich ihre Seele im Jenseits verwandelt? War sie dort in die Hände der Inquisition gefallen, als Hexe eingestuft und domestiziert worden? Sie kam mit dem Bittruf einer bekennenden Sünderin, die in der Hölle schmorte, zu den Schneiders. Erhoffte sie sich in ihrer misslichen Lage Beistand von einfachen, frommen Leuten? Oder war sie einfach in Vergessenheit geraten und einsam? Sie soll über ihren traurigen Zustand geklagt haben, als sie Vater Schneider bat, für sie Messen lesen zu lassen.[2]

Die Geschichte von Lolas Ankunft in der Schneider-Familie, wie sie der Finanzbeamte Josef Kogelnik überliefert hat, birgt ein Wunschbild armer Leute. Eine herzensgute Familie aus »kleinen Verhältnissen« wird von einer Person aus besten gesellschaftlichen Kreisen auserwählt, um sie glücklich zu machen. Die Familie ist fromm, stark im christlichen Glauben und bereit, jederzeit Menschen in Not zu helfen. Sie weiß nicht, warum die »hereingeschneite« Person ausgerechnet ihr Häuslein ausgesucht hat und warum gerade sie einen Zugang zur übersinnlichen Welt erhalten, mit Aussicht auf gesellschaftlichen Aufstieg.

Natürlich bekommt man nichts umsonst. Zum Mythos gehört auch der Austausch. Lola wollte nicht nur helfen. Sie wollte, dass sich wie in ihrem früheren Leben wieder alles um sie dreht. Willi ist nicht allein der Star der Bühne, sondern nur das Medium, damit sie, Lola, auftreten kann. Wie Motten umschwirren bald bis zu dreißig Sitzungsteilnehmer mehrmals die Woche die Seele der Toten. Darunter immer der treue Finanzbeamte Josef Kogelnik, Gläubiger der ersten Stunde, und die wachsende Zahl der Neugierigen, die an den Sitzungen teilnehmen.

Die beiden Hauptpersonen, der sechzehnjährige sichtbare Willi und die unsichtbare Lola, sind untrennbar: Willi leiht Lola seinen Körper. Vor aller Augen geht eine männliche Person der sinnlichen Welt mit einer übersinnlichen weiblichen Person eine enge Verbindung ein. Lola zieht aus dem Mann Kraft und Energie und produziert damit übersinnliche Phänomene. Sie spielt mit Willis Potenz. Der macht das Spiel geduldig mit, denn alleine würde er seinen Traum von einer Bühnenexistenz nicht verwirklichen können.

Die Planchette ist die Schnittstelle zwischen dem energiegeladenen, vielschichtigen Innenleben Willis und der Seele Lolas. Willi gibt seine Energie über seine Hand in das Holz des Psychografen ab. Die »Seele« Lola, kein Wesen aus Fleisch und Blut, saugt die ins Holz eingegangene »Kraft« auf und »verdichtet sie«. Mit »kreisender« Planchette schreibt sie Nachrichten auf das Papier. Das Publikum spitzt die Ohren, reißt die Augen auf, und wenn Lolas Bedingungen erfüllt sind, bewegt sie, unsichtbar bleibend, Gegenstände oder generiert sie. Wer die Luftbewegungen, Würfe, Levitationen, den kalten, feuchten, glitschigen, klauenartigen Unterarm mit den drei Fingern zupackend am eigenen Leib erlebt hat, ist nicht mehr derselbe. So berichten es die Zuschauer.

Am 2. Oktober 1919 schreibt der Braunauer Finanzbeamte Kogelnik dem berühmten Münchner Mediziner und Parapsychologen Albert von Schrenck-Notzing einen Brief, in dem er ihn auf Willi aufmerksam macht. Der reagiert prompt. Bereits zwei Tage später parkt eine protzige Limousine vor dem schmalen Haus Stadtplatz 36, um Willi unter die Lupe zu nehmen. Für den Abend werden an einem neutralen Ort, in der Wohnung des Malermeisters Karl Alteneder, alle Vorkehrungen getroffen, um eine Séance abzuhalten, bei der Betrügereien möglichst ausgeschlossen sein sollen.

Der erfahrene Parapsychologe ist anfangs von dem Dargebotenen enttäuscht. Eine Melange aus spiritistischen Klischees und Zaubertricks! Uninteressant. Aber dann kommt es. Zu fortgeschrittener Stunde fordert Vater Schneider Olga auf, dem Baron die Hand zu geben. Unmittelbar darauf packt eine derbe Pranke durch das Tischtuch hindurch die rechte Hand des Barons und gibt ihr einen festen Händedruck. Schrenck-Notzing, erschrocken, spürt die schwieligen, harten Finger. Schließlich wirft die Hand das Tischtuch hoch, schießt hervor und drückt die dargebotene Hand »nackt«, mit kühlen, feuchten Fingern. Niemand ist zu sehen, dem diese Hand gehören könnte. Der Baron ist schockiert. Verblüfft stellt er fest: kein Zweifel. Ein prächtiges Beispiel für Materialisation und Fernlenkung! Sofort wird ihm klar: Er muss Willi haben, und zwar exklusiv für die Erforschung in seinem Laboratorium.

Baron Freiherr Albert von Schrenck-Notzing ist von Willis Medialität so sehr beeindruckt, dass er Josef Schneider, Willis Vater und Vormund, sofort ein Geschäft vorschlägt. Eine Woche später bekommt Josef Schneider postalisch ein Vertragsangebot.

Willi solle aufgrund seines Alters vorläufig in Braunau bleiben. Er wolle ihn zu einem späteren Zeitpunkt mit nach München nehmen.

In seinem Labor würden die durch Willi produzierten Phänomene einer exakten wissenschaftlichen Untersuchung unterzogen. Willi bekomme freie Kost und Logis. Seine Ausbildung zum Zahntechniker werde finanziert. Vorläufig solle aber alles beim Alten bleiben, und die Séancen in Braunau sollten weitergeführt werden.

Kurz darauf reist Baron von Schrenck-Notzing erneut nach Braunau und gibt Anweisungen, wie die Schneider'sche Performance zu vertiefen und präsentabler zu machen sei. Willi müsse vorbereitet und trainiert werden, damit sich die wissenschaftlichen Untersuchungen auch lohnten. Er müsse lernen, in Trance zu »arbeiten«. Olga/Lola könne dann durch Willi sprechen. Das sei wichtig für die Zuschauerakzeptanz. Schrenck-Notzing reist immer wieder nach Braunau und leitet die Erziehung des Mediums zur Versuchsperson für wissenschaftliche Zwecke.

Am 17. September 1920 nimmt ein Herr K., ungefähr dreißig Jahre alt, angeblich ein Medium, an der abendlichen Sitzung in der Schneider'schen Wohnung teil.

Kogelnik: »Kaum war das Rotlicht eingeschaltet, als Herr K. in Trance fiel. Er erhob sich von seinem Sitz, ging mit geschlossenen Augen den ganzen Zirkel ab, traf einige Abänderungen in der Sitzordnung der Teilnehmer und kehrte auf seinen Platz zurück. Mittlerweile saß das Medium Willi auf seinem Platz … und beobachtete mit sichtlichem Interesse Herrn K. Plötzlich lehnte Willi sich zurück und fiel zum ersten Mal in Trance. Sein Gesicht hatte einen vollständig fremden Ausdruck bekommen.«[3]

Für das Publikum war die langwierige Kommunikation mit Lola via Planchette schon länger lästig. Nun ist alles aufregender. Lola hat jetzt sinnliche Bühnenpräsenz. Gleich zu Sitzungsbeginn dringt sie in Willi ein und bemächtigt sich seines Körpers. Der gibt das Steuer ab und fällt nach fünf Minuten in Trance.

Nun spricht Lola durch Willis Körper mit verfremdeter Stimme. Wenn seine Energie für Lola nicht ausreicht, müssen Familienmitglieder – vornedran mein Großvater Karl, der älteste der Brüder – ihn als Hilfsmedien unterstützen. Meist ist auch Rosa, Karls Frau, anwesend. Auch Karl fällt dann in Trance, und Lola spricht durch ihn. 1921 beschwert sich Lola während einer Sitzung in der Schneider'schen Wohnung über Willis nachlassende Kräfte und fordert Partnertausch. Rudi, der jüngste der Brüder, solle ab sofort Willis Platz einnehmen. Rudi ist erst elf Jahre alt, aber ein ausgeglichener, ruhiger Junge mit sportlichen Ambitionen. Die Beziehung Rudi–Lola wird sich als äußerst fruchtbar erweisen. Lola kann – wie früher in ihrem Leben als Tänzerin – an der Seite von Rudi wieder durch ganz Europa reisen. Beide erleben gemeinsam eine glanzvolle Weltkarriere. Doch davon später.

Anfang Dezember 1922 zieht Willi nach München um. Er ist jetzt achtzehn Jahre alt, arbeitet als Dentist und bleibt bis Februar 1923 in München. In dieser Zeitspanne kommt es zu 104 Sitzungen, die vorwiegend im Laboratorium von Schrenck-Notzings Villa abgehalten werden.

Während dieser Zeit begleitet Schrenck-Notzing Willis Entwicklung und »erzieht« seine medialen Fähigkeiten. Der gelernte Psychologe geht von der Hypothese aus, dass alle paraphysischen Phänomene, die Willi hervorbringt, psychogener Natur sind. Inzwischen ist die Trancepersönlichkeit »Olga« ganz aus Willis Leben verschwunden und äußert sich nur noch durch Rudi. Durch Willi sprechen und handeln jetzt »Erwin« und »Minna«. Albert von Schrenck-Notzing glaubt nicht, dass es sich bei diesen »Seelen« um die von Verstorbenen handelt, sondern um Personifizierungen des Unbewussten.

Der erfahrene Mediziner und Parapsychologe beschreibt Willis seelischen Zustand in vielen Einzelheiten, als wolle er damit zeigen, was gute Voraussetzungen für Medialität seien: »Charakterlich ist er labil, geistig im Ganzen aber ohne Störung, weichherzig, impulsiv, leicht beeinflussbar – affektive Reizbarkeit. Häufig erfolgen grundlose Stimmungswechsel. Gemütliche Depression, Launenhaftigkeit, Furchtsamkeit, mangelnde Wahrheitsliebe, große Verschwendungssucht, Hang zu flottem Leben und zur Renommiererei. Vorliebe für elegante Kleidung und Neigung für Luxus und Wohlleben, für Kino und Theater. Unmäßiges Zigarettenrauchen. Ausgeprägter Erwerbssinn mit kaufmännischem Talent. Träumerisches Wesen, Mangel an Selbstdisziplin, Idiosynkrasien, starke Sympathien und Antipathien, Unzuverlässigkeit und Empfindlichkeit, Eigensinn, Verstocktheit, Pseudologia phantastica. Häufiger Wechsel der Gefühlslage, motorische Unruhe. Nach Wiederherstellung des seelischen Gleichgewichts liebenswürdiges und bescheidenes Wesen. Neigung zu Sport und Komik. Telenergetische Spontanphänomene, besonders bei Sitzungsausfall oder nach negativen Versuchen, kein Autosomnambulismus. Keine nachweisbare Abnormität des noch nicht völlig entwickelten Sexuallebens.

Wenn Willi auch im Ganzen als normale Persönlichkeit angesehen werden kann, deuten seine labilen Stimmungen, seine Unberechenbarkeit, sein Mangel an sozialer Anpassung und Pflichtgefühl auf eine hysterische Anlage seines Charakters.

Im Gegensatz zur wachbewussten Persönlichkeit mit ihren ausgeprägten Schattenseiten, zeigt das abgespaltene zweite, ›Minna‹ genannte, unterbewusste ›Ich‹ des Mediums vorwiegend sympathische Züge. Hier finden wir Aufrichtigkeit, echtes ernstes Bestreben zur Hervorbringung von Phänomenen, großen Ehrgeiz, zuverlässiges Wesen, Liebenswürdigkeit und Zärtlichkeit, aber auch ausgeprägte Empfindlichkeit für Lob und Tadel und eine gewisse Launenhaftigkeit. Feinsinnige Reaktion auf wohlwollende oder misstrauisch skeptische Einstellung der bei den Sitzungen Anwesenden.«[4]

Bei dieser Diagnose könnte man meinen, man habe es bei Willi mit einer Art Doktor Jekyll und Mr. Hyde zu tun. Vermutlich hat Schrenck-Notzing das Bild von Willis unruhigem Seelenleben in die Öffentlichkeit gebracht, um zu erklären, weshalb die Ergebnisse der Sitzungen mit ihm sehr unterschiedlich ausfielen. Willi war offenbar stark abhängig von der Atmosphäre, die bei der jeweiligen Séance im Publikum herrschte. Zahlreiche Kontrolleure, die Willi festhielten und aus nächster Nähe die Produktion von paranormalen Erscheinungen beobachteten, stellten einen Zusammenhang zwischen den auftauchenden Phänomenen und seiner Sexualität fest. So fand der Wiener Physiker Hans Thirring bei den Sitzungen unter strengen

Laborbedingungen heraus, »daß die Kraft des Mediums gesteigert wird, wenn es in engem Kontakt mit dem Körper einer ihm sympathischen vertrauten, weiblichen Person ist, daß es dagegen gehemmt wird, sobald neben ihm ein kritisch eingestellter Mann sitzt«.[5] Die besten Phänomene hätten sich eingestellt, wenn der Hauptkontrolleur eine Dame war.

Oft bat Willi um Musik, um in eine gelöste Stimmung zu kommen, die dann regelmäßig zu guten Ergebnissen beitrug. Als besonders drastisches Beispiel mag die Sitzung vom 19. Januar 1921 dienen, sofern sie sich so wirklich abgespielt hat: »Willi hatte begleitenden Gesang befohlen, der aber falsch und dünn ausfiel. Da setzt Schuler klangschwer und hallend mit ›urtümlichen Monotonien‹ ein, die eine sofortige Materialisation bewirkten: Ein enormes Phallusgebilde trat aus Willy hervor, mit ›vom Rotlicht schwach fleischfarben erleuchtetem Kopf, der einer geballten Faust ähnelt‹, wanderte im Halbkreis umher und verschwand wieder im Medium.«[6]

Wenn Willi versagte, wenn bei ihm der Affekt eingeklemmt und nicht zu lösen war, so wusste auch Thomas Mann später zu berichten, musste nachgeholfen werden, zuweilen mit Ejakulationen. Das stimulierte seine übersinnlichen Fähigkeiten und die Phänomene explodierten wie ein Feuerwerk.

Thomas Manns okkulte Erlebnisse mit Willi

Etwas sehen und nicht erklären können löste in Thomas Mann großes Unbehagen aus. Der 20. Dezember 1922 sollte so ein Tag werden, an dem, wie er es ausdrückte, ihm ein Zwanzigjähriger den Boden unter den Füßen zum Wanken brachte und eine Art Seekrankheit auslöste.

Am Abend dieses Tages folgte er einer Einladung des Parapsychologen Freiherr Albert von Schrenck-Notzing in dessen Villa, um an einer okkulten Séance mit dem Medium Willi teilzunehmen. Dem Wunsch des Hausherrn, das Gesehene zu Protokoll zu bringen, wollte er gerne entsprechen.

Bereits im Empfangszimmer trifft er auf Willi.

»Ich fand einen etwa 20-Jährigen von offenbar ziemlich schlichter Herkunft, süddeutsch-österreichischen Dialekts und von anständigem, freundlichem Wesen, der aber kein Bedürfnis verrät, durch eifriges Entgegenkommen und wortreiche Höflichkeit für sich einzunehmen.«[1] Willi erscheint ihm einsilbig, »im Zustand einer gewissen Spannung und unterdrückten Erregung« zu sein. Thomas Mann nimmt an der Umkleideprozedur teil. Der junge Mann muss sich nackt ausziehen, wird einer genauen Körperkontrolle unterzogen, damit ausgeschlossen würde, dass nichts an oder in ihm versteckt war, das einen Betrug begünstigen würde. Dann zieht er ein bereitgelegtes, eng anliegendes Trikot an.

Unter den Gästen sind prominente Schauspieler des Theaters und Professoren, die Thomas Mann bekannt sind. Die Gesellschaft wird vom Hausherrn ins Laboratorium geführt, wo man im Dreiviertelkreis Platz nimmt und, sich einander an den Händen haltend, eine Kette bildet. Am einen Ende dieses »Zirkels« sitzt das Medium mit zwei ihn kontrollierenden Herren. Thomas Mann selbst setzt sich in unmittelbare Nähe von Willi. Seiner scharfen Beobachtung darf nichts entgehen.

Um jegliche Zaubertricks des Mediums auszuschließen, soll das Medium jede Sekunde kontrolliert werden. Die »Überwachung«, schreibt er in seinem Bericht, »besteht darin, dass einer der Kontrollierenden die geschlossenen Füße, Unterschenkel und Knie des Mediums zwischen seine eigenen nimmt und seine Handgelenke mit den Händen umfasst, während der andere die Handballen hält.«[2] Das Medium ist außerdem durch Leuchtstreifen, die am ganzen Körper angebracht sind, in Umrissen sichtbar, auch wenn später das Weißlicht gelöscht wird und der Raum nur noch schwach rötlich erleuchtet ist. Wichtig sei es, das Medium nicht unter Druck zu setzen. Um die Atmosphäre aufzulockern, wird »eine Spieldose in Gang gesetzt. Man unterhält sich.«

Nach einer Weile fällt Willi in Trance. Ein kurzes und heftiges Zusammenzucken setzt ein, gefolgt von andauernden stoßenden Bewegungen des Oberkörpers. Der Somnambule spricht »rasch und flüsternd, auf eine gewisse leidenschaftliche Art«. Durch ihn melden sich zwei Trancepersönlichkeiten, eine männliche und eine weibliche. Zunächst »Erwin«. Willi begleitet dessen »Auftritt« mit robusten Krampf- und Stoßbewegungen des Körpers. »Erwin« verspricht gute Phänomene, die sich dann aber doch nicht einstellen. Ihm folgt die »sanfter sich gebärdende ›Minna‹«. Aber auch sie bringt nichts von den begierig erwarteten Phänomenen der Telekinese und Materialisation.

Der Versuchsleiter scheint die Hemmnisse zu erkennen und nimmt an der Menschenkette einige Umbesetzungen vor. Die Zeit vergeht. Man plaudert über dieses und jenes; eine Handharmonika wird gespielt. Aus der Kette werden ermunternde Zurufe an »Minna« laut. Die Stimmung weckt in Thomas Mann »Erinnerungen an banale Aufpulverungsmethoden der Heilsarmee«. Davon abgestoßen konzentriert er sich auf Willi, das »ringend arbeitende, unter Stößen sich hin und her werfende, flüsternde, rasch keuchende und stöhnende Medium (...) dessen Zustand und Tätigkeit auffallend, unzweideutig und entscheidend an den Gebärakt erinnert. Der sexuelle Einschlag ist so unverkennbar, dass es mich nicht wunderte, nachträglich zu hören, dass Erektionen und selbst Samenergüsse, die zuweilen aktiv herbeigeführt werden sollen, die psycho-physische Arbeit und Produktion des jungen Menschen begleiten.«[3]

Da auch diese Kraftakte keine Fernbewegungen und Materialisationen generieren, wird eine Pause eingelegt. Auch nach der Pause geschieht lange Zeit nichts. Drei Stunden sind inzwischen vergangen. »Minna« bemüht sich ununterbrochen, »bestehende Hemmungen« zu beseitigen. Nichts. Um 23:30 beschließt der Versuchsleiter, die heutige Sitzung zu beenden. Er macht das auch, um ein letztes Mal »Minna« anzuspornen.

Dann passiert es: Ein am Boden liegendes Taschentuch wird von geisterhafter Hand aufgehoben und »steigt in rascher, sicherer, energischer Bewegung in den relativ hellen Lichtschein der Lampe und verharrt dort zwei oder drei Sekunden lang«. Dabei werden »drückende und schüttelnde Umgestaltungen« an ihm vorgenommen, deutlich sichtbar durch zwei knöchelartige Finger, die sich als Akteur darunter erahnen lassen. Der Vorgang wiederholt sich zweimal, wobei das Organ, das die Levitation bewirkt, immer deutlichere Gestalt annimmt. Thomas Mann beschreibt es als ein undefinierbares, einigermaßen gestaltloses Gebilde, etwa einen halben Meter lang, vergleichbar einem Unterarm »mit zugehörigem Greiforgan«. Das »Gebilde« besitzt eine schwach weiß leuchtende »Eigenfluoreszenz«, das im Gegensatz zum Taschentuch das Rotlicht, das den Raum erleuchtet, nicht annimmt. Dann ist Schluss. Die Sitzung wird offiziell beendet. Willi ist völlig erschöpft. Thomas Mann, der scharfe Beobachter, ist überzeugt, dass keinerlei Betrug im mechanischen Sinne vorliege.

Bei der zweiten Sitzung am 6. Januar 1923 übernimmt Thomas Mann die Kontrolle des Mediums. Er ist im Zweifel, ob seine »Natur dem Medium bei der Arbeit werde behilflich sein können. Ich vertraute einigermaßen auf den ausgleichenden Einfluss der Frau P., Willis Pflegemutter und Wirtin, die mir assistierte.«[4] Aber es stellen sich keine Phänomene ein. Nach einer Pause werden sowohl Thomas Mann als auch Frau P. durch zwei Herren ausgetauscht. Sie sollen bereits bei früheren Sitzungen erfolgreich gewesen sein, und Willi habe sich an sie gewöhnt. Gegen 23 Uhr wiederholte sich die Elevation des Taschentuchs. »Das darin lebendig agierende Glied schien diesmal größer als neulich: vom Umfang einer ziemlich kräftigen Faust.«[5]

Diesmal zeigt sich das Organ deutlich lebendiger. Es lässt nach dem Fallenlassen des Taschentuchs eine Glocke erst läuten, dann durch den Raum schweben, um sie zuletzt unter den Stuhl eines Zuschauers zu werfen. Die »Materialisation« reagiert sogar auf Wünsche aus dem Publikum, lässt sich herumkommandieren. Mach dies, mach das. Stell die Spieluhr an. Stell sie ab. Und es erntet dabei Beifallsrufe aus dem Publikum, wenn es seine Befehle ausführt. Das kann kein Betrug, können keine Zauberkunststücke sein, sagt sich Thomas Mann.

»Hier manipuliert ein sich versteckt haltendes, licht- und augenscheues ›Lebendiges‹ und bringt physikalische Wirkungen hervor, ein ›Lebendiges‹, das nicht von normaler Existenz ist, sondern aus einer Sphäre stammt, in der das Geheimnis des Lebens sich mit über- (oder unter-)sinnlichen, metapsychischen und metaphysischen Geheimnissen vermischt.«[6] Ein unsichtbares Wesen tippt auf der Schreibmaschine. »Unter anhaltendem Geklapper wird sie bedient. Die Glocke schlägt an, die das Ende der Zeile anzeigt (…) der Papierbogen weist objektiv die Schrift auf, die freilich nur in einer sinnlosen Aneinanderreihung von Buchstaben besteht. (…) Welche Erklärung bleibt? Es bleibt, man möge es Bedauern oder mit Triumph konstatieren, schlechterdings keine Rationale und Physikalische. Das zu leugnen, wäre unerlaubtes Augenverschließen und unvernünftige Renitenz. Die Materialisation … ist eine wenig exakte Erscheinung; sie wirkt flach, wenig körperlich, verschwindet rasch wieder und hütet sich ängstlich, sich in dem Mehl, das in einem Teller auf der gut beleuchteten Tischplatte steht, abzudrücken … Ich glaube kaum, daß die Hand sich dort unseren Augen aussetzen würde.« Und Thomas Mann fährt fort: »Sie sind scheue, flüchtige, nicht bösartige, zwar gefällige, aber verschämte und schwache psychogene Objektivierungen. Durch ihr Wesen wird der Gedanke an Betrug, besonders nachträglich, immer wieder nahe gelegt, und immer wieder wird er durch das Zeugnis der Sinne, durch die Besinnung auf seine Unmöglichkeit widerlegt und ausgeschaltet.«[7]

Für Thomas Mann gibt es keine Zweifel mehr. Aber genau das erschüttert ihn. Etwas mit eigenen Augen sehen und nicht erklären zu können. Ein paar »läppische« Phänomene, ein »Hokuspokus«, so Thomas Mann, bringen den großen, sich souverän dünkenden Geist an den Rand einer Krise. Ohne sich zu bewegen, hat das Medium in einem anstrengenden Gebärakt ein handähnliches, feuchtes, kaltes, glitschiges Körperteil aus dem Nichts hervorgebracht, das reale Gegenstände umherwirbeln lässt. Er weiß sich keinen besseren Rat, als den Widerspruch einfach auszuhalten. Doch wie? In seinem Aufsatz »Okkulte Erlebnisse« bekennt Thomas Mann später, dass er, gewohnt, sich mit Themen »verfeinerter Menschenvernunft« zu beschäftigen, sich »verdorben« fühlt.[8] Ein »untergründiges, trübes und quälerisches Lebensgebiet« habe ihn in nackte, peinliche Winkel geführt. Ein »scharfer, fuselartiger Reiz« habe ihn geradezu verführt, den »Wein des Geistes und der Gesittung« vom Tisch zu wischen. Ob er will oder nicht: Der Großmeister des Geistes und der Übersicht kann sich dem Gesehenen nicht entziehen. Er konstatiert, den Geistern »lasterhaft verfallen« zu sein. Das schreibt er nicht in sein privates Tagebuch, sondern verkündet es in aller Öffentlichkeit. In den Hörsälen von Wien und Prag, die bis auf den letzten Platz gefüllt sind, jammert er vor zwei-, dreitausend Zuhörern: »Ich bin den Okkultisten in die Hände gefallen.«

Rudi als Zirkuspferd

Bis Februar 1923 hat Willi unter der Leitung von Freiherr Albert von Schrenck-Notzing in dessen Münchner Laboratorium 104 Sitzungen absolviert. Schrenck-Notzing hatte die erste Garde der Münchner Society aus Wirtschaft, Universität, Kultur und Gesellschaft zu den Sitzungen geladen. Dann brachte Willi dem Parapsychologen, der wohl an sein Renommee dachte, nichts mehr. Er hatte keine Ideen mehr, wie er aus Willi noch etwas zur Erforschung der Telekinese und des Ektoplasmas herauspressen könnte. Willi war für ihn »ausgelutscht«. Aber er hatte ja noch ein besseres Medium in Aussicht: nämlich Rudi, den jüngsten Sohn der Schneiders. Viele Parapsychologen, die Schrenck-Notzing beneidet hatten, rissen sich jetzt um Willi, der inzwischen zu einem der berühmtesten Medien Europas aufgestiegen war. Mit großzügiger Geste gab Schrenck-Notzing Willi frei und ließ ihn nach Wien reisen, zu Dr. Holub, einem begeisterten parapsychologischen Forscher, der Willi in seiner Familie aufnahm.

Willis ursprüngliche Trancepersönlichkeit Lola Montez hatte es 1919 vorausgesagt: Wenn ihr euch um das Heil meiner Seele kümmert, werde ich euch berühmt machen. Ihre Prophezeiung war eingetreten. Mit der Familie Schneider ging es aufwärts. Bei sechs Söhnen in ärmlichen Verhältnissen ist man um jeden froh, der versorgt ist, noch besser: der berühmt wird.

In den letzten zwei Jahren, in denen Willi noch in Braunau zum zweckdienlicheren Forschungsobjekt »erzogen« worden war, tauchte während einer Séance mit Willi plötzlich »Minna« auf, eine neue okkulte Persönlichkeit. Für Olga bedeutete das natürlich eine Konkurrenz. In einer der nächsten Sitzungen beschwerte sie sich darüber, dass Willis mediale Kräfte ihr nicht mehr ausreichten. Sie fordere mehr Unterstützung. Rudi, der jüngste der Brüder, solle mithelfen. Rudi, erst elf Jahre alt, schlief noch im Bett seiner Eltern. Josef und Elise äußerten gegenüber Olga Bedenken. Rudi sei dafür zu jung. Doch plötzlich ging die Schlafzimmertür auf. Rudi betrat im Zustand tiefer Trance den Raum und nahm auf einem Stuhl im Zirkel Platz. Elise, verblüfft, freute sich über Rudis Erscheinen und bat ihn um Hilfe. Seitdem meldete sich Olga nie mehr bei Willi, sondern nur noch bei Rudi.[1] Damit tat sich für die Familie die Chance auf, einen zweiten Sohn auf dieselbe Weise wie Willi versorgt zu wissen. Rudi sei zwar noch zu jung, aber man habe ja Zeit. Der Freiherr aus München hatte bereits sein Interesse angemeldet, Rudi »auszubilden«.

Die beiden Brüder kamen sich nicht in die Quere. Beide hatten jeweils eine individuelle, auf sie zugeschnittene Trancepersönlichkeit. Willi fortan Minna, zu der sich Erwin gesellte. Also einen Mann und eine Frau. Rudi hatte jetzt Olga beziehungsweise Lola Montez, die ihm mütterlich zugetan war. Für Schrenck-Notzing ideal. Kaum war er Willi los, rückte Rudi in sein Forschungs- und Gesellschaftsprogramm.

Ab Februar 1923 bekam Willi in Wien freie Kost und Logis. Der Primararzt Dr. Edmund Holub, ein Oberarzt an der Irrenanstalt »Am Steinhof«, setzte die streng wissenschaftlichen Experimente, die Schrenck-Notzing in München begonnen hatte, fort. Er bemühte sich, einen immer größer werdenden Kreis ernster Forscher zur Nachprüfung von Willis Fernbewegungen und materialisiertem Ektoplasma zu versammeln, um die Echtheit der mediumistischen Erscheinungen unter Beweis zu stellen und die parapsychologische Bewegung voranzubringen. Die paranormalen Phänomene, die Willi unter strengen experimentellen Kontrollbedingungen stets wiederholen kann, sind für die Wissenschaftler nach wie vor nicht erklärbar, werden aber immer mehr als glaubwürdig eingestuft.

In der Schneider'schen Wohnung hatten Willis und Rudis Erfolge deutlich Spuren hinterlassen. Jetzt gehörten die beiden Söhne zu den bekanntesten Medien der 1920er-Jahre. Der Ruhm der kleinbürgerlichen Braunauer Familie, der im Verlauf von bald fünf Jahren mächtig aus Braunau herausstrahlte, war dem einfachen Maschinensetzer Josef Schneider zu Kopf gestiegen. Der Finanzbeamte Josef Kogelnik, ein treuer Anhänger der Familie, begann sich enttäuscht abzusetzen. Vater Schneider präsentiere sich in seiner neuen anerkannten gesellschaftlichen Position wie ein »Cäsar«.

Der Okkultismus breitete sich in ganz Österreich aus, wuchs und erfreute sich größter Beliebtheit. Die wenigen Medien, die nicht entlarvt worden sind, waren selten und sehr begehrt. Sogenannte »Medienpächter« wollten mit ihnen einträgliche Geschäfte machen. Die von ihnen arrangierten Séancen wurden Höhepunkte gesellschaftlicher Unterhaltung. »Die Herren in Frack oder Smoking, die Damen in großer Toilette, wie im Theater. Bei den Veranstaltungen werden Sandwiches aufgetragen, es wird konversiert, geflirtet, musiziert. Dann wird das Medium vorgeführt, bewundert, bestaunt, interviewt. Gegen 10 Uhr abends endlich setzt man sich zum Versuchstische. Alle haben Kette zu bilden.«[2]

Einer der vier großen Medienpächter Österreichs ist der Wiener Privatgelehrte Erich Czernin-Dirkenau. Er wendet sich an die Familie Schneider. Man solle Rudi nicht wie Willi in den Händen der Wissenschaftler versauern lassen, sondern mit ihm die große Show abziehen. Er macht ihnen ein finanziell attraktives Angebot und pachtet Rudi. Im November 1923 fahren Josef Schneider und sein Sohn Rudi nach Wien, um den mit Czernin-Dirkenau geschlossenen Vertrag zu erfüllen. Seitdem berichten die Wiener Zeitungen ständig über Rudi, das Wunderkind. Wie ein Zirkuspferd wird Rudi fortan durch die Manege der Wiener feudalen Gesellschaft getrieben. Josef Schneider platzt vor Stolz, es in die höheren Kreise geschafft zu haben.

Aber auch Willi, der damals noch Berühmtere der beiden Brüder, füllt die Schlagzeilen. Eine Kostprobe von Willis Leistungen findet sich in der *Neuen freien Presse*: »Die Tischdecke bauscht sich, die Stühle schlagen auf den Boden, die Kissen fliegen quer durch den Raum (und zwar nicht in der parabolischen Wurflinie; sondern waagrecht durch die Luft getragen, um erst knapp vor dem Ziel in scharfem Winkel abzustürzen), schon auch zeigt sich, weitab von dem keuchenden Medium, die Niemandeshand, bald schwarzrauchig, bald fleischrot, jetzt fährt sie als unausgebildeter Stumpf mit vier Zehen hinter dem Tischtuch hervor. Die materialisierte Hand hämmert, überhuscht die Mauer, klopft mit Knochentönen an den Kalkbewurf; achtzehnmal im Laufe der ersten Versuchsfrist erscheint sie, um atomlos wieder zu zergehen, sich in nichts zu dematerialisieren. Angehaltenen Atems sehen wir, wie diese Hand vor das leuchtende Glas einer Uhr greift, deren Umriß unter ihr verschwindet; und wie sie, weggezogen, das Flimmern des Glases wieder freigibt. Da der Handstumpf sich dem Schuh eines Teilnehmers nähert, wird von seinem Nachbarn der Wunsch ausgesprochen, die rote Hand möge den Schuh vom Fuße ziehen; sofort macht sie sich daran, nestelt ungeduldig an der Schnur, klopft, reißt und zerrt — und erst als der Teilnehmer uns nachher seinen patentierten ›unlösbaren Schuhbandknoten‹ zeigt, begreifen wir dieses Mißlingen.«[3]

Die übersinnlichen »Produktionen« rufen die Wissenschaft auf den Plan. In Wien wird ein »metapsychisches Institut« gegründet, in dem jetzt Rudi Schneider immer wieder seine Fähigkeiten demonstrieren muss. Das wiederum gibt Anlass, eine Kommission aus hervorragenden Gelehrten zu bilden, die sich einer genaueren Untersuchung der beiden Brüder und deren Vorführungen widmen. Das Komitee besteht aus sieben Professoren: Ärzte, Naturwissenschaftler und Ingenieure. Es tritt am 10. Februar 1924 zusammen. »Man beabsichtigt in erster Reihe, die Phänomene der sogenannten Fernbewegung und Levitation mit Hilfe der zwei bekannten Medien Willi und Rudi Schneider zu studieren.«[4] »Die Leitung hat der renommierte Professor Wagner-Jauregg.«[5] Jauregg war bekannt für die Entlarvung von Simulanten. Im Ersten Weltkrieg hatte er bei der Behandlung von Kriegsneurosen elektrische Zwangstherapien eingesetzt, um Simulanten von echten psychisch Kranken zu unterscheiden. Also ein Mann, der sich nichts vormachen lässt.

Die *Illustrierte Kronen-Zeitung* schreibt: »Die sieben Herren sollten ergründen, ob es bei den Vorführungen der beiden ›Schneiderjungen‹ mit rechten Dingen zugehe. Die beiden Medien saßen an Händen und Beinen gefesselt im verdunkelten kalten Zimmer, waren aber zur Kontrolle mit Leuchtringen an Hand- und Sprunggelenken versehen, so daß man konstatieren konnte, dass sie auch im Finstern regungslos blieben. Und doch flog von einem in der Nähe stehenden Tischchen eine Weckuhr mit Gepolter zu Boden, die Saiten einer Gitarre erklangen. Eine Osterratsche schnarrte, Glocken klingelten und flogen durch die Luft und eine Gummipuppe quietschte. Dann sah man plötzlich die Arm- und Bein-Leuchtringe höher schweben, als hätte sich der Körper des Mediums gewichtslos in die Luft erhoben ...«[6] Es sei nun die schwere Aufgabe der Professoren, in den nächsten Tagen die Echtheit der Phänomene zu bestätigen beziehungsweise zu falsifizieren.

Unterdessen nehmen zwei Professoren der Radiumforschung, Professor Stefan Meyer und Dr. Carl Prizbram, Rudi unter die Lupe. Sie gehören nicht dem Komitee an, beobachten ihn aber sehr genau bei seinen Vorführungen im »metapsychologischen Institut«, das Erich Czernin-Dirkenau leitet. Nach drei Sitzungen glauben sie erkannt zu haben, wie Rudi Schneider seine Phänomene erzeugt. Nämlich mit einem Trick. Professor Meyer lädt eine Gesellschaft von vierzig Personen, bestehend aus Wissenschaftlern, Ingenieuren, Malern und Journalisten, in seine Wohnung ein. Zu Beginn schlägt Professor Meyer vor, ein besonders interessantes Medium, das er privat kenne, vorzuführen. Der Saal wird, wie bei den sonstigen Vorführungen von Rudi, abgedunkelt, man sieht das Medium, das mit Leuchtstreifen versehen ist. Zum Erstaunen des Publikums bringt dieses unbekannte Medium einige der Phänomene hervor, für die die Schneider-Brüder berühmt sind.

Das Staunen der geladenen Gesellschaft erreicht schließlich seinen Höhepunkt, als Professor Meyer das Medium vorstellt. Es ist niemand anderes als sein Kollege Professor Prizbram, der die Erscheinungen zuwege gebracht hat. Somit, so Professor Meyer, sei es gelungen, »die okkulten Phänomene, mit denen das Medium Rudi Schneider stets das größte Aufsehen erregt, auf verschiedene Tricks und Kniffe zurückzuführen. Rudi Schneider pflegt seine Phänomene bekanntlich unter der Kontrolle von Leuchtringen, die ihm an Armen und Beinen befestigt werden und deren Leuchten in dem sonst verdunkelten Raum die Stellung von Händen und Füßen andeutet, auszuführen. Die Leuchtringe sollen verhüten, dass das Medium Manipulationen vornehme. Bei der Séance, bei der die beiden Gelehrten teilgenommen haben, hätten sie angeblich bemerkt, dass Rudi mit einem Fuß aus seinem Leuchtringe herausgeschlüpft sei, diesen dann am anderen Fuße befestigte und mit dem frei gewordenen und ohne Kontrolle gebliebenen Bein die Täuschung der Fernbewegung hervorgebracht.«[7]

In der vorgetäuschten Séance wurde vor allem das Phänomen der Levitation, bei der Rudi Schneider in liegender Stellung schlafend zur Zimmerdecke hinaufschwebt, nachgeahmt. Damit sei Rudi Schneider entlarvt. Die Zeitung *Neues Wiener Journal* schloss den Bericht: »Besonders schwer fällt gegen das Medium Rudi Schneider eine Äußerung ins Gewicht, die Professor Wagner-Jauregg gestern Abend einem unserer Mitarbeiter gegenüber gemacht hat: ›Die Ergebnisse der Séance, der die Physiker Meyer und Prizbram beigewohnt haben, kamen durch eine Indiskretion verfrüht in die Öffentlichkeit. Ich war zwar bei der Séance nicht anwesend, kann aber ruhigen Gewissens erklären, daß nach den Erfahrungen der letzten Zeit auch ich mich der Ansicht der Professoren Prizbram und Meyer anschließe.‹«[8]

Am nächsten Tag liest Dr. Holub, bei dem Willi Schneider in Obhut ist, die Berichte in den Zeitungen über die Entlarvung Rudis. Sowohl der fünfzehnjährige Rudi als auch Willi und die gesamte parapsychologische Bewegung werden in der Presse mit einer Serie von niederschmetternden Formulierungen überschüttet: »Freiherrlicher Wundermann«, »Lasterhöhlen des Geistes«, »Protektion der Verblödung«, »Gerissene Bauernburschen« (womit Angehörige der Familie Schneider gemeint sind), ferner »Geistige Bauernfänger«, »Ehrgeizlinge«, »Schmöker und Gschaftlhuber«, »Schwindelheim« (ist gleich okkultistisches Laboratorium!), »Bauernlackl«, »Bauerntrampel«, »Bauernschwindel«, »die Großkopferten«, »Wichtigtuer und Geheimdeuter«, »Bekenntnisse eines Düpierten« und so weiter.

Die Arbeiterzeitung *Die Rote Fahne* kommentiert am 16. Februar 1924 unter der Schlagzeile »Die Abgötter der Bourgeoisie: Hitler und Schneider« mit dem Einsatz klassenkämpferischer Häme die »Entlarvung«: »Diese ›vornehmen gesellschaftlichen Zirkel‹, die da so unwiderlegbar als Gesellschaft der Angeschwindelten entlarvt sind, ist ja dieselbe Gesellschaft, von der die Journaille immer behauptet, sie sei die Repräsentanz der Kultur, der alten bürgerlichen Kultur, die der Sozialismus bedrohe. Im Namen dieser ›Kultur‹ werden die Arbeiter täglich als ›ungebildetes Pack‹, als Analphabeten beschimpft. Freilich, Kultur dieser bürgerlichen Gesellschaft ist nicht zu leugnen, ihre Äußerungen sind überall zu spüren: Nachtlokal und okkultische Séance, auf diesem Dreckniveau ist die bürgerliche Kultur angelangt. Braunau, der Geburtsort Hitlers und Schneiders, lieferte der Bourgeoisie ihre Größen fertig ins Haus. Kulturell ist diese Bourgeoisie bei Schneider, politisch bei Hitler angelangt. Und für diese Bourgeoisie sollen die Arbeiter, wie dies die bürgerliche Presse tagtäglich verlangt, ihr alles opfern.«

Primarius Dr. Holub bekommt einen Herzanfall und stirbt am darauffolgenden Tag, erschüttert über die losgetretene Hetzkampagne. Fast alle Journalisten waren den angeblichen Beweisen der beiden Radiumforscher gefolgt. Deren »Levitation« war tatsächlich eine unfaire Denunziation, die mit Mitteln billiger Zaubertricks hergestellt wurde. Es wurden keinerlei Kontrollen angewendet, wie sie bei Experimenten mit Willi und Rudi durchgeführt werden. Niemand hat das »Medium« festgehalten, wie es bei Rudi üblich ist. Im Gegenteil. Professor Meyer hat im Dunkeln, statt das »Medium« zu kontrollieren, Dr. Prizbram bei seiner trickreichen Vorführung assistiert. Der Schaden allerdings, den sie mit ihrer Mogelei angerichtet haben, ist groß. Rudi galt von nun an in der Öffentlichkeit als entlarvtes Medium und konnte sich von diesem Makel, den ihm die beiden »Wissenschaftler« und die leichtfertige Berichterstattung anhängten, nicht mehr befreien. Da halfen auch die vielen Gegenbeweise nichts mehr.

Mein Urgroßvater Josef Schneider schrieb am 17. Februar 1924 einen Brief an den Herausgeber der okkulten Zeitschrift *Das neue Licht*:

Lieber Herr Schöffel!

Schnell in Eile teile ich Ihnen mit, wie die Sitzung, in der Rudi »entlarvt« worden sein soll, vor sich ging.

Die Sitzung fand unter der Leitung des Herrn v. Czernin am 26. Januar in der Wohnung des Schwiegersohns des Herrn v. Muntendorf, Generaldirektor der Depositenbank, Herrn Major v. Baranski, III., Seidlgasse 22, statt, und wohnten unter anderen Herrschaften die Professoren Prizbram und Mayer bei. Als Kontrolle fungierten Prof. Dr. Stefan Meyer und ein Herr, dessen Unterschrift unleserlich ist. Wir alle trugen Leuchtbänder, am Boden war Mehl aufgestreut, um sicher zu sein, daß niemand, ohne Fußspuren am Boden zu hinterlassen, Rudi in irgendeiner Weise bei der Levitation behilflich ist. Als Rudi in Trance fiel, warf er die Leuchtbänder weg, die man ihm an die Füße band, besteckt seinen Körper vom Hals bis zu den Zehenspitzen mit Leuchtnadeln, band sich die Leuchtscheibe an die Fußsohlen und dann die Füße zusammen, steckte durch den Knoten mehrere Leuchtnadeln und reichte hierauf seine Hände den beiden Kontrollorganen. Rudi trug Lederschuhe. Vor dem Beginn der Levitation befahl Rudi, die Kontrollpersonen, oder wer von den Herren will, sich zu überzeugen, wie die Füße gebunden sind, was vier Herren unternahmen. Nach der Levitation, als Rudi wieder auf den Stuhl, auf dem er vor der Levitation saß – wir saßen im Kreise und eine Person hielt die andere bei der Hand –, wieder zurücksank, wurden sofort seine Füße kontrolliert, ob sie noch so gebunden waren wie vor der Levitation, was nebst den beiden Kontrolleuren auch die anderen Herren mit den Worten bestätigten: ›Es ist alles intakt, der Knoten der zusammengebundenen Füße samt den Leuchtnadeln unversehrt.‹ Mit eigenhändiger Unterschrift schrieben die drei Herren ihr Urteil über die Levitation und Kontrolle mit folgenden Worten nieder: ›Die Levitation konnte genau kontrolliert werden, die absolute Realität des Levitationsvorganges wird hierdurch bestätigt. 26. Jänner 1924.‹ – Prof. Meyer stürzte auf mich zu und sagte: ›Ich bestätige Ihnen sehr gerne, dass die Kontrolle einwandfrei war.‹ Er schrieb: ›Die Kontrolle war einwandfrei: Prof. Dr. Stefan Meyer‹.«

Der Sitzungsbericht, den Rudis hilfloser Vater nachgeschoben hatte, nutzte nichts mehr.

Für die Familie Schneider war der gute Ruf dahin, auch wenn die Braunauer *Neue Warte am Inn* ihr gefällig zur Seite sprang: »Mittlerweile aber ist auch eine natürliche Erklärung gefunden worden, wie die Entlarvungsberichte über Rudi in die verschiedenen Zeitungen kamen. In einem Wiener Kaffeehaus saßen einige Herren beisammen und besprachen die Levitation (Freischweben) Rudi Schneiders. Während diese Herren ihren Ansichten über die Möglichkeit und die Art und Weise des Vorgangs Ausdruck verliehen, belauschte sie an einem Nebentisch ein jüdischer Berichterstatter, der nichts Eiligeres zu tun hatte, als aus diesen Vermutungen erwiesene Schwindeleien zu machen und für Verbreitung in der Presse zu sorgen.« Für die *Neue Warte am Inn* stand schnell der journalistische Drahtzieher der Kampagne fest: natürlich ein Jude.[9]

Die Halbwochenzeitung *Kikeriki* schreibt am 2. März 1924: »Medien gehören nicht wie aufgepflanzte Zirkuspferde vor das löbliche Publikum und einen ›hohen Adel‹. Medien sind nicht mit aller Macht der Beredsamkeit in Kreise zu schleppen, in denen der Haß und die Tücke lauern. Als die beiden Brüder Schneider in Braunau im altväterlichen Elternhause ihre schönsten Phänomene zeigten, herrlich materialisierte Köpfe, Hände und Gestalten, da war dies Gottesdienst. Im Salon ›der kapitalkräftigen‹ Gönner wurde daraus ein Zirkus.«

Professor Hans Thirring, Atomphysiker an der Universität Wien, empörte sich über die völlig unwissenschaftliche Abwicklung des Falles Schneider durch die Wiener Professorenschaft. Weil sie keine naturwissenschaftlichen Erklärungen für die okkulten Phänomene fanden, hätten sie sich aus Angst, Opfer eines Betrügers zu werden, von der Überprüfung der Experimente mit Willi Schneider vorzeitig zurückgezogen. Sie hätten die wissenschaftlichen Experimente, die der Primarius Dr. Edmund Holub, Psychiater in der Wiener Landesirrenanstalt Am Steinhof, mit Willi Schneider anstellte, unbeachtet gelassen und einfach diskreditiert: »Ich war als Physiker von vornherein der Überzeugung gewesen, dass es sich bei den angeblich okkulten Phänomenen durchwegs um Schwindel und Aberglauben handele, wurde aber doch etwas stutzig, als ich einerseits selbst die Sitzungen und ihre Kontrollmaßnahmen kennenlernte und andererseits beobachten musste, in welch leichtfertiger Weise die Tagespresse und mit ihr die öffentliche Meinung aus Verdachtsmomenten, die gegen Rudi bestanden, eine volle Entlarvung der Brüder Schneider konstruierte. Das vielgebrauchte Argument, dass alle Medien schließlich entlarvt wurden, verlor dadurch für mich völlig seine Beweiskraft, und ich stellte den Herren vom Komitee vor, daß es nun besonders angebracht sei, weiter zu experimentieren, und daß man Willi, der ganz unbeteiligt war, deswegen nicht fallen lassen könne, weil man gegen seinen Bruder einen Verdacht hege. Schließlich wurden meine Argumente anerkannt, und wir begannen in meinem Laboratorium im physikalischen Institut der Wiener Universität im Frühjahr 1924 die Sitzungen mit Willi, welcher damals unter dem Schutz der Witwe des inzwischen verstorbenen Oberarztes Dr. Holub stand. (…) Vom April bis Sommer 1924 fanden eine Reihe von Sitzungen in meinem Laboratorium statt. (…) Wir hatten während der Monate April und Mai meist nur schwache Erfolge, wurden aber im Juni durch eine Anzahl sehr guter Sitzungen, die starke telekinetische Phänomene brachten, entschädigt.«[10]

Professor Thirring nahm die Wahrheitssuche ernster als seine Kollegen: »Es ist ein kleineres Unglück, wenn Wissenschaftler durch einen Betrüger getäuscht werden, als wenn sich die Wissenschaft aus Eitelkeit und Furcht vor Mißgriffen der Erforschung einer Wahrheit verschließt.«[11]

Thirring führte mit der Übernahme der sorgfältigen Kontrolle, die Dr. Holub eingeführt hatte, die Untersuchungen weiter.

In den nächsten acht Jahren forschten Wissenschaftler aus ganz Europa und den USA in ihren Laboratorien unermüdlich, um die Herkunft und Mechanik der Kräfte zu erkennen, mit denen Rudi seine Fernbewegungen und Materialisationen zustande brachte. Die Kontrollinstrumente wurden ständig verbessert und immer raffinierter.

1929 verbrachte Großonkel Rudi fast ein halbes Jahr in London. Dort erhob die Presse ihn zum Star und machte ihn in ganz London populär. Der größte englische Taschenspieler, Will Goldston, genannt der Hexer, schrieb in der *Daily Mail*, dass es keinen Taschenspieler gäbe, der unter den Kontrollbedingungen, wie sie Rudi Schneider auferlegt würden, dessen Phänomene nachmachen könne. Ihm, Goldston, sei gestattet gewesen, eine Stunde früher in das Laboratorium zu kommen, um den ganzen Raum auf das Genaueste untersuchen zu können. Über die Phänomene schrieb er, dass diese mit natürlichen, d. h. erklärlichen Kräften unter einer solchen Kontrolle nicht nachgemacht werden könnten. Als Graf Klinkowström – einer der größten Gegner – in München, Goldstons Bericht

5. Juni 1931, links stehend Karl, darunter meine Mutter, rechts stehend Rudi

las, meinte er, dieser Bericht sei mehr wert als ein ganzes Buch voll Protokollen von Schrenck.[12]

Die Wahrheit über Willi und Rudi wurde nie herausgefunden. Bei Willi erlahmten 1926 die Kräfte. Über seine weiteren Lebensjahre ist nicht viel bekannt. Er gab selbst an, als Zahntechniker in München gearbeitet zu haben; er behauptete in Braunau, er habe in München eine eigene Praxis in einer eigenen Villa. Ich sprach mit seiner damaligen Verlobten, die das überprüft hatte. Es war erlogen. Ein Neffe von ihm erzählte mir, er habe später in Braunau gewohnt und im Aluminiumwerk Ranshofen gearbeitet. Vermutlich hatte er einen Schlaganfall erlitten und sich noch jahrelang durchs Leben gequält. Mitte der 1960er-Jahre sei er dann »jämmerlich zugrunde gegangen«.

Rudi stellte sich noch bis in die 1930er-Jahre internationalen wissenschaftlichen Experimenten zur Verfügung, vor allem in Paris, London und Amerika. Aber man kam der Sache nicht auf den Grund. Selbst die versiertesten »Geisterjäger« hatten bei Rudi keine

Schwand im Innkreis, Juli 1936, mein Großvater Karl, seine Frau Rosa, Mitzi und Rudi

Chance. Sie rückten seinen »scheuen« Kräften immer näher auf die Pelle, wurden ihrer aber nicht habhaft. Was auch immer sich in Rudis Seele abspielte, die Wissenschaft konnte es nicht erklären.

1933 stellt seine Freundin Mitzi Rudi vor die Alternative: Entweder du lebst mit mir zusammen oder mit deinen Geistern. Rudi entschied sich für Mitzi, zog mit ihr nach Weyer im östlichen Teil Oberösterreichs und betrieb dort eine Fahrschule. Im Keller seines Hauses soll es mit den Séancen privat weitergegangen sein, zur Freude seiner Nachbarn. Am 28. April 1957 starb Rudi ganz plötzlich an einer Gehirnblutung.

Mein Großvater Karl, zeitweiliges Hilfsmedium, konnte sich als Fotograf nicht durchsetzen und wurde Postbeamter. Zunächst als Briefträger, später am Schalter. Seine Tochter, meine Mutter, der mein Vater auch übersinnliche Kräfte nachsagte, erzählte mir nie etwas von der Familiengeschichte der Schneiders. Vermutlich hatte sie die Sache selbst völlig verunsichert.

Raumkraft[1]

Braunau, Stadtplatz, »Café-Post«

Im Sommer 1931 besucht der Wiener Journalist Rudolf Kalmar Braunau. Wie immer ist er auf der Suche nach einer guten Story. Er hat gehört, dass ein im Innviertel verkündetes Wunder sich allmählich in Luft aufzulösen droht. Nach seiner Ankunft geht er zunächst auf Meinungssuche zu diesem Fall ins »Café Post«. Es liegt am Stadtplatz und ist dafür bekannt, dass sich im verrauchten Inneren Fantasten, Utopisten, Träumer, Spinner oder Zyniker und so weiter tummeln. »Normal« gebliebene Braunauer halten wenig von den Gesprächen, die dort geführt werden, nennen sie ›hochtrabende‹.

Zur Vormittagsstunde sind nur wenige Gäste anwesend. Die meisten lesen Zeitung. Rudolf Kalmar schnappt sich ein frei gewordenes Blatt und überfliegt die Artikel. Nach einer Weile fragt er in die Runde. »Von ›Raumkraft‹ hört man gar nichts mehr?«

Schweigen.

Zwei Tische weiter fixiert der Maler Aloys Wach den blätternden Fremden mit dem für ihn typischen Blick des glühenden Schwärmers. Nach einer Weile steht er auf, schreitet mit erhobenem Haupt zum Tisch des Unbekannten und verweilt schweigend direkt vor ihm. Kalmar blickt kurz auf, bemerkt, dass da einer wohl was loswerden will, weicht dem stechenden Blick aber aus und wendet sich seiner Lektüre zu. Das kann Wach nicht irritieren. Ohne Begrüßung stellt er dem Fremden unvermittelt eine Frage.

»Wird die sozialdemokratische Partei die Wiederherstellung der Macht des Deutschen Reiches dulden?«

Kalmar mustert Wach mit kühlem Blick. »Ich bin kein Mitglied der deutschen Sozialdemokratie, wenn Sie das meinen, aber ich halte sie für die selbstlos patriotischste aller deutschen Parteien.«

Wach sucht die Auseinandersetzung.

»Kennen Sie Carl Schappeller?«[2]

»Nicht persönlich.« Und mit wachsendem Interesse: » Kennen Sie ihn?«

»Und ob. Ein Genie.«

Wach kommt Kalmar wie gerufen. Schapeller ist sein Fall.

Kalmar etwas abschätzig: »Haben Sie auch in das Projekt ›Raumkraft‹ investiert?«

Wach schweigt.

»Und? Strömt endlich der Mammon?«, fragt Kalmar schmunzelnd.

»Darauf kommt es mir nicht an.«

»Worauf sonst?«

»Schappeller geht neue Wege bei der Gewinnung dringend benötigter Energie. Durch Raumkraft werden Deutschland und Österreich unüberwindbar.«

Kalmar findet, dass Wach sympathisch aussieht, also nicht unbedingt wahnsinnig ist.

Wach fährt unbeirrt fort: »Der deutsche Kaiser und die katholische Kirche Österreichs können nicht irren.«

»Zumindest hat Schappeller diesen Herren die Idee der Raumkraft teuer verkauft.«

»Entwicklungen brauchen ihre Zeit.«

»Und was will der Kaiser mit ›Raumkraft‹ anfangen?«

»Wieder Kaiser werden.«

»Gott behüte!«, ruft ein Zeitungsleser hinter seiner Zeitung. Er sitzt am Nebentisch von Kalmar.

Wach wendet sich dem Zeitungsleser zu. »Raumkraft wird ausschließlich der Verteidigung Deutschlands dienen. Alles wurde beim Verkauf vertraglich festgelegt. Der Kaiser darf Raumkraft nicht verwenden, um ein anderes Volk anzugreifen!«

Der Zeitungsleser belustigt zu Wach: »Raumkraft wird ausschließlich der Verteidigung dienen. Der war gut.«

Wach lässt nicht locker. Sein Blick fixiert Kalmar.

»Was hat die sozialdemokratische Regierung gegen die Anwendung von Raumkraft?«

»Sollte sie?«

»Ich denke, sie hat Angst, ihren Einfluss zu verlieren, wenn Deutschland wieder mächtig würde.«

Kalmar, scheinbar desinteressiert, antwortet nicht und wendet sich wieder seiner Lektüre zu. Wach schreitet mit dem aufrechten Stolz eines Propheten an seinen Tisch zurück.

Der Mann am Nachbartisch flüstert Kalmar zu: »Der Wach ist Maler. Ansonsten ein netter Mensch. Er hat sein Geld in das Raumkraftprojekt gesteckt und jetzt geht ihm der Reiß. Er hat Angst, dass die Sache nicht vorangeht.«

»Und will dennoch an Wunder glauben?!«

»Nicht nur er. Die ganze Gegend hier glaubt an Raumkraft.«

»An Energie aus dem Nichts?«

»Das sagt Schappeller doch nur zum Schutz! Seine Rezeptur hält er natürlich geheim.«

»Sie glauben also auch, dass man aus der Spannung zwischen Erdkern und Kosmos so viel Energie gewinnen kann, dass man aus Blei Gold herstellen kann?«

»Ich wäre da vorsichtig«, der Mann wiegt bedächtig seinen Kopf. »Natürlich nutzt der Schappeller die Gier der Leute aus. Er braucht eine Menge Kleingeld für seine Forschung.«

»Kennen Sie Professor Thirring aus Wien?«, fragte Kalmar.

»Der unseren Rudi verteidigt und mit Willi weitergeforscht hat? Das war löblich. Ein guter Mann.«

»Genau den. Die Regierung hat ihn zum Gutachter bestellt. Er soll dem Schappeller auf die Finger schauen.«

Spontan mischt sich Wach ein.

»Und? Zu welchem Schluss ist er gekommen?«

Kalmar macht es spannend. »Er hat gerade seinen Bericht abgegeben.«

»Was steht drin?«, kommt es wie aus einem Munde.

»Will ich Ihnen jetzt nicht sagen.«

»Jetzt sagen Sie schon!«

»Sie werden es demnächst lesen. Ich bin Journalist. Muss mein Geld schließlich auch verdienen.«

»Können wir Ihnen nicht irgendwie helfen?« Der Zeitungsleser ist hörbar aufgeregt. »Haben Sie vielleicht noch andere Fragen? Wir geben gerne Auskunft.«

»Na ja«, meinte Kalmar, »Wie steht denn euer Pfarrer zur Raumkraft?«

»Wie der dazu steht? Die Diözese ist begeistert!« Und Wach fährt ebenso begeistert fort: »Die meinen, mit dem vielen Gold kann das Elend der Menschheit ein Ende nehmen. Es gibt dann keine sklavische Schufterei mehr in Fabriken!«

»Ich meine nicht den in Linz, sondern den Pfarrer in Braunau«, wendet Kalmar ein.

»Das ist ein ganz normaler vernünftiger Mann«, wirft der Zeitungsleser ein. »Kein Wahnsinniger. Gell, Aloys, du bist auch kein Wahnsinniger. Die Kirche, die Regierung, der deutsche Kaiser, du, – ihr habt alle Millionen zur Verwirklichung der Ideen Schappellers investiert.«

»In der Hoffnung, mit Raumkraft würde es genügend Plätze an der Sonne geben?«

»Seien Sie nicht so sarkastisch. Die Leute glauben an das Wunderbare. Wissen Sie, es kommt auch gar nicht darauf an, ob das Geglaubte absurd, unfassbar oder real ist. In der Not helfen Heilsversprechungen immer.«

»Heißt das, der Glaube an das Wunderbare erfasst vor allem diejenigen, von denen man eigentlich erwartet, dass sie ganz vernünftige Leute sind?«, fragt Kalmar weiter.

»Wollen Sie meine Meinung dazu hören?«

»Ich bitte darum.«

»Nicht die Raumkraft ist das Wunder, sondern Schappeller. Seine suggestive Kraft hat Konjunktur.«

Carl Schappeller

Worum ging es in dem morgendlichen Gespräch eigentlich? Wer war Carl Schappeller? Was ist Raumkraft? Rudolf Kalmar beschäftigte sich schon seit geraumer Zeit mit dem Wundermann von Aurolzmünster.

Der im Armenhaus von Aurolzmünster, einem Dorf mit 2 500 Einwohnern, geborene Postmeister a. D. Carl Schappeller machte im September 1925 von sich reden, weil er überraschend das dortige, meist unbewohnte Schloss in der Ortsmitte seines Heimatdorfs kaufte. Der Herrschaftspalast aus dem Besitz des Grafen von Arco-Valley gilt als eines der schönsten Schlösser Oberösterreichs. Die kleine Marktgemeinde im Innviertel liegt knapp 40 Kilometer von Braunau entfernt, nahe Ried im Innkreis.

Ohne dass man wusste, woher der kleine Postbeamte, den man 1919 wegen Geisteskrankheit verrentet hatte, die Mittel hernahm, ließ dieser das Gebäude großzügig renovieren. Tag und Nacht waren die Handwerksbetriebe der Umgebung beschäftigt, erlebten einen unerwarteten Aufschwung. Unter den planenden Personen war auch der berühmte Architekt Peter Behrens, Mitbegründer des Deutschen Werkbunds.

Fast täglich fuhren schwere Automobile mit vornehmen Herren aus und ein. In Braunau waren Gerüchte im Umlauf, Schappeller sei auch verdeckt politisch aktiv. Er sei ein Verbindungsagent zwischen der bayrischen Reaktion und Mussolini. Im Keller von Schloss Aurolzmünster würden Giftgas und Sprengstoff für bayrische Selbstschutzverbände produziert, die man nachts über den Inn transportiere. Vielleicht sei es auch Schmuggelware: Opium, Morphium, Heroin. Oder produziere er eventuell gefälschte Franken?

Die Mutter Schappellers, nach wie vor eine arme Frau, misstraute dem Treiben und betete für ihren Sohn, Gott möge ihn von der Todsünde des Hochmuts bewahren. Tatsächlich kam Schappeller aus ärmsten Verhältnissen. 1878 geboren, absolvierte er eine Schreinerlehre, wurde Postbub und schließlich Postmeister. 1919 schickte man ihn mit der Diagnose Geisteskrankheit vorzeitig in den Ruhestand. Da war Schappeller gerade mal 41 Jahre alt.

Fünf Jahre später machte er wieder von sich reden. Seine Tochter habe übersinnliche Fähigkeiten, behauptete er; sie könne telekinetisch Dinge bewegen und nicht Vorhandenes aus dem Nichts materialisieren. In seiner Familie sei ein großes Potenzial vorhanden. Das klang wie von Rudi und Willi Schneider abgekupfert. Zahlreiche Zeitungen berichteten, dem ehemaligen Postmeister sei es gelungen, mittels Einsatz von »Urkraft« wertvolle Stoffe aus der Tiefe der Erde heraufzubefördern und zu höherwertigen Elementen, zum Beispiel Gold, zu veredeln. Für die zur Verwandlung notwendige Riesenmenge an Energie habe er die physikalischen Voraussetzungen gefunden. Ihm sei es möglich, aus dem Spannungsfeld zwischen Erdmittelpunkt und Kosmos Energie zu gewinnen. Raumkraft aus dem Nichts.

Um sein Vorhaben zu realisieren, ließ Schappeller das Schloss Aurolzmünster umbauen. Die Räumlichkeiten sollten zur weiteren Forschung und Umsetzung seiner Ideen dienen. Die Gelder für Renovierung, Umbauten und Maschinen habe er, so hörte man, zum Teil schon aufgetrieben. Für weitere Mittel ließ er eine »Gelegenheitsgesellschaft« gründen, an der der Neffe des Linzer Erzbischofs Johannes Maria Gföllner sich beteiligte. Der war von der Sache überzeugt: »Wirtschaftlich und technisch bringt die neue Kraft einen vollkommenen Umschwung, eine Umwertung aller Werte. Es dürfte kaum eine Maschine, kaum einen technischen Apparat geben, der nicht in seiner Wirkungsweise und Wirtschaftlichkeit von der neuen Technik beeinflusst oder gar außer Kurs gesetzt wird.«[3]

Manche Anhänger träumten davon, dass mit »Urkraft« eine Welt möglich würde, wie sie der englische Schriftsteller Edward Bulwer-Lytton 1871 in seinem Roman *The Coming Race*[4] beschrieben hatte. Er schildert darin, dass eine unter der Erdoberfläche lebende Menschenrasse die Urkraft namens »Vril« entdeckt habe. Ausgestattet mit dieser psychischen Vitalenergie sei Vril anderen Rassen weit überlegen. Vril befähige zur Telepathie und Telekinese und ermögliche unmittelbaren Einfluss auf jede Form belebter oder unbelebter Materie.

Man war sich sicher: Schappeller ist dieser Urkraft auf der Spur.

Die katholische Kirche stellte große finanzielle Mittel zur Verfügung. Es sickerte durch, dass sie bereits aus Gründen reiner christlicher Nächstenliebe den Bau einer geheimen Goldproduktionsmaschine plane. Schappellers Hauptgeldgeber war allerdings ein anderer, nämlich der exilierte Exkaiser von Deutschland, Wilhelm II. Der habe die Hoffnung, mit der unbegrenzten, nie versiegenden Energie von Aurolzmünster die ganze Welt dem deutschen Kaisertum zu unterwerfen. Mit einigen 100 000 Reichsmark habe er das Projekt unterstützt. Das Gerücht von einer Million Reichsmark wurde nie dementiert. Auch aus Braunau sei privates Geld in das Projekt geflossen. Wer wollte schon die Gelegenheit verpassen, reich zu werden.

Tatsache bleibt: Schappeller erteilte für die Realisierung seines Vorhabens enorme Aufträge an die Handwerksbetriebe im Innviertel. Die Rechnungen von jeweils 20 000 bis 30 000 Reichsmark wurden anstandslos von Amsterdam aus über Münchner und Dresdner Banken beglichen. Aber damit nicht genug. In Wien hatte der »Erfinder« einen weiteren Kreis Machtgieriger um sich versammelt, die auf seine angekündigte neue Weltordnung spekulierten. Darunter Wissenschaftler, die ein Gutachten erstellen sollten, um die österreichische Regierung zur Subventionierung des Projekts zu bewegen. Die meisten Wissenschaftler zögerten. Sie wollten sich nicht blamieren und reagierten zurückhaltend. Schappeller störte das nicht. Es gab genügend Menschen, die an seine physikalischen Ideen glaubten wie zum Beispiel die Mitglieder der Loge Bô Yin Râ. Der Chef dieser Sekte, der Schriftsteller und Maler Joseph Anton Schneiderfranken, fühlte sich selbst bereits von »Urkraft« aufgetankt und füllte damit 32 Bücher. Aber auch der Führer der österreichischen Arbeitslosen machte mit. Um die Zukunft seiner Schützlinge besorgt, beschloss er eine Abgabe vom ohnehin schmalen Arbeitslosengeld .... Schließlich rang sich sogar der zuständige Minister der österreichischen Bundesregierung dazu durch, Subventionen einzuplanen.

Alle Bedenken, die bei den wirren Plänen Schappellers aufkommen konnten, zerstreute der rhetorisch begabte Postbeamte a. D. So nahmen Wunschfantasien freien Lauf und verselbstständigten sich als konkrete Utopie am Firmament. Man träumte, dass Bergwerke überflüssig würden, da edle Erze mit »Urkraft« aus großer Tiefe hochgepumpt würden. Im Alltag kämen aus reinem Gold hergestellte Küchengeräte und Geschirr zum Einsatz, die keine Allergien mehr verursachten. Flugzeuge würden sich selbst lenken und dank magnetischer Kräfte nicht mehr abstürzen. Dampfkraft werde überflüssig, die Fabriksklaverei abgeschafft. Klassische Berufe feierten Auferstehung. Jeder könne seine »warme Liebe in jedes Erzeugnis hineinlegen, welche durch die tote Arbeit der Maschinen verlorenging«[5]. Nicht mal ein Grundeinkommen, von dem wir heute träumen, sei nötig, wenn doch alle ersehnten Bequemlichkeiten im totalen Versorgungsstaat verwirklicht seien. Der Hunger, der in den 1920er-Jahren nach dem verlorenen Krieg zu einer großen Depression geführt hatte, wäre besiegt.

Wochen und Monate verrannen. Die Geldgeber wurden unruhig, drängten auf sichtbare Ergebnisse. Es fehle noch an Personal, hieß es. Schließlich wurde ein Fabrikant für Elektroteile aus dem Hausruckviertel gefunden, der die technische Leitung übernahm. Dennoch kam die Sache nicht so recht in Gang. Umso intensiver agitierte Schappeller als Philosoph. Es bedürfe eines Quantensprungs in der Evolution, um die Probleme zu lösen. Dieser könne nicht durch politische Gewalt erfolgen, weder durch die bayrische Reaktion noch durch das Modell Mussolinis. Allein eine von hoher Ethik erfüllte Technik, kombiniert mit christlicher Wissenschaft, sei der rechte Weg. Seit dreißig Jahren betreibe er ein Naturstudium, das eine Alternative zur Schulwissenschaft darstelle. Jetzt sei es ihm gelungen, zahlreiche Entdeckungen der Atomphysik und Elektrochemie vorwegzunehmen. Die gesamte Technik sei aus der klassischen Mechanik in eine Dynamik zu verwandeln, die kosmische Energie durch Kanalisierung der freien Strahlung zwischen dem Weltraum und der Erde in kugelförmigen Kraftaggregaten nutzbar machen werde.

Versierte Finanziers, die beim Anlegen des ihnen anvertrauten Kapitals in der Regel größte Vorsicht walten ließen, waren von Schappellers rhetorischer Begabung, mit Fachausdrücken zu jonglieren, tief beeindruckt. Die magische Kunst des Urkraft-Mannes lag vermutlich weniger in der Gewinnung von Raumkraft als mit leerem Wortgeklingel Geld zu münzen. Was trieb diesen Mann an? War er größenwahnsinnig? Oder verstand er es, den in vielen Herzen schlummernden Größenwahn zu einer Epidemie anschwellen zu lassen und für sich zu nutzen? Größenwahn scheint hochinfektiös zu sein.

1929 nahm die Popularität des Meisters der Raumkraft gefährliche Formen an. Für den Wiener Journalisten Rudolf Kalmar eine gute Gelegenheit, sich mit einem amüsanten Bericht zu Wort zu melden. Er kannte das Gutachten von Thirring und besuchte Carl Schappeller in Aurolzmünster.

»Der erste Eindruck von Schappeller ist frappant: Groß, stark, breitschultrig, mit einer gewissen rustikalen Elegance. Schwarzes Jackett, prachtvoller Biberpelz, lässig über die Achsel geworfen. Seine Gesichtszüge sind eher derb. Unter einem kleinen englischen Schnurrbart verraten volle Lippen die Lebensfrische und Energie dieses Mannes. Ein Wald voll welligen graublonden Haaren wuchert auf dem massigen Bauernschädel über scharfen, blauglänzenden Augen. Es enttäuscht irgendwie, daß Schappeller mit ›Grüß Gott‹ empfängt, in unverkennbar absichtlich betontem oberösterreichischen Dialekt. Er bemüht sich nicht, den Mann von Welt zu markieren. Geboren in Aurolzmünster und durch eigene Kraft zum Schloßherrn geworden. Hier hat er Leim gekocht, die Werkstatt ausgekehrt und die Kuh seines Meisters auf die Weide getrieben. (…)«[6]

»Das Gespräch ist bald in Fluß. Wir sitzen an einem Tisch, dessen bunte Decke geschnörkelte Muster zieren. Mit ihrer Hilfe erklärt mir Schappeller seine neue, Welt-umstürzende Theorie. Dieser Kreis ist ein positiver Pol, dieser Blumenstern ein negativer Pol. Im Brandfleck einer unvorsichtig weggelegten Zigarette liegt die Erde. Wir sitzen im Kosmos. Primitive Schulstunde mit dem Unterrichtsgegenstand: Die Welt in ihren ewigen Problemen. Schappeller spricht nie präzise zur Sache. Auf den krausesten Umwegen über Religion und Moral, Politik und Weltanschauung gelangt er zu seinen Thesen. Man muß, um ihm folgen zu können, kein großer Physiker sein. Seine gedachten Experimente brauchen keine komplizierte Apparatur. Eine Kerzenflamme genügt ihm, ein glühendes Zündholz, eine Eisenplatte, die sich erhitzt und wieder abkühlt, der Stein, der zur Erde fällt. Er spricht vom Werden und Vergehen in der Natur, von den Samenkörnern, von den Jahresringen der Bäume, vom rieselnden Wasser, vom hartgefrorenen Eis. ›Ich mag die Techniker nicht leiden‹ – poltert er los – ›die im schroffsten Materialismus nur Maschinen sehen, dem sie mit ihrem Geist die Eingeweide herausreißen wollen. Mich interessiert das Spekulative, das Abstrakte in diesen Dingen viel mehr als die nüchterne Frage ihrer praktischen Verwendbarkeit. Ich stehe auf dem Standpunkt der freien Forschung, ohne einer Partei anzugehören, ohne ein Sektierer zu sein oder mich durch religiöse Probleme auf wissenschaftlichem Gebiet influenzieren zu lassen.‹«[7]

Stundenlang saß Rudolf Kalmar Schappeller gegenüber und verfasste hernach einen niederschmetternden Bericht. Interessant auch, was einer der schärfsten Kritiker Schappellers, der Wiener Physiker Professor Dr. Hans Thirring, Mitbegründer der österreichischen Gesellschaft für Parapsychologie, in seinem Gutachten über Schappeller schrieb. Demnach sprach er 1926 zweimal mit Schappeller persönlich. Thirring war ein Fachmann, der auf plumpen Unsinn nicht hereinfiel. Er hielt Schappellers Ansichten über Physik für »Bierschwefel«. Beide Male brach er das Gespräch ab. Allein das Zuhören dieses Geschwätzes sei einfach nicht auszuhalten gewesen.

Davon las auch der Schatzmeister von Exkaiser Wilhelm II. Er bekam kalte Füße und stellte sämtliche Zahlungen ein. Auch andere Geldgeber versuchten nun zu retten, was zu retten war. Am 6. März 1930 erreichte die Katastrophe ihren Höhepunkt. Schappellers Mobiliar in Aurolzmünster wurde versteigert. Schappeller unterschrieb einen Schuldschein von knapp 500 000 Reichsmark zugunsten des Kaisers bei 12 Prozent Verzinsung.

Bereits 1921 formulierte Siegfried Kracauer in der *Frankfurter Zeitung*: »Wenn Kriege und Revolutionen ein zerrüttetes, der Autorität bares Gemeinwesen hinterlassen, in dem der Kampf der Weltanschauungen weiter schwelt und jeden Augenblick schwere innere Unruhen zu entfachen droht, wenn hohlwangiges Elend sich in chiliastischen Wahnträumen wiegt und unaufhaltsam die letzten Bande des Vertrauens zerfrißt, dann beschwört heißeste Sehnsucht die Gestalt des großen politischen Führers herauf, von dem eine bedrängte Menschheit sich einzig Rettung verspricht. Die Phantasie des ganzen Volkes schwärmt dem Erwarteten entgegen, noch ehe er leibhaftig erschienen ist.«[8]

Die Soldaten, die aus dem Grauen der Materialschlacht heimgekehrt waren, hatten die entfesselte Kriegsindustrie und deren unbeherrschten Einsatz durch die Kriegsführung am eigenen Leib erlebt. Um der Fabrikarbeit und dem Nachkriegselend zu entkommen, kehrten viele in die Kasernen zurück oder schlossen sich paramilitärischen Organisationen an. Zum Zeitvertreib wandten sie sich auch dem Okkultismus zu in der Hoffnung auf gute Nachrichten aus einer besseren Welt.

Was für die Soldaten als spiritistisches Spiel am runden Tisch begann, wuchs sich in der Familie Schneider zur Gewissheit aus und verselbstständigte sich in der Existenz der beiden Brüder Willi und Rudi, nachdem sie von Parapsychologen gefördert worden waren. Letztere waren insofern aufgeklärter als die Spiritisten, da sie nicht an eine Parallelwelt glaubten, sondern an ein besonders aktives Unbewusstes, das in der Lage ist, Dinge fernzubewegen oder sich als Ektoplasma zu materialisieren. Die Mechanik der Umsetzung seelischer Kraft in physikalische Erscheinungen ist bis heute ein Rätsel geblieben.[9]

Die beiden Brüder Willi und Rudi, die in ärmsten Verhältnissen aufwuchsen, machten als Medien einer besonderen seelischen Kraft individuell eine ruhmreiche Karriere. In der wirren und bedrückenden Nachkriegszeit war das schon so etwas wie eine Wunscherfüllung, selbst wenn sie nicht ganz oben auf dem Siegertreppchen anlangten. Zwar mag ihre Seelenkraft physikalisch sehr potent gewesen sein, aber sie war sozialem Stress nicht gewachsen und konnte keine selbstbewusste Macht entwickeln. Sie war äußerst empfindsam und wurde schnell schüchtern und gehemmt. Waren bei den Schneider-Brüdern Skeptiker im Raum, warnte schon zu Beginn der Séancen der Vater der beiden, Josef Schneider, die Anwesenden, dass Unglauben zum Ausbleiben der Erscheinungen führen könne. Die Schneider-Brüder betraten schweigend »die Bühne«, fielen dort in Trance. Nur dann waren sie unschuldig an allem, was ihr Unbewusstes anrichtete. Nur im Zustand der Abwesenheit ihres Selbst wurden ihre Kräfte sichtbar und erreichten ein öffentliches Dasein.

An Selbstbewusstsein mangelte es dem Postmeister a. D. Carl Schappeller dagegen überhaupt nicht. Bei seinen »Auftritten« agierte er wie eine Rampensau. Mit meisterhafter Rhetorik gelangen ihm die Präsentationen seiner Glücksversprechungen. Seine Behauptung, durch »Urkraft« die Welt retten zu können, war von keiner Hemmung getrübt. Unermüdlich nutzte er die Sehnsucht der Menschen nach einem Ausweg aus dem Elend und verdrehte mit seinen Machtfantasien selbst den Gebildetsten den Kopf.

Die Faszination an Schappellers »Raumkraft« erklärte sich, wie erwähnt, aus der katastrophalen Situation Deutschlands und Österreichs nach dem verlorenen Ersten Weltkrieg; aus dem Mangel an allem, Mensch wie Materie, aus der hohen Arbeitslosigkeit, den immensen Reparationszahlungen und dem Gefühl der Machtlosigkeit durch weitgehende Entwaffnung.

Dr. Louis Gföllner, der Neffe des Bischofs von Linz und technischer Mitarbeiter Schappellers, beklagte interessanterweise den »mangelnden Lebensraum« des deutschen und österreichischen Volkes. Und: »Die Verzweiflung an einer besseren Zukunft, die weiteste Kreise unseres Volkes erfaßt hat, läßt eine erschreckende Gleichgültigkeit gegen den hohen Beruf und die besonderen Menschheitsaufgaben des deutschen Volkes in allen Schichten greifen. Das Volk lebt nur noch in den Tag (…) Für höhere Werte der Sittlichkeit und Kultur, für ein gelebtes Christentum haben nur wenige mehr den rechten Sinn, das Wort ›Vaterland‹ hat seinen erhabenen Klang in den Herzen von Millionen und Abermillionen Deutscher verloren.«[10]

Verzweifelt fragte man sich in solchen Kreisen, wie »die Wiedergesundung und Erneuerung des deutschen Volkes und des großdeutschen Reiches«[11] überhaupt erfolgen solle: »Wie aber, und diese Frage ist nicht minder wichtig, soll dieses Volk zu einer Wiedergeburt seines wahren Wesens gelangen? Wie soll es wieder gesund, groß und mächtig werden können?«[12] »Der Traum mancher dieser vaterländischen Organisationen, auf faschistischem Wege eines Tages die Herrschaft an sich reißen zu können und dann ›Ordnung zu schaffen‹, ist eine Utopie – so wie die Verhältnisse und die Machtmittel heute gelagert sind.«[13] Nur etwas grundlegend Neues könnte Rettung bringen. Und dieses ersehnte Neue war plötzlich da. Es war die Entdeckung Schappellers. Die durch ihn geweckte Hoffnung auf Erlösung in einem angestrebten Großdeutschland vereinte Nationalsozialisten und Katholiken.

Lola im Beruf

Lola als »Jesukindl«, Weihnachtstheaterspiele 1926

Meine Mutter wuchs im »christlich sozialen« Milieu von Braunau auf. Ihre Mutter war in der katholischen Frauenschaft aktiv. Ihr Vater trug Post aus. Eine höhere Schule gab es in Braunau nicht. Sie wurde für Frauen auch nicht für nötig befunden. Es gab ja katholische Strickkurse oder die Handelsschule. Letztere absolvierte meine Mutter, aber völlig lustlos. Sie war bekennend faul. Das änderte sich erst im Krieg und nach der Einheirat in die Buchhändlerfamilie meines Vaters. Mitte der 1950er-Jahre wurde ich in einem Internat untergebracht, damit sie auf die Buchhändlerschule gehen konnte. Sie wurde eine sehr gute Buchhändlerin. Wenn ein Kunde unbedingt eine Gesamtausgabe des Brockhaus kaufen wollte und nur der Meyer auf Lager war, ging dieser hernach höchstzufrieden mit dem Meyer nach Hause. Wenn Vertreter kamen und Bücher anpriesen, wusste sie bei jedem Buch genau, wem sie es verkaufen würde. Ihr gezielter Einkauf verhinderte, dass Ladenhüter in den Regalen verstaubten, Sie kannte sich in den Kundenseelen aus.

2011 starb meine Mutter fast neunzigjährig. Kurz danach fuhr ich nach Braunau, um mehr über ihr Leben zu erfahren. Ich wusste fast nichts über die Verhältnisse, in denen sie in Braunau aufgewachsen war. In Braunau kennt man meine Mutter nur unter dem Namen Lola. Außer Elli weiß niemand, dass ihr Spitzname »Lola« von Rudis Trancepersönlichkeit stammt. Was meine Mutter im Krieg wirklich erlebt hatte, darüber hat sie geschwiegen. Ich wusste von meinem Vater nur, dass ihre Freundin Elli Fotos, Briefe und Dokumente dazu besitzt. Ich rief sie an. Sie freute sich, von mir zu hören, und so besuchte ich sie.

»Sag mal, weswegen hat Lola eigentlich die kaufmännische Wirtschaftsschule vorzeitig abgebrochen?« fragte ich. »Wegen ihrer Stiefmutter?«

Ich begann mit einer Vermutung, wollte ihr zeigen, dass ich mir Gedanken gemacht hatte. Ich wusste, dass meine Mutter nicht gut auf die Stiefmutter zu sprechen war.

»Es war überhaupt keine gute Zeit«, sagte Elli. »Deine Großmutter war am 5. Oktober 1937 gestorben. Ich weiß das Datum noch genau. Schrecklich. Deine Mutter stand völlig unter Schock. Sie war erst sechzehn. Untröstlich. Wie eine Verlorene.«

»Trennungen waren für sie nie gut auszuhalten. Auch von mir nicht«, bestätigte ich.

»Seitdem ist sie an mir gehangen. Wir haben uns jeden Tag gesehen, waren dauernd zusammen.«

»Wann hattest du meine Mutter kennengelernt?«

»Im Sommer 1937. In der Handelsschule.«

»Und mein Großvater hatte gleich wieder eine Freundin.«

»Ja. Die Lola hielt das mit der Louise für Verrat. Ihre Welt geriet völlig aus den Fugen. Sie entwickelte einen unglaublichen Hass auf ihre Stiefmutter.«

»Lola hat immer ein Geschrei um die Louise gemacht. Ich fand die gar nicht so schlimm.«

»Es hat meine Mutter wohl sehr gekränkt.«

»Warst du schon am Friedhof?«, fragt Elli.

»Nein, wieso?«

»Ein Riesengrabstein, sag ich dir.«

»Und wer steht drauf?«

»Deine Großmutter Rosa, dein Großvater und die Louise. Der Karl groß und breit in der Mitte.« Sie sagte das deutlich missbilligend.

Sie erklärte mir, wie ich zum Friedhof käme und den Grabstein fände: »Wenn du reingehst, gleich rechts. Links der zweite Gang.«

»Sie hat meinem Großvater nie verziehen?«

»Sie war grenzenlos eifersüchtig. Lola war ein Zarterl. Wenn sie vom Friseur kam, war ihre Frisur gleich wieder hin. Bei mir hielt sie eine Woche.«

Wir lachten.

»Weshalb hat meine Mutter denn mit der Handelsschule aufgehört?«

»Wie ich eintrat, wollte sie schon wieder weg. Sie machte nur das Nötigste. Maschinenschreiben und Steno. Sie war einfach faul. Sie wollte es hinwegbringen auf die leichte Tour. Brauchst das alles eh nicht lernen.«

»Hat sie zu dir gesagt?«

»Sie ist nach dem ersten Jahr gleich wieder von der Handelsschule.«

»Hat sie´s nicht ausgehalten?«

»Kann man sagen. Sie drängte mich immer, dass ich auch geh.«

»Und du?«, frage ich.

»Mein Vater hat mir eingebläut, du machst die Handelsschule fertig. Nachher kannst du machen, was du willst.«

Ich zeigte ihr Mutters Abgangszeugnis. Note: Sehr gut. Am 15. August 1938 ausgestellt.

»Hat sie dann gleich Arbeit bekommen?«

»Sofort.«

»Wie das?«

»Durch den Anschluss. Der Hans, also einer Deiner Großonkels, war Leiter der Braunauer Parteidienststelle. Sie hat gleich bei ihm als Bürokraft anfangen können.«

»Er war also schon vorher in der illegalen NSDAP?«

»Eigentlich war er Druckerei-Schriftsetzer. Wie Dein Urgroßvater.«

»Wie war er?«

»Ein lustiger Mann. Hat immer Witze erzählt.«

»Und hat die Lola…?«

»… in die Position eingebracht! So einfach ging das.«

»Aus ihren Papieren weiß ich, dass sie am 1. Dezember 1938 als Stenotypistin im Arbeitsamt Braunau eingestellt wurde.«

»Das weiß ich nicht.«

»Du weißt doch sonst alles von ihr.«

»Nach der kaufmännischen Wirtschaftsschule haben wir uns aus den Augen verloren.«

»Warum das?«

»Ich hab die Schule weitergemacht. Sie nicht.«

»Sie war wohl beleidigt, vermute ich.«

»Ja. So war das. Zwei beleidigte Mädels.«

»Die sich eigentlich gernhaben.«

Ich zeigte ihr den Entlassungsbrief der Firma Rupert Gugg & Söhne, Braunau, Adolf-Hitler-Platz 45, und sagte: »Danach war sie seit dem 19. Juni 1939 bei Gugg in der Buchhaltung als Schreibkraft. Was machte die Firma Gugg?«

»Gugg war eine Feuerlöschfabrik. Die haben Feuerwehr-Motorspritzen hergestellt. Ich habe dann auch bei Gugg gearbeitet. Da haben wir uns wiedergetroffen.«

»Rein zufällig?«

»Ja. Rein zufällig.«

»Wie kamst du ausgerechnet zu Gugg?«

»Anfang 1940 war das. Nachdem ich die kaufmännische Wirtschaftsschule abgeschlossen hatte, kam die Schmelcher zu mir und hat gesagt, wir suchen so jemand wie dich. Du musst zu uns kommen.«

»Die Schmelcher? Wer ist das?«

»Die Inhaberin von der Firma Gugg.«

»Stadtplatz 45?«

»Dort war der Haupteingang. Ein Riesengebäude. Vom Stadtplatz um die Ecke, die Linzer Straße entlang bis runter zur Palmstraße und dann wieder ums Eck auch noch.«

»Und da bist du arbeiten gegangen?«

»Ja, und traf die Lola wieder.«

»Ihr wusstet nix voneinander?«

»Nein. Wir hatten uns aus den Augen verloren, nachdem sie von der Handelsschule gegangen ist.«

»Und wie war das?«

»Na gut war's. Wir waren wieder zusammen. Bei der Arbeit und in der Freizeit. Aber die Zeit bei Gugg war für uns nicht gut.«

»Warum nicht?

»Der Schmelcher, ihr Mann, war ein furchtbarer Menschenschinder. Der hat sich in die Firma eingeheiratet und spielte den Chef.«

»Warum hatte die Schmelcher so einen geheiratet?«

»Ihr Mann war gestorben, und dann hat sie halt ihn geheiratet. Dadurch ist er dort reingerutscht. Ein ganz unverschämter Kerl. Der war dafür in der ganzen Stadt bekannt.«

»Was hat er Euch getan?«

»Der hat sich aufgespielt. Dem hat gefallen, Chef zu spielen. ›Fräulein, ich muss Ihnen sagen, ich bin mit Ihnen nicht so zufrieden wie mit Ihrer Vorgängerin.‹ Deren Posten hatte ich übernommen.«

»Hat er das so gesagt?«

»Freilich. Der hat einen Brief, den die Lola geschrieben hat, genommen und vor ihren Augen zerrissen. ›Das müssen Sie nochmal machen Fräulein Schneider. Da war ein Tippfehler drin.‹ Ein winziger Vertipper auf der Seite und wir mussten die ganze Seite noch mal schreiben. In dem Büro war so ein großer langer Tisch. Da lag alles drauf, stapelweise. Da hat er zu mir gesagt: ›Suchen Sie mir bitte den und den Brief heraus.‹ Der war natürlich nicht zu finden. ›Sie sind unfähig.‹ Ständig versuchte der, uns beide auszuspielen. Der hat nie eine Geduld gezeigt. Das hat er mit allen so gemacht.«

»War er ein Nazi?«

»Die meisten Geschäftsleute in Braunau haben sich damals ganz schnell eingefärbt.«

Am 7. Oktober 1940 heiratete mein Großvater die Louise. Für Lola ein ganz schwarzer Tag. Ein Dreivierteljahr später, am 22. Juni 1941, überfiel Hitler die Sowjetunion. Er versicherte über den Volksempfänger, er habe diesen Krieg nicht gewollt. Er habe aus reiner Notwehr gehandelt. Er musste im Geheimen vorbereitet werden, um dem Erzfeind Deutschlands, der die Auslöschung des deutschen Volkes geplant habe, zuvorzukommen.

In der Ausgabe vom 25. Juni 1941, drei Tage nach dem Überfall auf die Sowjetunion, schreibt die Braunauer Wochenzeitung *Neue Warte am Inn*: »Im gewaltigsten Aufmarsch, den die Weltgeschichte kennt, sind am Sonntag die deutschen Soldaten in einer Front, die vom Nordkap bis zum Schwarzen Meer reicht, zum Kampf gegen den bolschewistischen Feind angetreten, der Deutschland und damit Europa vom Osten her bedroht. (…) Dieser Kampf war unausweichlich. Aus dem Aufruf des Führers und aus der Note des Auswärtigen Amtes geht dies mit aller Deutlichkeit hervor. Deutschland, das im August 1939 mit der Sowjetunion einen Vertrag in der Hoffnung abschloß, einen großen Beitrag zur endlichen Befriedung der Welt zu leisten, wurde von den Moskauer Machthabern in gemeiner Weise betrogen. Stalin und Molotow spielten ein Falschspiel. Sie steckten mit Churchill unter einer Decke. Zu diesem Verrat kam auch noch eine endlose Kette von Erpressungen und schließlich der lange vorbereitete Aufmarsch der Roten Armee mit dem Ziel, das Deutsche Reich zu überfallen. Den Vertrag mit Deutschland benützten die Machthaber im Kreml, um den Dolchstoß gegen das Reich vorzubereiten. Diese Gefahr wurde rechtzeitig erkannt. Der Führer hat, wie er in seinem Aufruf ausspricht, lange zu den Vorgängen geschwiegen. Er hoffte noch immer, daß sich die Sache zum Guten wende. Stalin und Molotow, die nie daran dachten, sich an den Vertrag zu halten, dachten aber nur an ein Ziel, an die Bolschewisierung Europas. Durch diese Rechnung wurde jetzt ein Strich gemacht. Das zweijährige diplomatische Zwischenspiel hat jetzt ein Ende. Das Schwert hat wieder das Wort.«

Hitlers Argumentation war ein Meisterstück der Propaganda und der psychologischen Kriegsführung. Die darin enthaltene Behauptung, er habe den Angriff und die Eroberung russischer Gebiete nicht gewollt, hört man heute noch vielfach, ist aber seit Jahrzehnten widerlegt. Hitler war es, der schon lange den Plan hegte, westliche Teile Russlands zu kolonisieren. Nach imponierenden Anfangserfolgen verschärfte sich die Lage bereits im Dezember 1941. Die Japaner griffen Pearl Harbour an. Die Rote Armee ging in die Offensive. Sie begann einen Partisanenkrieg. Am 11. Dezember erklärten Deutschland und Italien den USA den Krieg. Die Deutschen und Österreicher standen im Weltkrieg.

Ich fragte Elli, wie meine Mutter zu diesen Ereignissen gestanden habe. Elli antwortete nicht. Ich ließ nicht locker.

»Wie stand denn meine Mutter zur Partei?«

»Weißt du, deine Mutter hat sich immer nach oben orientiert.«

»Wie meinst du das?«

»Sie wollte nicht im Büro versauern.«

»Sondern oben mitspielen?«

Sie nickte.

»Hast du eine Ahnung, woher sie das hatte?«

Sie schwieg.

»Von ihrer Mutter«, meinte Elli nach einer Pause.

»Wie kommst du darauf? Ich dachte, das hätte sich erst später im Osteinsatz bei ihr entwickelt.«

»Nein. Ihre Mutter traf sich immer mit der Braunauer Prominenz.«

»Wo trafen die sich?«

»Na, im Café Post. Am Stadtplatz weiter unten, links. Gibt's heute so nicht mehr.«

»Ah ja. Und worüber redeten die?«

»Weiß ich nicht. Aber die Gespräche waren sehr hochtrabend.«

»Wie bei ›Auserwählten‹«?

»So etwa.«

»Ist die Lola da auch hin?«

»Sie schon. Sie war da gerne. Ich bin da nie hin.«

»Wurde da auch über Hitlers Erfolge gesprochen?«

»Sicher. Worüber sonst?«

»War man stolz auf den größten Sohn der Stadt?«

Elli schwieg.

Ich zeigte ihr ein Foto, das sie nicht kannte. Meine Mutter marschiert mit vier Männern und einer Frau über die stählerne Innbrücke. Zwei der Männer mit Krawatte und Jackett, zwei in Soldatenuniform. Die Gesellschaft scheint sich selbst sehr wichtig zu nehmen.

»Kannst du mir zu dem Foto etwas sagen? Hintendrauf steht: Herbst 1940.«

»Die kenn ich nicht.«

»Schau mal genauer hin. Das da ist meine Mutter.«

Auf der Innbrücke, meine Mutter Dritte von links, rechts neben ihr: Franz Wurm

»Weißt du, deine Mutter hat immer nach Männern Ausschau gehalten.«

»Kennst du einen von denen?«

Elli zeigte auf den, der neben meiner Mutter her läuft und sie anschaut. Ein kleiner Mann. Kaum größer als meine Mutter.

»Wer ist das?«

»Franz Wurm hieß der. Der war immer auf Brautschau. Der ist immer auf der Linzer Straße rumgehängt, um Mädels aufzureißen. Ich wohnte damals am Eck Palmstraße.«

»Und Lola?«

»War meistens bei mir.«

»Sie hat ihm schöne Augen gemacht, dem Wurm?«

»Hingerissen war sie.«

»Meine Mutter mit einem Wurm? Was war das für einer?«

»Der war bei der Luftwaffe.«

»Sie hatte sich in einen von der Luftwaffe verliebt?«, fragte ich verblüfft.

»Ich weiß, was du denkst. Dein Vater war auch bei der Luftwaffe.

Sie schaut mich an. »Den Wurm wollte sie damals heiraten.«

»Echt? Und er? Wollte der auch?«

»Der wollt nix von Heirat wissen.«

»Hat sie also nicht geliebt.«

»Das weiß ich nicht. Der hat immer nur gesagt: Des wird nix. Er müsse wieder nach Frankreich.«

»Um den Sieg über Frankreich mit Französinnen zu feiern?«

»Nach Frankreich hat er immer gesagt.«

»Also, er wollte nicht?«

»Wenn er heil aus dem Krieg zurückkäme, könne man ja wieder darüber reden. Der war aber nur ein kleiner Flieger.«

»Lola hat sich für Soldaten interessiert?«

»Das waren für sie gestandene Mannsbilder.«

»Deshalb ist sie später freiwillig in den Osten, in das besetzte Weißrussland?«

»Sie hat sich dafür interessiert«, antwortete Elli zögernd.

»Interessiert?«

»Na, durch den Wurm ist sie auf den Geschmack gekommen.«

»Also hätte sie lieber einen Offizier gehabt?«

»Na klar. Wie kommst du darauf?«

»Mein Vater war doch auch einer.«

»Hast recht. Hab ich noch nie so gedacht.«

Elli schien darüber nachzudenken.

»Das heißt, sie hat sich mehr für den Kragenspiegel interessiert.«

»Ja freilich. Je mehr drauf, umso besser.«

»Aber der Wurm war erst mal weg, und das hat euch einander wieder näher gebracht?«

»Kann man so sagen. Aber nur vorübergehend.«

»Bis dann ein anderer kam?«

»Ja.«

»Wer?«

»Der Sekretär des Gauleiters Oberdonau.

»Aha, das war dann was Ernstes.«

»Ja.«

»Heldenfelsen 1914–1918

Elli stand auf und holte ein Fotoalbum. »Ich zeige dir was.«

»Weißt du, wir waren immer zusammen. Jedes Wochenende unterwegs.«

»Im schönen Innviertel.«

Sie blätterte das Album auf.

»Das ist die Marienhöhe. Da waren wir oft am Wochenende.«

»Ist das weit von hier?«

»Drüben in Deutschland.«

»Wie hoch musstet ihr steigen?«

»200 Meter, denk ich. Hinter Simbach geht's direkt hoch zur Hütte. Dann geht es noch weiter, links zur Heinzelspitze, da war ein Waldcafé, und rechts hinauf zum Schellenberg. Da hat man einen Überblick über ganz Braunau.«

»Alles zu Fuß?«

»Na klar.«

»Schau, das ist der Heldenfelsen.«

Ich schaute mir die Fotografie genauer an und versuchte, die Inschriften zu lesen.

Ich las ihr laut vor:

Lenkst Wanderer du den Blick
In wonnevollem Schauen
zur Alpenkette
über stromdurchglänzte Auen
gedenk der Heide
wo die Getreuen Leben gaben
dass dieses schöne Land
soll Leben Freiheit haben.

»Das sieht man von da oben alles. Es ist wunderschön dort.«

»Wann war das?«

»Im März 41. Im Juni waren wir dann gemeinsam in Ferien. In Tirol. Vierzehn Tage mit dem Fahrrad.«

»Die ganze Strecke? Das ist doch weit!«

Sie zeigt mir ein Foto.

»Erst waren wir im Rimstig bei Prien. Da sind wir zur Herreninsel hinüber gerudert. Da lebt Lolas Tante. Die hat das Hörl-Haus geerbt.«

»Darunter litt sie immer, ich weiß.«

»Lustig. Lola mit Tirolerhut.«

Elli blätterte weiter.

»Stehst du da mitten auf der Autobahn?«, fragte ich.

»Das war bei Rosenheim. Die hat der Hitler gerade fertig gebaut.«

Und wieder zwei gleiche Fotos. Die beiden Frauen, dieselbe Kuh. Unter dem Foto von Elli steht: »Mit ihren Lieblingen«. Unter dem Foto mit Lola: »Wie die dazugehörige Gutsbesitzerin«.

»Die Rollenverteilung bei euch scheint ja ganz deutlich gewesen zu sein.«

Bei den nächsten Fotos war sie begeistert: »Das Stubaital. Da wurde es hochalpin. Guck mal die Aussicht zum Tal. Da war ich später immer wieder. Die Franz-Senn-Hütte (2170 Meter). Da haben wir Mittagspause gemacht bei der Sonnenwendbesteigung.«

Auf einem der Fotos sitzt meine Mutter im Schnee: »Mittagspause der unermüdlichen Gipfelstürmerin«. Blick vom Stubaier Gletscher zur Gräuelscharte.

Und so weiter. Und so weiter. Dann 1942. Pfingsten. Drei Fotos, aufgenommen im Salzkammergut während einer Schiffsrundfahrt. Das Schiff ist voll besetzt. Elli schaut in die Kamera, als ob sie Halt suchen würde. Auf die Rückseite hat meine Mutter geschrieben: »Eine kleine Erinnerung an unsere letzte Fahrt.«

Elli sagte nichts. Dann zeigte sie auf ein weiteres Foto.

»Das war auf dem Feuerkogel, einem Berg westlich von Ebensee.«

»Kein Bild von Lola?«

»Da war sie nicht mehr da.«

Elli steht im hochgeschlossenen Dirndl mit dem Rücken an einem hohen Zaun, an dem sie sich mit beiden Händen festhält.

»Mir kommt vor, als ob der Boden unter dir schwanken würde.«

»Es war schon schwer ohne Lola.«

»Auf allen Bildern schaust du gelöst in die Kamera. Da nicht.«

»Da war ich meiner selbst nicht mehr sicher.«

»Warst Du eine »Verlorene«?

»So war ich. Mein ganzes Leben. Ich hatte immer Angst, sie vergisst mich.«

Auf der Rückseite steht »Mit mütterlichem Blick.« Drei grausame Worte. Abwertend. Vermutlich kannte sie ihn schon, ihren SS-Mann, der bereits im Osten war und eine hohe Funktion innehatte. Mich bewegte die Idylle, die verbindende Naturliebe der beiden Freundinnen. Diese unerschütterliche Treue von Elli. Die Stabile und die Instabile. Als gehörten sie fürs Leben zusammen.

»Was war denn eure schönste Tour?«

»Tirol.«

»Ein unvergesslicher Festtag«[1]

»Braunau am Inn feiert Deutschlands größten Sohn. Festlicher und eindrucksvoller als je zuvor wurde des Führers Geburtstag in Braunau begangen. Die Geburtsstadt Adolf Hitlers hatte ein einzig schönes Festkleid angelegt. Von den Giebeln der Häuser wehten unzählige Fahnen. Besonders reichen Festschmuck trug der Adolf-Hitler-Platz, die Adolf-Hitler-Straße mit dem Führer-Geburtshaus und die Linzer Straße. In der Mitte des Adolf-Hitler-Platzes, der in ein Meer von Rot, Gold und Grün getaucht war, stand, flankiert von Festtribünen, ein übergroßes Führerbild. Am unteren Teil des Platzes bei der Brücke flatterte die historische Hakenkreuzfahne, die den Führer am denkwürdigen 12. März 1938 beim Einzug in seine Heimat schon von weitem grüßte.

Der schneidige Spielmannszug der Hitlerjugend leitete den Festtagmorgen mit einem Weckruf ein. Alsbald rückten dichte Kolonnen der Hitlerjugend in die Stadt heran. Ungemein viele Festgäste kamen im Laufe des Vormittags hinzu …«

Bei einem erneuten Besuch fragte ich Elli: »Wie war die Stimmung bei der herrlichen Geburtstagsfeier 1942 für den Führer?«

»Kannst du dir doch denken.«

»Euphorisch?«

»Und wie.«

»Und ihr musstet beim Schmelcher im Büro sitzen und schmoren?«

»Was denkst denn du? Nicht an diesem Tag. Der war natürlich dafür, dass wir dahin gehen. Der hat sich selbst ganz vorne hingestellt. Damit ihn alle sehen.«

»Und ihr?«

»Wir haben uns das Ganze von oben angeschaut. Im Stadtplatz 36, zweiter Stock. Bei den Schneiders.«

»Waren alle da?«

»Weiß nicht mehr. Glaube schon.«

»Und meine Mutter?«

»Was denkst du?«

»Die war bestimmt freudig erregt.«

»Schließlich war ich ja auch dabei.«

»Gauleiter und Reichsstatthalter Pg. Eigruber wurde bei seinem Eintreffen um 14.30 Uhr am Adolf-Hitlerplatz von Kreisleiter und Bürgermeister Pg. Fritz Reithofer begrüßt.

Zum Empfange hatten sich weiter eingefunden der SA-Brigadeführer Nohel, der NSKK[2]-Brigadeführer Pg. Mayer, Gaupropagandaleiter Irkowsky, Gauobmann Stadlbauer, Gauinspektor Schachermeyer, SA-Oberführer Prohaska, Gauschatzmeister Geiginger, Gebietsführer Reß, Gebietsführerin Rotraut Liebenwein, der SS-Abschnitt-Sturmbannführer Stichnoth, ein NSFK[3]-Hauptsturmführer Bankenhun, Polizeipräsident SS-Standartenführer Dr. Plakolm, Landrat Dr. Beer, der Standortälteste Hauptmann Eurich mit einer Offiziersabordnung der Wehrmacht, die Ratsherren, geführt vom Ersten Beigeordneten der Stadt, Pg. Raupach, und vielen anderen Politischen Leitern und Leiterinnen.

Vor dem festlich geschmückten Führer-Geburtshaus folgte nun in sehr feierlicher Form die Aufnahme der Zehnjährigen in die HJ.

Der Gauleiter erinnerte die Pimpfe und Mädel vor allem daran, daß sie in einem entscheidungsreichen Jahre im Angesicht des Führer-Geburtshauses in die HJ Aufnahme finden. Auch der Gebietsführer und die Gebietsmädelführerin hielten kurze Ansprachen.«

»Die Braunauer kamen sich an diesem Tag bestimmt als besonders Auserwählte vor?«

»Kannst's dir ja vorstellen. Die glaubten, sie könnten die heranstürmende asiatische Flut aufhalten …«

»… Zumindest ihren bereits gegen den jüdischen Bolschewismus erreichten Sieg festigen.«

»Jeder hatte das Gefühl, er spiele bei der Entscheidungsschlacht ums Abendland eine wichtige Rolle.«

»Als Braunauer hat man schließlich eine besondere Verantwortung.«

Sie lacht.

»Und der Schmelcher?«

»Der doch net.«

»Aber meine Mutter?«

»Die schon.«

»Von 15.30 bis 17 Uhr folgten prächtige Sing-, Tanz- und Spielvorführungen der Jugend auf der Festtribüne in der Stadtmitte.

Vor dem Führer-Geburtshaus nahm um 17 Uhr Gauleiter Eigruber den strammen Vorbeimarsch der nach dem Huldigungsmarsch in die Stadt zurückkehrenden Formationen ab. (…)

Im Gruß an den Führer flocht der Gauleiter die Versicherung, daß er auf uns bauen kann, daß unsere ganze Kraft, unser Geist und unser Leben einem Ziel gehören: dem deutschen Sieg! Komme, was wolle, und wer immer auch gegen uns stehen und sein mag, wir Nationalsozialisten stehen zum Führer, unser Leben gehört nur ihm! Dieses Gelöbnis senden wir unserem Führer zu dieser Stunde aus Braunau ins Feld.

Mächtig brauste das ›Sieg Heil dem Führer!‹ auf, worauf mit den Liedern der Nation die nachmittäglichen Veranstaltungen ihren Abschluss fanden.«

»Wie kam Lola zum Osteinsatz?«

»Bei der Firma Gugg kündigte ein Angestellter.«

»Wie hieß der?«

»Ich weiß nicht mehr, wie der hieß.«

»Der hatte auch keine Lust mehr auf Schmelcher?«

»Der hatte Lust auf Weißrussland. Es hieß, dort entstünde eine neue deutsche Kolonie. Da würde er hingehen. Die wollte er mit aufbauen helfen.«

»Das hat meine Mutter mitbekommen?«

»Nicht nur mitbekommen: Sie war von der Idee völlig begeistert. Sie hat sich gleich beim Anwerber gemeldet, der in Braunau nach Freiwilligen für den Dienst im Osten suchte …«

»… und hat gekündigt.«

»Na klar.«

»Du wolltest nicht mit?«

»Weißt du, die Lola hat immer etwas gemacht, was ihr günstiger erschien. So ist sie nach Osten.«

Dass Elli keine Abenteurerin wie meine Mutter war, war mir wieder einmal klargeworden. Sie war bodenständig und ängstlich.

»Am Abend flammte am Adolf-Hitlerplatz, in der Adolf-Hitlerstraße, sowie in der Linzer Straße eine feenhafte Beleuchtung auf. Alle Fenster waren festlich beleuchtet. Das Führer-Geburtshaus allein erstrahlte im Glanze von 1200 Glühbirnen. Tausend Lampen zierten den 98 Meter hohen gotischen Kirchturm der Stadt bis zur Uhrhöhe und die Zinnen des Stadtturmes. Mehrere Scheinwerfer hoben das Bild des Führers aus der Nacht.

Fanfarenklänge vom Stadtturm der Hitlerjugend, Märsche und Lieder des Gaumusikzuges vom NSKK am Adolf-Hitlerplatz und der altehrwürdige Klang aller Glocken beschlossen in feierlicher Weise den Tag des Gedenkens an Deutschlands größten Sohn.«

Am 12. Mai 1942 beendete meine Mutter das Arbeitsverhältnis als Schreibkraft bei Gugg. Sie verließ die kleinbürgerliche Enge von Braunau in der Hoffnung auf ein bedeutsameres Leben. Vor dem Einsatz im Osten musste sie an einer Schulung in Potsdam teilnehmen. Ein Foto, das sie ihrer Freundin in Braunau zuschickte, datiert auf den 5. Juni 1942, zeigt die »Kriegsschüler« vor dem ehrwürdigen

Schloss Sanssouci. Dessen ehemaliger Hausherr, Friedrich II., war das große Vorbild für Adolf Hitler. Ich bin sicher, dass das Ambiente ihr gefallen hat. In herrschaftlicher Umgebung fühlte sich meine Mutter immer wohl, egal ob in Kirchen oder Schlössern. Elli antwortete ihr mit einem Foto von sich, mit traurigem Blick. Auf die Rückseite schrieb sie: »Vergiss Deine Freundin nicht.«

Ausschnitt aus einem Gruppenfoto auf der Treppe vor dem Schloss Sanssouci während des Vorbereitungskurses auf den Osteinsatz. Zweite von links: meine Mutter

Dr. Ludwig Ehrenleitner

Die Sonne erkaltet. In den Fenstern versinkt das Abendlicht. Im flachen Wasser des Inn spiegelt sich die Altstadt. Der riesige Kirchturm wirkt noch mächtiger als sonst. Der Sog verstärkt sich. Senkrecht ragt die Rückwand des Hauses der Urgroßmutter. Unerreichbar. Der Inn ist gefährlich. Im Sog lässt sich ein Simbacher hinaustreiben.

»Komm!« ruft er mir zu. »Du schaffst es.«

»Ich bleibe.«

Die Strömung nimmt zu. Die Uferböschung bietet keinen Halt mehr. Der Simbacher ist bereits weit flussabwärts unter der Innbrücke..

Am 25. Mai 1942 begann das Dienstverhältnis meiner Mutter als Reichsangestellte. Mit dem Zug ging es von Potsdam nach Minsk, der Hauptstadt von Weißrussland. Sie bekam einen Arbeitsplatz im Generalkommissariat zugeteilt, der zivilen Hauptverwaltung im besetzten Weißrussland, als Schreibkraft des Gebietskommissars Dr. Ludwig Ehrenleitner, auch ein Oberösterreicher wie sie selbst. Aus dem Hausruck, das direkt an das Innviertel angrenzt.

Ich habe nur wenige Fotos aus der Zeit, in der meine Mutter im Osteinsatz war, in ihrem Nachlass gefunden. Darunter eines mit einem großen Verwaltungsgebäude. Vermutlich der Sitz des Generalkommissariats von Minsk. Generalkommissar war Wilhelm Kube. Ein altgedienter Nationalsozialist und glühender Antisemit. Bei systematischem Judenmord bekam er dann doch Skrupel. Ein anderes Foto zeigt massive Zerstörungen der Stadt, vermutlich durch Bomben. Briefe oder Nachrichten von meiner Mutter aus dieser Zeit fand ich keine.

Ludwig Ehrenleitner (Zweiter von rechts)

»Hat sie dir aus Russland geschrieben?«, fragte ich Elli.

»Sie hat mir immer aus Russland geschrieben.«

»Was hat sie geschrieben?«

»Ich solle doch auch nach Russland kommen. Es sei so toll dort.«

»Und? Du bist doch nicht hingefahren. Oder?«

»Warum sollte ich fahren?«

»Ja, warum solltest du fahren? Du warst ja verlobt!«

»Geh, hör auf. Mit dem war doch nix.«

»Haben dich seine übersinnlichen Fähigkeiten nicht beeindruckt?«

»Nein, gar nicht.«

»Und warum nicht?«

»Er hat immer damit angegeben. Mit allem hat er angegeben. Aber meistens war nichts dran.«

»Und Lola?«

»Die war ganz narrisch mit dem Zeug. Die war ja der Liebling vom Rudi. Die war ganz abergläubisch.«

Elli schwieg, als ginge ihr gerade viel durch den Kopf. Dann sagte sie: »Lola wollte immer, dass wir wieder beisammen sind.«

»Aber nach ihren Bedingungen.«

»Sie wollte nicht mehr zurück, weißt du.«

»Was weiß ich?«

»Ach nix.«

»Warum wollte sie nicht zurück?«

Elli schaute mich lächelnd an. »Sie hat sich dort gleich wieder verliebt.«

»Jetzt sag nur, in einen SS-Mann.«

»Freilich. In wen sonst.«

»Na, deiner war doch auch ein Brauner.«

»Mein späterer Mann war keiner. Mit dem wurde ich glücklich.«

»Jetzt sag schon. Wer war's?«

»Ihr Chef.«

»Der Dr. Ehrenleitner, der Gebietskommissar von Minsk-Land?«

»Woher weißt du denn schon wieder alles?«

»Von meinem Vater. Der hat mir immer erzählt, Dr. Ehrenleitner sei ein feiner Mann gewesen.«

»Du, das war was Ernstes mit den beiden.«

»Das hat sie dir auch geschrieben?«

»Stell dir vor, dessen Mutter hat Lola geschrieben, dass ihr Sohn so glücklich sei, so ein nettes Mädel gefunden zu haben.«

»Wollten die beiden heiraten?«

»Ich denk schon, dass das was Ernstes war.«

Ich zeigte ihr ein Foto, das ich im Nachlass gefunden hatte, und frage sie:

»Ist es der? Der Zweite von rechts. Das wird er sein.«

»Meinst du? Und schau mal die, die links neben ihm steht, die scheint auch interessiert gewesen zu sein. Wie die nach ihm stierlt.«

»Einen attraktiven Auftritt hatte er schon.«

»Das hat der Lola imponiert. So war sie halt«, seufzte Elli.

»Hab ich auch den Eindruck. Sie wollte doch immer nach oben, hast du gesagt.«

»Das wäre natürlich in Braunau nicht gegangen«, bestätigte Elli.

»Beim Gugg bestimmt nicht.«

»Als einfache Schreibkraft in der eigenen Stadt mit einem SS-Obersturmbannführer anbändeln, das Gerede musst du aushalten können.«

»Hat sie sonst was erzählt?«, fragte ich.

»Sie hätten öfters Ausflüge gemacht. Er hat sie auf Dienstreisen mitgenommen. Von denen hat sie immer begeistert geschrieben.«

»Ausflüge wohin?«

»Das weiß ich nicht mehr.«

»Hast du noch die Briefe?«

»Weiß nicht.«

»Du hast sie noch?«, drängte ich.

»Ich glaube, sie wollte, dass das alles verbrannt wird.«

»Warum glaubst du?«

»Weil sie den so geliebt hat, wollte sie unbedingt, dass ich alles verbrenne.«

»Aber du hast sie noch. Sag!«

Elli machte dicht. »Ich weiß es nicht.«

»Aber du hast den Bericht von Ehrenleitner, den dir meine Mutter zur Verwahrung gegeben hat?«

Sie zögerte mit der Antwort.

»Ich hab ihr versprochen, die Sachen zu verbrennen. Ich will nicht, dass alles breitgetreten wird.«

Sie war vorsichtig, wollte mir nichts herausgeben. Versprechungen müssen über den Tod hinaus halten.

Ich war ganz schön verwirrt. Da saß ich mit der neunzigjährigen Elli, die mich als kleinen Jungen zum letzten Mal gesehen hatte, und plauderte mit ihr über Mutters Liebesleben. Ihr schien es eine Riesenfreude zu bereiten, mit mir ganz locker darüber zu reden. Mich bedrückte das alles. Zugleich war ich enttäuscht. Mein Ziel, den Bericht, von dem mein Vater immer gesprochen hatte, von ihr zu bekommen, rückte in immer weitere Ferne.

Ich verabschiedete mich. Ich hätte noch einen Termin in Braunau. Das stimmte zwar nicht, aber ich musste das Gesagte erst mal verarbeiten. Von diesem Liebesverhältnis hatte mir mein Vater nichts erzählt. Verständlicherweise. Obwohl er wahrscheinlich davon wusste. Frauen erzählen anfangs immer gerne von früheren Liebhabern.

Ich ging in ein Café am Stadtplatz, um mir die Personalakte Ehrenleitners genauer anzuschauen.[1] Die hatte ich ein paar Tage zuvor als Kopie aus dem Oberösterreichischen Landesarchiv zugestellt bekommen. Aus den circa vierzig Seiten geht hervor, dass Dr. Ludwig Ehrenleitner aus dem Hausruck stammte, 1910 in Hausruckedt geboren wurde, etwa 60 Kilometer östlich von Braunau. Er war 32 Jahre alt, als meine Mutter mit 21 bei ihm als Schreibkraft anfing. Nur 160 Zentimeter groß – wie meine Mutter.

»Ehrenleitner besitzt einen festen Charakter und hat ein sicheres Auftreten«, heißt es in mehreren Beurteilungen. Er selbst erklärte sich folgendermaßen: »Ich bin Deutscher, bin arischer Abstammung, gehöre keiner Freimaurerloge und keinem Geheimbund an, habe diesen auch früher nie angehört und verspreche, die Bewegung mit allen Kräften zu fördern.«

Seine Karriere war mittelsteil, würde ich sagen. Ab 1928 gründete er HJ-Ortsgruppen und wurde schließlich Geldverwalter der HJ im Gau Oberdonau. 1930 trat er in die NSDAP ein, baute im Hausruck die SA zum Sturmbann aus. Jurastudium in Wien. Als 1934 in Österreich die Hakenkreuzpartei verboten wurde, blieb er weiter illegal politisch tätig. Mehrmals musste er deswegen ins Gefängnis. 1936 trat er in die SS ein. 1937 SS-Oberscharführer, 1939 Untersturmführer, 1941 Obersturmführer, Mitglied der Waffen-SS, der Luftwaffe, des Vereins »Lebensborn« und so weiter. Von April 1938 bis Juli 1941 war er Präsidialsekretär des Gauleiters von Oberdonau, August Eigruber. Der vertraute ihm wohl, denke ich mir.

1941 wurde er zum besonderen Einsatz an das Reichsministerium für die besetzten Ostgebiete berufen. Im September wurde er Gebietskommissar in Weißrussland. Ein dynamischer Springertyp, geeignet, neue Ideen zu entwickeln und umzusetzen. Er unterstand dem Generalkommissar Wilhelm Kube, dessen Politik er nahe stand. Kube versuchte, die Sympathien der weißrussischen Bevölkerung zu gewinnen. Er bezeichnete die Weißrussen als »gesundes Bauernvolk« und verhieß ihnen eine »Auferstehung des weißruthenischen Volksbewusstseins«.

Dann fand ich noch etwas Interessantes, einen Brief Ehrenleitners an den Reichsführer SS Heinrich Himmler: »Ich bitte um die Papiere für die Heiratsgenehmigung.« Datiert mit 3. Februar 1942. Da plante er wohl, zu heiraten. Meine Mutter? Die war doch noch nicht in Minsk. Kannten sie sich bereits? Vermutlich nicht. Aber wer weiß.

Gibt es ein Foto von Ehrenleitner? Ich hatte alle Fotos, die meine Mutter aus der Zeit des Osteinsatzes hinterlassen hatte, zu meinem Besuch bei Elli mitgenommen. Obwohl es nicht sehr viele gab, waren sie in einem ziemlichen Durcheinander, als ich sie vorab betrachtete. Manche hatten auf der Rückseite Beschriftung. Die meisten aber nicht. Wie konnte ich sie ordnen?

Leichter als ich dachte. Durch Größe, winzige Farbunterschiede und unterschiedlich eingekerbten Zierrand ließen sich Gruppen herstellen. Wie beim Patiencelegen machte ich kleine Häufchen. Die größte Gruppe: uninteressante Urlaubsaufnahmen, die in Wilna (Vilnius) entstanden, Fotos, die man gedankenlos macht, wenn man verliebt ist und später den Ort vor Augen haben will, um sich erinnern zu können, wie schön es mal war. Vermutlich entstanden sie bei einem der Ausflüge mit Ehrenleitner. Eine zweite Gruppe: uninteressante Erinnerungsbilder mit Prachtgebäuden und hohen Türmen, die üblichen Sehenswürdigkeiten.

Eines dieser Fotos zeigt eine Sehenswürdigkeit besonderer Art: einen Bretterzaun, über 3 Meter hoch, der einen Stadtteil abtrennt: das »Judenghetto«. Das Foto ist so klein, dass ich es mit der Lupe betrachten musste:

Auf zwei großen Schildern steht: »Achtung Judenviertel! Seuchengefahr! Eintritt strengstens verboten! Zutritt ist nur besonders befugten behördlichen Personen erlaubt. – Das Mitbringen von Lebensmitteln und Holz ist verboten.« Vor der kleinen Eingangstür eine Menschenschlange, die Einlass sucht. Sie werden kontrolliert. Vermutlich Zwangsarbeiter.

Drei kleine, leicht unscharfe Fotos fielen mir besonders auf. Auf einem stehen drei Damen in Reiterhosen. Die mittlere ist unverkennbar meine Mutter »Lola«. Sie steht lässig da, entspannt, lacht fröhlich, während die beiden anderen eher zurückhaltend wirken. Auf

der Rückseite lese ich, von meiner Mutter in Sütterlin geschrieben: »Lahoisk, Ostern, 25. April 1943«.

Auf einem weiteren Foto hilft ein dünner Mann im weißen Jackett einer dieser drei Frauen, der mit weißer Bluse, einer Frau Reusing, beim Aufsteigen auf ein Pferd. Auf der Rückseite steht: »Dr. Dirlewanger hat schweren Dienst.« Ein lustig klingender Satz. Ich vermute, das Foto hat Ehrenleitner gemacht, auf einem Gutshof in Lahoisk, während einer ihrer Reisen. Im Internet finde ich später den Ort. Lahoisk liegt nördlich von Minsk, 25 Kilometer entfernt.

Dr. Dirlewanger? Der Name kommt mir bekannt vor. Doch woher? Plötzlich taucht ein Bild, eine Situation aus meiner Kindheit auf, fest im Gedächtnis verankert. Es war Schlafenszeit. Ich lag wie so oft zwischen meiner Mutter und meinem Vater in deren Doppelbett. Wie fast jeden Abend blätterten beide zur Entspannung in Illustrierten, vielleicht *Quick*, oder *Revue*. Ich sehe das ganzseitige Porträt eines hageren, ausgezehrten Schädels, eingefallene Wangen, ausgemergelt wie ein Totenkopf. Gruselig, unheimlich wirkte er. Ich konnte damals schon lesen. »SS-Sonderbataillon Dirlewanger«, entzifferte ich die Schlagzeile. Auf der nächsten Seite das Foto eines brennenden Dorfes. Darunter ein Foto mit verdreckten Soldaten, bewaffnet mit Gewehren. Sie lachen in die Kamera wie Männer in amerikanischen Spielfilmen – *Das dreckige Dutzend* oder *Die glorreichen Sieben*. Männerfilme; ich sah sie gerne.

Meine Eltern regten sich über den Artikel auf. Die Zeitschrift wanderte zwischen ihnen hin und her. Sie schienen sich auszukennen, tauschten Meinungen darüber aus, als ob sie alles besser wüssten. Was sie sagten, erinnere ich nicht. Aber ich bekam mit, dass es sich bei den Soldaten um Strafgefangene handelte, die auf Bewährung an die Front geschickt wurden. Warum lachten sie so entspannt?

Dr. Oskar Dirlewanger (1944)[2]

Sie schienen keine Angst zu haben. Warum? Ich glaubte, Sonderbataillon sei eine Art Todesstrafe. Kanonenfutter. Kampf bis zum letzten Mann. Wer überlebt, ist frei. Die Fantasie vom Überlebenskampf dieser Männer faszinierte mich. Die mich so ängstigende Gestalt des Mannes auf der ersten Seite des Artikels war der Kommandeur der Truppe: Dr. Oskar Dirlewanger. Jetzt, wo ich ein Foto von ihm in der Hand hielt, war ich schockiert. Ich ahnte nichts Gutes. Wie war meine Mutter mit so einem Menschen in Berührung gekommen?

Wer war dieser Dr. Dirlewanger? Meine Recherche bringt Erschreckendes: ein berüchtigter, gnadenloser Massenmörder. Ich lese überall, Hitler habe ihn bewundert. Von Hitler selbst stamme die Idee, ein »Sonderbataillon Dirlewanger« zu gründen, eine Mördertruppe, die hemmungslos durch Blut watet. Dirlewanger hatte den Auftrag, verurteilte Wilderer aus Gefängnissen zu rekrutieren. NS-Größen romantisierten gerne primitive germanische Typen, die gegen die Tyrannei des Gesetzes agierten. Man gewährte ihnen Bewährung, wenn sie bereit waren zu morden. Mit dem Russlandfeldzug wuchs diese Einsatztruppe vom Bataillon zum Regiment und zur Brigade. Sie wurde erweitert mit Berufsverbrechern, Kollaborateuren aus der Ukraine, aus Ungarn und Lettland. Sie löschten in Weißrussland Hunderte Dörfer auf grausamste Weise aus.

Die Methode war immer dieselbe. Bestand nur der geringste Verdacht, dass die Einwohner eines Dorfes mit Partisanen Berührung hatten, wurde das Dorf mit einem Ring von Dirlewangers Kämpfern und anderen Polizeieinheiten umzingelt, sodass keiner entkommen konnte. Nach und nach rückten sie vor und verkleinerten den Ring, bis das Dorf ganz eng umstellt war. Sämtliche Dorfbewohner wurden aufgefordert, sich auf dem Dorfplatz zu versammeln. Sie wurden identifiziert und in eine Scheune gesperrt. Junge Mädchen durften draußen bleiben. Sie wurden später einer sexuellen »Sonderbehandlung« unterzogen und anschließend ermordet. Die Scheune wurde verriegelt, mit Benzin überschüttet und angezündet. Dann schossen die »Kämpfer« wahllos in das brennende Gefängnis. Der russische Spielfilm *Geh und sieh* (1985) hat die Vorgänge rekonstruiert. Es gibt ihn auf DVD. Er wirkt nicht wie Fiktion, sondern dokumentarisch. Ich assoziierte bei der Ansicht sofort den Islamischen Staat.

Auf dem Foto (Seite 185) gibt sich meine Mutter entspannt fröhlich. Hatte sie gewusst, was Dr. Dirlewanger als Bataillons-Kommandeur machte? Ich wollte herausfinden, was sie von den »Aktionen« wusste. Wie viel vom diesem grausamen Vernichtungskrieg, der einem Viertel der weißrussischen Bevölkerung das Leben kostete? Kürzlich erfuhr ich, dass ein weiteres Viertel zur Zwangsarbeit deportiert wurde und viele dabei zugrunde gingen.. »Bei Kriegsende war die Hälfte der weißrussischen Bevölkerung getötet oder umgesiedelt. Das lässt sich von keinem anderen europäischen Land sagen.«[3]

Ich wollte es wissen. Ich hatte immer gehofft, durch Elli an den Bericht von Ehrenleitner zu kommen, von dem mein Vater immer wieder sprach. Nach seinen Worten musste es ein kritischer Bericht sein, der die schrecklichen Auswüchse dokumentierte. Meine Mutter habe ihn Elli zur Aufbewahrung gegeben, sagte mein Vater, für alle Fälle. Gab Elli ihn jetzt nicht heraus, weil sie den Inhalt kannte?

Ich kam einen Schritt weiter, als ich, nach Frankfurt zurückgekehrt, einen Brief vom Bundesarchiv in Berlin vorfand. Auf meine Anfrage hin schickte man mir die beglaubigte Abschrift eines Berichtes, den Ehrenleitner verfasst hatte, datiert vom 21. März 1943.[4] Hat meine Mutter ihn getippt? Der Bericht ist adressiert »An den Herrn Generalkommissar Gauleiter Wilhelm Kube, Minsk / Weißruthenien«. »Betr. Politischer Lagebericht S l o n i m. Bezug: Mein Lagebericht Slonim vom 17.3.43. Punkt IV, lit.3.«

Ich war zunächst enttäuscht. Der Hauptbericht, auf den ich gehofft hatte, war dies nicht, nur dessen Ergänzung. Der Hauptbericht, wie ich nach und nach feststellte, taucht nirgends in der Literatur auf, nur diese Ergänzung. Umso schmerzlicher, dass Elli ihn nicht herausgeben wollte.

»Der politische Lagebericht fasst alle Beobachtungen zusammen, die ich während meiner Urlaubsvertretung als Gebietskommissar in Slonim gemacht habe, in der Zeit vom 16. Februar bis zum 16. März 1943.«[5] Ehrenleitner umreißt nochmals die Situation. Demnach gäbe es im Gebiet Slonim noch zwei große Bandengebiete mit einer Stärke von je 1500 Mann. Eine weitere Bande sei kürzlich in einer Aktion von Oberstleutnant Grieb bereinigt worden.[6] Das Ergebnis kenne er noch nicht.

Die Aussage, es gäbe *noch* zwei Bandengebiete, kann doch nur heißen, dass es einmal mehr gegeben hat. Das heißt, sie sind *bereinigt* worden. Nach der Methode Dr. Dirlewanger, vermute ich. Zwischen den großen Bandeneinheiten, schreibt Ehrenleitner weiter, treiben sich kleine Trupps zu drei bis fünf Mann herum, die bei den Bauern für die großen Bandenzentren plündern und Personal rekrutieren. »Bemerkenswert ist nun bei den beiden angeführten Zentren, daß beide Gebiete vor einigen Monaten im Rahmen von Gottberg-Aktionen[7] ausgeräumt, die bäuerliche Bevölkerung zum Teil liquidiert bzw. in das Reich abtransportiert worden ist und daß sich nunmehr trotzdem in diesen selben Gebieten wiederum bemerkenswerte Bandengruppierungen gebildet haben. Das allein ist Beweis genug dafür, daß lediglich Polizeiaktionen allein die Bandenfrage niemals lösen werden. Ich bin fest davon überzeugt, dass die Liquidierung der Bevölkerung von zwei Dörfern nicht nur nicht die Partisanen trifft, sondern im Gegenteil weite Kreise der Bevölkerung den Partisanen direkt in die Hände treibt.«

Das sind kritische Worte, die an jemanden gerichtet werden, von dem man annimmt, dass er dafür empfänglich ist. Der Generalkommissar Wilhelm Kube hat Zweifel. Er gilt als Freund der Weißruthenen und will, wenn er kann, Juden, die im Ersten Weltkrieg gekämpft haben, von der Vernichtung ausnehmen..

Der »Generalplan Ost« sah eine Kolonisation Weißrusslands vor. Die »Kampfgruppen von Gottberg« und die SS-Sondereinheit Dirlewanger« führten aber eine Entvölkerung des Landes unter dem Deckmantel »Bandenbekämpfung« rigoros durch. Zusammen mit anderen Ordnungskräften vernichteten ihre Einheiten in Weißrussland 5295 Dörfer auf bestialische Weise. Für Kube und Ehrenleitner führte die inzwischen eingeschliffene Praxis, möglichst viele Zivilisten umzubringen, nicht zum vorgegebenen Ziel.

Der Russlandfeldzug begann am 22. Juni 1941 mit dem Überraschungsangriff der deutschen Wehrmacht auf Russland. Es war ein Überfall, auch wenn Hitler immer behauptet hatte, er habe einem bevorstehenden sowjetischen Angriff zuvorkommen müssen. Die kurz vor dem Angriff aufmarschierenden russischen Truppen dienten in Wahrheit allein der Verteidigung. Hitler hatte von langer Hand geplant, den gesamten europäischen Teil der Sowjetunion zu erobern, die politischen und militärischen Führungskräfte zu ermorden und große Teile der Zivilbevölkerung zu dezimieren und zu entrechten. Geplant war, Millionen Kriegsgefangene und Zivilisten dem Hungertod zu überlassen. Auf Grund des »Generalplan Ost« sollten große Teile der Bevölkerung vertrieben oder ermordet werden, um die eroberten Gebiete germanisieren zu können..

Zu Beginn verlief der Russlandfeldzug überraschend gut. Das deutsche Heer kam durch schnelle Frontdurchbrüche, Einkesselungen großer Verbände der Roten Armee, deren Zerschlagung beziehungsweise Überrollen zügiger als erwartet voran. Aber die drei Millionen dafür eingesetzten Soldaten reichten bei Weitem nicht aus, um die fast 3000 Kilometer lange Front von der Ostsee bis zum Schwarzen Meer zu sichern. Zudem war der Vormarsch mit hohen Verlusten erkauft worden. So bildete sich hinter der deutsch-sowjetischen Frontlinie ein ungesichertes Vakuum. Zahlreiche Rotarmisten, die überrollt worden waren, schlossen sich zu Partisanengruppen zusammen. Die Zahl dieser Gruppen wuchs innerhalb von wenigen Monaten rasant. Teilweise rückten weitere Partisanengruppen durch die Frontlücken nach. Um diese gefährliche Situation in den Griff zu bekommen, sollten polizeiliche Ordnungs- und Sicherheitskräfte die sich in Dörfern versteckenden »Banditen« herausfiltern und töten. Weiterhin sollten sie die Männer im arbeitsfähigen Alter gefangen nehmen und ins Reich abtransportieren. Für die geforderte Selektion reichte aber das Personal nicht aus. Um dennoch das gewünschte Ergebnis zu erreichen, ging man bald dazu über, nach der Gefangennahme der Arbeitsfähigen die Dörfer einfach »auszulöschen«. Die »Bereinigungsaktionen« nach dem Modell Dirlewanger wurden Standard. Die Folge war, dass die Bevölkerung in Panik geriet und in immer größerer Zahl zu den Partisanen überlief. Ein Teufelskreis, der die Praxis des Vernichtungskrieges beschleunigte. Das Morden entwickelte sich zum Blutrausch.

Aus den Erzählungen meines Vaters hatte ich lange ein einseitiges Bild vom Partisanenkrieg. Er hatte mir erzählt, dass er vor russischen Heckenschützen eine unglaubliche Angst gehabt habe. Er wiederholte immer wieder eine grauenhafte Szene: Eines Morgens habe er den Wachposten seiner Flak-8,8-Batterie[8], mit hundert Mann Besatzung, schlafend dasitzen sehen. Er habe ihn sofort angeherrscht, was ihm einfiele, während der Wache zu schlafen. Aber auch dieser Appell habe diesen nicht aus der Ruhe gebracht. Er saß weiter still da. Schließlich betrachtete mein Vater das Gesicht des Mannes genauer und musste feststellen, dass der Mann mit einem gezielten Schuss mitten in die Stirn getötet worden war. Er erzählte mir auch von einem Trupp russischer Partisanen, die in deutschen Uniformen heranstürmten. Da sei ihm nichts anderes übrig geblieben, als den Befehl zu geben, die Flak-Kanonen waagrecht zu stellen und zu feuern.

Ehrenleitner weist den Generalkommissar Kube darauf hin, dass mit dem »Abbrennen von Dörfern, der Wegnahme der letzten Kuh usw.« das Partisanenproblem überhaupt nicht zu lösen sei, im Gegenteil. »Einem Bauern bleibt nun keine andere Wahl, als entweder von den Banditen im Laufe der Zeit ausgeplündert und unter Umständen ermordet zu werden oder aber von den deutschen Polizei-Einheiten bei der ›Bereinigung‹ einer bandenverseuchten Gegend für den Arbeitseinsatz ins Reich mitgenommen oder erschossen zu werden. Es haben sich auf diese Weise Verhältnisse herausgebildet, die, wenn ein derartiger Vergleich überhaupt möglich ist, zweifellos nur mit den Verhältnissen deutscher Bauern während des Dreißigjährigen Krieges zu vergleichen sind.«

Um den Teufelskreis, der immer mehr Partisanen produziere, zu durchbrechen, schlägt Ehrenleitner vor, den Bauern eine Perspektive zu geben. Man müsse ihnen, die man als Lebensmittellieferanten dringend brauche, helfen. Ehrenleitner, der vom Land stammt, ist klar, dass Bauern grundsätzlich keine Anhänger sowjetischer Kolchosbetriebe sind. Deshalb müsse man ihnen Grund und Boden zurückgeben und sie bewaffnen. »Grundsatz muß dabei sein, Selbstschutz-Einheiten nicht von oben zu organisieren, sondern von der Bevölkerung heraus entstehen zu lassen.« So könnten sie sich gegen die Übergriffe der Partisanen, die die Bauern zur eigenen Versorgung ausplünderten, selbst verteidigen. »Daraus ergibt sich ganz klar die Notwendigkeit, den Kampf gegen das Partisanentum nicht nur mit der Waffe, sondern wesentlich auch durch Propaganda und mit den Mitteln der Bestechung zu führen. Ich habe in Slonim keinerlei Ansätze zu einer derartigen Bekämpfung der Partisanen gefunden, selbst aber in dieser Richtung nichts unternommen, da diese letzteren Maßnahmen zweifellos längere Zeit benötigen, um sichtbare Wirkungen auszulösen. Insbesondere ist auffallend, daß auf dem Land die gesamte Bevölkerung lediglich von den Partisanen mit Propaganda versorgt wird, die dann ganz allgemein dieser einseitigen Propaganda unterliegt. Gerade auf diesem Gebiet ist das vollkommene Versagen des Gebietskommissars Erren und seines politischen Referenten, Nachwuchsführer Wolter, besonders augenfällig.«

Aus dem Text geht hervor, dass es zwischen Kube und Ehrenleitner eine prinzipielle Übereinstimmung gegeben haben muss. Mit diesem Text stellte sich Ehrenleitner deutlich gegen einen Gebietskommissar im gleichen Rang, der der Vernichtungspraxis von Gottberg und Dirlewanger nichts entgegensetzte, sondern ihr vermutlich sogar anhing. Das heißt, es bestand zwischen Teilen der zivilen deutschen Verwaltung und polizeilichen Einheiten ein gefährlicher Interessenkonflikt. Die eine Seite hing der ursprünglichen Idee einer Kolonisierung an, die andere wollte die Entvölkerung durch millionenfachen Mord.

Was wollten Ehrenleitner und Kube? Was hatte Ehrenleitner in seinem Bericht vom 17. März 1943 bemängelt? Vermutlich hat er nur seine Beobachtungen der grausamen Vorgänge im Kommissariat Slonim aufgezeichnet, wie mein Vater mir andeutete.

Wenn meine Mutter, und davon gehe ich aus, diese Berichte stenografiert und/oder Abschriften getippt hat, dann hat sie das alles gewusst. Vielleicht war für sie Ehrenleitner sogar so etwas wie ein Held, der eine menschlichere Lösung des Partisanenproblems gesucht hat. Sie hat immer geschwiegen, wenn mein Vater am Küchentisch mit mir über die Verhältnisse in Weißrussland diskutierte. Auch als er voller Hochachtung über Ehrenleitner sprach und ihn als einen kritischen und humanen Menschen bezeichnete. Dieses Urteil konnte er nur auf Grund der Erzählungen meiner Mutter bilden. Mein Vater und Ehrenleitner haben sich nie getroffen.

Am 10. Juni 1943, anderthalb Monate nach Ostern, als die Fotos mit Dr. Dirlewanger entstanden waren, fuhr Ehrenleitner mit seiner »Mannschaft« Richtung Süden. Mein Vater sagte am Küchentisch, es sei ein Betriebsausflug gewesen. Nach meiner späteren Recherche war es eine Dienstreise, mit von der Partie war der SS-Gebietsführer der Polizei von Minsk-Land nebst bewaffneten Ordnungskräften. »Deine Mutter fühlte sich an diesem Tag nicht wohl und nahm deshalb an dem Betriebsausflug nicht teil«, sagte mein Vater.

Ich blickte meine Mutter an. Sie schaute weg. Mir schien, sie war den Tränen nah. Sie schwieg.

»Du hast Ehrenleitner für diesen Tag Deine Uhr geliehen«, sagte mein Vater. Die Atmosphäre am Küchentisch war beklemmend.

»An diesem Tag haben Partisanen den Konvoi überfallen. Dr. Ehrenleitner und seine Mitarbeiter wurden erschossen. Deine Mutter war die einzige Überlebende von Ehrenleitners Büro. Sie hatte so etwas wie eine Ahnung.«

Spielte er damit auf hellseherische Fähigkeiten meiner Mutter an? Ich sah meine Mutter an und dachte etwas ganz anderes. Später ergab meine Recherche, dass der Konvoi bei Schazk, 70 Kilometer südlich von Minsk, von etwa hundert »Banditen« überfallen wurde. Während eines Feuergefechts seien der Gebietskommissar von Minsk-Land, Dr. Ehrenleitner, der SS-Gebietsführer der Polizei, Oberleutnant Karl Kalla, und acht weitere Personen gefallen. Am 12. Juni fand im Soldatenkino von Minsk eine große Totenfeier statt. Anschließend wurden die zehn Särge durch die Straßen zum Friedhof getragen. Am 10. Juni 1943 fand Dr. Ludwig Ehrenleitner ehrenhaft den Heldentod, heißt es.

Drei Monate später, am 22. September 1943, fiel auch Wilhelm Kube einem Attentat zum Opfer. Er wurde in Minsk durch eine Bombe getötet, die die Weißrussin Jelena Grigorjewna Masanik unter dem Bett versteckt hatte. Sie war als Dienstmädchen eingeschleust worden und soll die Geliebte von Kube gewesen sein. Nach dem Anschlag übernahm der SS- und Polizeiführer Weißruthenien Curt von Gottberg kommissarisch das Amt Kubes als Generalkommissar.

Bei der Verrohung, die diese Zeit prägte, könnte ich mir gut vorstellen, dass für den Tod der Kommissare Ehrenleitner und Kube andere verantwortlich waren als die offiziell verkündeten. Genügend Mörder gab es damals.

Ich fragte Elli.

»Wie ist es dann meiner Mutter ergangen?«

»Das war eine schreckliche Geschichte für Lola. Sie hatte den Auftrag, die Nachricht, dass der Sohn gefallen sei, Ehrenleitners Mutter zu überbringen. Lola ist deswegen in die Heimat gefahren.«

» Ah ja. Und weißt du, wie es dann mit ihr weiterging?«

»Dann kam einer, der ihr große Angst gemacht hat.«

»Hieß der Gerhard Erren?«

»Nein. Ich glaube, es war ein anderer.«

»Oder Wilhelm Söhlmann. Der Ehrenleitners Position eingenommen hat.«

»Das weiß ich nicht mehr. Auf jeden Fall hatte sie furchtbare Angst.«

»Du meinst, weil ihr Schutzengel gestorben war.«

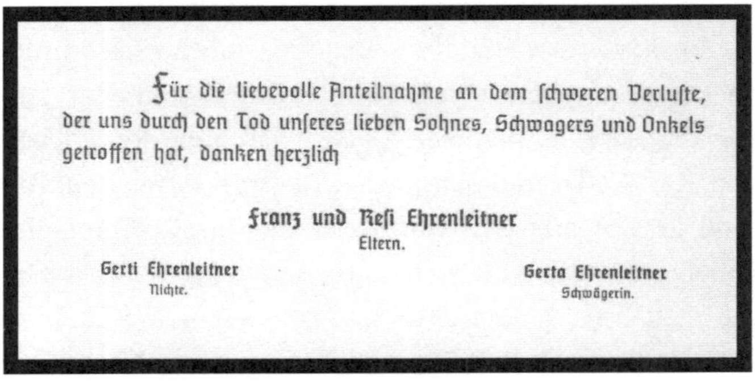
Für die liebevolle Anteilnahme an dem schweren Verluste, der uns durch den Tod unseres lieben Sohnes, Schwagers und Onkels getroffen hat, danken herzlich

Franz und Resi Ehrenleitner
Eltern.

Gerti Ehrenleitner
Nichte.

Gerta Ehrenleitner
Schwägerin.

Kunst im Führer-Geburtshaus

Nach dem Anschluss Österreichs gab Hitler seinem Vertrauten Martin Bormann den Auftrag, sein Geburtshaus zu erwerben. Für die Verwendung ließ man sich dann Zeit. Ein Jahr später behauptet die *Neue Warte am Inn*, mehr zu wissen: »Der Führer hat sein Geburtshaus der Kreisleitung Braunau zur Verfügung gestellt. Es sei sein Wunsch, es zu Kanzleien der Kreisleitung umzubauen. In den nächsten Tagen wird ein beauftragter Architekt aus München erscheinen, um den Umbau zu entwerfen. Den Hauptteil des Rückgebäudes wird das illegale[1] Parteimuseum einnehmen, in dem der breiten Öffentlichkeit Material gezeigt werden wird, das bisher niemandem zugänglich war und das sehr interessant zu werden verspricht.«[2]

Dieser Plan wurde nie Wirklichkeit. Vier Jahre dauerten die Umbauarbeiten. Am 18. April 1943, zwei Tage vor Hitlers 54. Geburtstag, wurde das Haus Salzburger Vorstadt 15 als ein »Kulturhaus« feierlich eröffnet. Man traute seinen Augen nicht. Kein Parteilokal, kein Führerkult. Man war bescheiden geworden. Im Erdgeschoss war eine Volksbücherei mit etwa 3 000 Bänden eingerichtet. Über die Tendenz des Bestands konnte ich nichts in Erfahrung bringen. Im ersten Stock wurde Kunst geboten. Überraschenderweise nicht die zu erwartende Nazi-Kunst à la Arno Breker, Hans Schmitz-Wiedenbrück oder Adolf Wissel, sondern Kunst aus der Region, die Ende des 19. Jahrhunderts in der »Osterberger Künstlerkolonie« entstanden war. Die Bilder sind heute im Bezirksmuseum, Altstadt 10, zu sehen.

Sie stammen von Künstlern aus der Künstlergemeinschaft »Verein Immergrün«, die der Maler Hugo von Preen 1884 in Osternberg gründete. Der Gutshof Osternberg gehörte ihm. Osternberg ist heue ein Stadtteil von Braunau. Preen bot zwanzig Malern, Bildhauern und Schriftstellern Herberge. Die meisten stammten aus der Münchner Künstlerszene, der Preen während seines Kunststudiums angehört hatte. Zum »Verein Immergrün« gehörten auch einige Maler aus dem Innviertel. Die Künstler kamen und gingen, zeitweise war auch Franz von Stuck unter ihnen. Seit der Romantik verließen viele von ihnen die stickigen, kühlen Malersäle mit ihrem fahlen Nordlicht. Das damalige Lichtideal kam ihnen wie akademische Gefängnisse vor. Nun bauten sie ihre Staffelei in der freien Natur (»en plein air«) auf. Im Gutshof Osternberg schwärmten morgens fröhliche, ausgelassene »Naturburschen« hinaus in den leuchtenden Sommer des Innviertels. Abends ging es auf dem Gutshof lustig zu. Waldfeste wurden auch tagsüber gefeiert. Diese lebendige Künstlergeneration produzierte so viel überschüssige Energie, dass sie sogar die Schwabinger Kunstszene in München beeinflusste.

Das ging nicht lange gut. Hugo von Preen: »In den 90er Jahren bereitete sich der Umsturz in den künstlerischen Ansichten vor und wirkte sich auch auf Osternberg aus. Die früher fröhlich am großen Tisch bei uns saßen, standen sich feindlich gegenüber. Die Sezession trat in den Vordergrund. Ihr gehörten die meisten jüngeren unserer Tafelrunde an. Die schönen Zeiten hatten ein Ende.«

Hugo von Preen (1854–1941) in Osternberg Ende der 1930er Jahre

Hugo von Preen selbst brachte es als akademischer Kunstmaler nur zu regionaler Bekanntheit. Unter Volkskundlern, Archäologen und Heimatforschern aber gilt er als Pionier. Vierzig Jahre lang grub er nach Fundstücken aus der Vorzeit, zog mit Bleistift und Papier durch das Innviertel und Niederbayern, um altbayrische Bauernhausverzierungen, Kunsthandwerk der Gotik, Dekoratives aus dem Volksleben des Innviertels zu skizzieren. Seine Mappen und Postkartenserien fanden bei den Innviertlern kein besonderes Interesse, weshalb Preen sein »archäologisches« Gesamtwerk der Stadt Berlin vermachte. Leider fiel es dort im Zweiten Weltkrieg der Bombardierung zum Opfer.

Erhalten ist dagegen ein anderes Gesamtkunstwerk von Hugo von Preen: das Heimathaus in der Johann-Fischer-Gasse 18. Ursprünglich ein Handwerkergebäude aus der Wende vom 15. zum 16. Jahrhundert, hat es der Heimatverein Braunau 1916 gekauft, und Hugo von Preen hat es eingerichtet.

Wenn man das alte Haus betritt, kommt man alsbald in einen düsteren Raum. Es riecht nach kaltem Feuer. Das ist die alte Braunauer Glockengießerei, die fast 500 Jahre in Betrieb war. 1894 hatte der letzte Glockengießer Anton Gugg das Handwerk eingestellt. Die Wirtschaft in Braunau war im Niedergang, nachdem die Bahn den Flussverkehr ersetzt hatte.

Hugo von Preen verstand es, die Geschichte der Stadt und des Innviertels in diesem Haus wieder in Erinnerung zu rufen und zu bewahren. Eine Bauernstube ist so realistisch eingerichtet, dass man den Eindruck hat, die Bauern wären gerade bei der Feldarbeit und kämen bald zurück.

Nach dem Anschluss Österreichs hatte sich Hugo von Preen Adolf Hitler angedient. Die *Neue Warte am Inn* schreibt am 30. März 1938: »Herr akad. Maler Professor Hugo v. Preen in Osternberg widmete dem Führer und Reichskanzler Adolf Hitler eine kunstvolle Mappe (ein Werk des Buchbindermeisters Gruner aus Salzburg) eigener Handzeichnungen aus Berchtesgaden und Umgebung. Daraufhin erhielt Herr v. Preen aus Berlin folgendes Schreiben: ›Sehr geehrter

Herr Professor! Durch Herrn Kreisleiter Müller wurde dem Führer Ihre Mappe mit Zeichnungen überreicht. Der Führer hat sich über Ihre Aufmerksamkeit sehr gefreut und läßt Ihnen seinen besten Dank übermitteln.

Mit Heil Hitler! Wilhelm Brückner SA.-Obergruppenführer und persönlicher Adjutant des Führers.‹«

Ob Hugo von Preen vielleicht die Absicht gehabt hat, mit dem Geschenk sich und die Osternberger Künstlerkolonie bei Hitler in Erinnerung zu rufen? Ihn dazu zu bewegen, den ersten Stock seines Geburtshauses der regionalen Kunst zur Verfügung zu stellen? Der zweite Stock stand ebenfalls den Künstlern der Region zur Verfügung. Sie konnten dort ihre aktuellen Werke zum Verkauf anbieten.

Ganz ließ sich die Gegenwart des Krieges nicht aus dem Haus Salzburger Vorstadt 15 heraushalten. Zur Eröffnung 1943 fand eine Sonderausstellung statt: »Sepp Nöbauer – Bilder aus drei Feldzügen«. Der Braunauer Hauptschullehrer und Hauptmann der Reserve, Parteigenosse Josef Nöbauer, habe jede Feuerpause genutzt, hieß es in der Ankündigung, um für die Heimat Studien von der im Krieg erreichten Landgewinnung anzufertigen. Zwei Monate später, am 8. Juni 1943, ist er gefallen, »in treuester Pflichterfüllung für Volk und Heimat«. Ein Jahr später beginnt am 12. März 1944 eine Sonderausstellung mit Werken von Hermann Honermann: »Aquarelle und Zeichnungen aus dem Osten«. Ein letztes Mal durchzuckte die Räume des »Führer-Hauses« die tiefverwurzelte Slawenfeindlichkeit des Deutschnationalen. Im Ausstellungskatalog hieß es: »Hermann Honermann ist in Braunau kein Unbekannter mehr. Schon die erste Ausstellung in den Räumen des Führer-Geburtshauses zeigte eine größere Anzahl von Aquarellen dieses jungen, außerordentlich begabten Malers, der damals in Braunau bei der Wehrmacht stand und in seiner Freizeit viele schöne Winkel und Gässchen unserer alten Stadt zum Vorwurf für seine ansprechenden Bilder nahm. Seither stand Hermann Honermann im Kampf gegen den Bolschewisten im Osten. In der Rechten den Pinsel und in der Linken die Maschinenpistole, so entstanden dort seine Aquarelle. ›Ein Land, in welchem man auch nicht die geringsten Spuren einer Kultur oder einer Zivilisation findet‹, so erzählt uns der Maler; ein Land ohne jede Kultur, nicht also, was einen Europäer ansprechen könnte. Und doch findet hier ein Deutscher noch Stoff, der ihn fesselt und ihn zu schöpferischer Tätigkeit anregt: Es ist die unendliche Weite der Landschaft mit ihren eigenartigen Farben und Stimmungen. Dort also, wo der Russe stur ohne Kultur vegetiert, vermag der deutsche Mensch Kulturwerte zu schaffen.«[3]

Slonim

Nach dem Tod meiner Mutter sichtete ich die vielen Briefe, die sie über die Jahrzehnte erhalten hatte. Die meisten stammten von Nachbarn oder von Kurgästen, mit denen sich meine Eltern im Laufe vieler Jahre angefreundet hatten. Zwei Stichproben genügten mir: nichts Weltbewegendes. Den Kindern geht es gut. Sie machen Karriere. Unsere letzte Reise war traumhaft … et cetera!

Nur wenige Absender, deren Briefe mir Interessantes versprachen. Die mich aufhorchen ließen, auf Bekanntschaften hinwiesen, die weit zurückreichten.

Eine Freundin meiner Mutter aus Kriegszeiten hieß Carla. Sie hatten sich in Slonim (Weißrussland) kennengelernt, vermutlich 1943. Nach dem Tod Ehrenleitners kam meine Mutter in das Gebietskommissariat Slonim. War Carla der Grund ihres Ortswechsels? Hatte sie Carla während der Urlaubsvertretung Ehrenleitners im Februar/März 1943 dort kennengelernt? Carla war die Küchenchefin des Kommissariats. Im Nachlass fand ich Fotos, die Weihnachten 1943 in Slonim gemacht wurden: Carla und ihr Mann glücklich unterm Weihnachtsbaum. Auf der Rückseite steht: »Unser Heim. Brückenstr. 10. Slonim/ Weißr., Febr. 1944«. Auf dem Bild sechs leere Flaschen. Es wurde wohl gefeiert.

Beim Durchblättern der Briefe fand ich eine Geburtsanzeige: Carla hatte einen Henning bekommen. Jetzt war mir klar, was in »unserem Heim« damals gefeiert wurde. Carla war gerade schwanger geworden. Die Freundschaft muss beiden Frauen wichtig gewesen sein, denn Carla besuchte meine Mutter nach dem Krieg. Und ich bin zwei Jahre nach Carlas Sohn geboren und heiße auch Henning. Damals ein ungewöhnlicher Name, vor allem für eine Braunauer Katholikin, die gewöhnlich einen Namen aus der Liste der Namenstage wählt.

Aus den Briefen, die Carla meiner Mutter nach dem Krieg schrieb, erfahre ich auf den ersten Blick kaum Interessantes. Wieder nur Berichte über die Karriere des Mannes, die Karrieren der Kinder, über Krankheit und Leid, über Reisen. Am 27. Februar 1991 berichtet sie von einer schweren Krankheit, die sie gerade überstanden hat. Nach der ausführlichen Beschreibung des Krankheitsverlaufs kommt eine kurze Stelle, wie beiläufig erwähnt, die mir den Atem nimmt: »Ich habe in letzter Zeit so oft an Dich gedacht durch den Golfkrieg. Ist es nicht schrecklich? Die Slonimer Zeit wurde wieder so wach. Hoffentlich ist es bald zu Ende. Die armen Menschen.«

Was war am 27. Februar 1991 am Golf geschehen? Was war in den Tagen davor passiert? Ich erinnere mich noch an die langweiligen, täglichen Pressekonferenzen von General Schwarzkopf: chirurgische Eingriffe, Menschenleben schonend. Als sei er Arzt und habe den hippokratischen Eid geschworen. Bei der Recherche erfahre ich, welchen Befehl er am Tag zuvor wirklich gegeben hat. Am 27. Februar gingen Fotos um die Welt, die eine Autobahn zeigten, die mitten durch die Wüste führt. Darauf und im Umfeld verbrannte Autos, Busse, Lastwagen, Panzer und andere militärische Fahrzeuge, Soldaten und Zivilisten.

Was war geschehen? Am 24. Februar hatten irakische Truppen begonnen, der Forderung der UN entsprechend, sich aus Kuwait zurückzuziehen. Der Rückzug verlief chaotisch. Die Straße von Mutlaa, Kuwait, nach Basra, Irak, war völlig verstopft. US-Marineinfanteristen hatten Minen verlegt, die die Spitze des Konvois zum Halten zwangen. In der Folge rückten alle Fahrzeuge enger zusammen. Ein Rückzug war nicht möglich, denn das Ende des Konvois war ebenfalls durch Minen gesperrt. Die so verdichtete Fahrzeugschlange aus Militärs und Zivilisten, etwa 60 Kilometer lang, wurde eine ganze

Nacht lang, vom 26. auf den 27. Februar, aus der Luft angegriffen und mit Napalm- und Streumunition bombardiert. Das Resultat: Tausende Fahrzeuge samt Menschen verbrannten. Um die Welt gingen Bilder, die man so leicht nicht vergisst. Geschockte Piloten konnten selbst nicht fassen, was sie in dieser Nacht angerichtet hatten. Die Straße erhielt damals den Namen »Highway of Death«. Am Tag darauf hatte Carla meiner Mutter geschrieben.

Was hat das Geschehen auf dem »Highway of Death« mit den gemeinsamen Erlebnissen von Carla und meiner Mutter in Slonim zu tun? Ich wusste bereits, dass der Gebietskommissar von Slonim sich mit der Ermordung von Juden gebrüstet hatte. Ich dachte aber, die »Judenaktionen« hätten stattgefunden, *bevor* meine Mutter dorthin versetzt worden war.

Ich vereinbarte einen Termin mit dem Bundesarchiv und fuhr am 15. November 2012 zur Zweigstelle Ludwigsburg, um die Prozessakten Im Fall des Gebietskommissars Gerhard Erren einzusehen. Mich erwarteten stapelweise Akten. Obenauf lag ein Verhörprotokoll, das ziemlich zerlesen aussah.[1] Es stammte von einer amerikanischen Besatzungsbehörde, die Alfred Eugen Metzner, einen Referenten des Gebietskommissars von Slonim und »Einsatzleiter« verschiedener »Säuberungsaktionen«, verhört hatte. Metzner, 1895 in Kiew geboren, war am 17. September 1947 festgenommen worden.

Laut Protokoll sagte Metzner aus, dass die Aktion, durch die das Restghetto von Slonim vernichtet wurde, im Spätherbst 1943 stattgefunden habe. Klar, was das bedeutete. Zu diesem Zeitpunkt hatte meine Mutter bei Erren gearbeitet! Metzner gab zu Protokoll, er und eine Polizeitruppe hätten bei dieser letzten »Juden-Aktion« das Ghetto angezündet und 10 000 Juden »umgelegt«.

»Um 4 Uhr morgens wurde das Ghetto von Letten und einheimischer Polizei umstellt. Alle Juden, die aus dem Ghetto zu fliehen versuchten, wurden sofort erschossen. Die Juden hatten vorher von der Exekution erfahren und sich deshalb vereinzelt unterirdische Gräben ausgehoben, um aus der Umzingelung zu entkommen. Die dadurch aus der Umzingelung Entkommenen wurden von der einheimischen Bevölkerung verraten und kurzerhand erschossen. Die Vernichtung der Juden spielte sich wie folgt ab. Die Juden wurden aus den Häusern getrieben und dann erschossen oder innerhalb der Häuser vernichtet. Bei diesen Aktionen schossen besonders sadistische Leute Leuchtpatronen in die lebenden Juden, dadurch wurden kolossale Verwundungen hervorgerufen. Zur Sicherung dieser Aktion wurden MGs außerhalb des Ghettos aufgestellt. Die Juden wurden nicht in Gruben geführt, sondern an Ort und Stelle erschossen. In der vorhergehenden Nacht wurden Frauen von der Polizei missbraucht und dann ebenfalls erschossen. Die Polizei prahlte darüber, wie viele Frauen sie auf diese Art und Weise benutzt haben und suchten sich zu überbieten. Später, als niemand mehr aus dem Ghetto kam, wurden Trupps zusammengestellt, die in das Ghetto hineingingen. Ich bin dabei mit Muck[2] und einheimischer Polizei als Führer eines solchen Trupps ins Ghetto. Bei dieser Aktion versuchte man, die Juden mit Gewehrkolben und Feuerstochern aus den Kellern zu treiben. Wenn dies keinen Erfolg hatte, wurden Handgranaten in die Keller geworfen, die diese zum Einsturz brachten. Dabei wurden weitere Brandpatronen in die Häuser geworfen, so daß nach kurzem ganze Stadtteile brannten. Juden, die sich in unterirdischen Gängen oder Kellern befanden, wurden unter den zusammenbrechenden Häusern erstickt. Leichen und angeschossene Körper, die auf den Straßen lagen, wurden anschließend mit Benzin oder Petroleum übergossen und sofort verbrannt. Durch die dauernden Schnapsverteilungen wurde der Angriffsmut gesteigert. Ich selbst hatte ebenfalls Handgranaten in Häuser geworfen, sonst lediglich Schußwaffen benutzt. Von Seiten der Juden war kein Widerstand (…) Um 10 Uhr war die Aktion erledigt (…) Ich war nach dieser Aktion voller Blutspritzer. Abends war wieder die übliche Besprechung beim Gebietskommissar. Dabei wurde die Vernichtung wieder mit Schnaps begossen und dabei wurde ich belobigt (…) In Slonim hatte Wachtmeister Schulz eine jüdische Geliebte. Dieses rief die Mißbilligung des Gebietskommissars hervor. Wachtmeister Schulz wurde zur Strafe versetzt und das Mädchen während seiner Abwesenheit erschossen (…) Die Ordensjunker Reitmeier, Hick und Stähle erfreuten sich besonderer Anerkennung durch den Gebietskommissar Erren. Der Gebietskommissar war bei keiner Exekution selbst anwesend. Er hatte aber vor den jeweiligen Vernichtungen angeordnet, daß Wertgegenstände durch den Judenrat an ihn abzuliefern waren. Diese Gegenstände sollten zur NSV[3] in deutsche Städte kommen. Vorher fand meist eine Verteilung an die Exekutionsbeteiligten von diesen Gegenständen statt (…) Ich bin der Meinung, daß ich an diesen Massenaktionen teilgenommen habe, weil bei solchen Sachen nach einer Weile das menschliche Leben keinerlei Bedeutung mehr hat. Ich hatte bei diesen Aktionen meinen Teil zu tun oder wäre vielleicht selber erschossen worden.«

Die Akten machten mir deutlich, dass Metzner nach dem Überfall auf Russland im Juni 1941 an jeder »Judenaktion« in Slonim teilnahm. Der erste an 4000 Juden verübte Massenmord in Slonim fand bereits Mitte Juli 1941 statt. An dem Tag habe er zwanzigmal mit dem LKW jeweils dreißig bis vierzig Juden zu den Gruben im Wald außerhalb der Stadt gefahren und sich auch an den Misshandlungen und Erschießungen der Opfer beteiligt. Zeugen berichten, es wäre kein Tag vergangen, ohne dass Metzner jemanden erschoss. Die Putzfrau Maria Meszelewicz beobachtete, dass »in der Verwaltung« Anweisungen Metzners hingen, die wie ein Befehl klangen und dazu aufforderten, »Kriegsgefangene« aufzuhängen beziehungsweise zu erschießen. Metzner habe seine Freude daran gehabt, Kriegsgefangene oder Juden persönlich aufzuhängen. Er habe sich damit gebrüstet, dass Judenblut an seinen Fingern klebe.

Offenbar war Gerhard Erren bemüht, im Wettlauf mit anderen Gebietskommissaren sein Gebiet am schnellsten »judenrein« zu bekommen. Stolz schrieb er seinem Vorgesetzten Wilhelm Kube: »Die vom SD am 13. 11. 41 durchgeführte (zweite größere) Aktion befreite mich von unnötigen Fressern. Und die jetzt vorhandenen ca. 7000 Juden in der Stadt Slonim sind sämtlich in den Arbeitsprozeß eingespannt, arbeiten willig auf Grund ständiger Todesangst und werden im Frühjahr genauestens für eine weitere Verminderung überprüft und aussortiert.«

Am 26. September 1942 behauptete Erren, »froh« zu sein, »die ursprünglichen im Gebiet vorhandenen 25 000 Juden bis auf 500 zusammengeschmolzen zu sehen«. Zeugen berichteten, dass Erren immer großspurig auftrat. Er habe sich als Herrenmensch verstanden und sich gegenüber der einheimischen Bevölkerung unnahbar gegeben. Auf Gängen durch die Straßen Slonims vergaß er nie seine Nilpferdpeitsche, von der er gegenüber der einheimischen und besonders der jüdischen Bevölkerung reichlich Gebrauch machte.

Im Prozess gegen Erren wurden nur die beiden großen Vernichtungsaktionen am 14. November 1941 und am 29. Juni 1942 verhandelt. Nicht die Liquidierung des Restghettos 1943. Es gab kaum Zeugenaussagen, weil es kaum Überlebende gab. Auch war niemand von den Mitarbeitern im Gebietskommissariat bereit, auszusagen, auch meine Mutter nicht. Ich erinnere mich, wie zwei Staatsanwälte während der Ermittlung gegen Erren Anfang der 1960er-Jahre bei uns auftauchten. Von meinem Vater habe ich dann erfahren, dass sie meine Mutter aufgefordert haben, eine Zeugenaussage zu machen. Sie verweigerte es. Vermutlich aus Angst vor Rache.

Bei dem Verhör durch die amerikanische Behörde hat Metzner seine Beteiligung an sämtlichen Mordaktionen eingestanden und das Protokoll unterschrieben. Später gab er an, er habe die Aussagen unter Folter gemacht. Ich konnte das erst nicht glauben, so ein positives Bild hatte ich von den Amerikanern. Vielleicht war es auch eine Schutzbehauptung. Das lässt sich nicht mehr klären. Doch dann erinnerte ich mich an eine Szene in meiner Kindheit. Ich ging mit meinem Vater durch die Stadt, und wir trafen auf der Straße einen Kunden, den ich aus der Buchhandlung kannte. Mein Vater und er begrüßten sich herzlich und plauderten locker miteinander. Ich stand wie so oft gelangweilt daneben. Nachdem sich die beiden voneinander verabschiedet haben, sagte mein Vater ganz beiläufig: »Dem haben die Amerikaner die Finger- oder Fußnägel gezogen.«

Ich begriff erst nicht, bis mir mein Vater erklärte, er sei gefoltert worden. »Amerikaner sind auch nur Menschen«, war sein trockener Kommentar dazu.

Alfred Eugen Metzner wurde zum Tode verurteilt und an Polen ausgeliefert. Am 30. August 1950 wurde er dort hingerichtet.

Kriegsende

Februar 1941, mein Vater (Mitte) in Scheveningen

Mein Vater in der Mittelachse: Kein Zufall. Über sich selbst sagte er: »Ich war ein blutjunger Leutnant, selbstbewusst in einer schmucken Uniform aus bestem blauen Tuch mit silbrig leuchtenden Schulterstücken.« Eigentlich habe er ja Schauspieler werden wollen. Aber das ließ die Familie nicht zu. Beim Arbeitsdienst glänzte er auf der Bühne, brachte durch »Gags« die Mannschaft zum Lachen. Das Männer-Gemeinschaftsleben lag ihm so, dass er 1935 Berufssoldat wurde. Er ging zur Luftwaffe und spezialisierte sich auf Flugabwehr. Bei Kriegsende war er kommandierender Oberleutnant einer Flak-Batterie.

Fotos zeigen, dass er sich ein halbes Jahr nach dem Westfeldzug zu einem dreiwöchigen Übungsschießen an der holländischen

Küste aufhält. Ein fröhliches Unternehmen. Viele Zechgelage. Viele »Gags«. Im Juni 1941 ist er einer von drei Millionen, die Russland überfallen. Fotos zeigen zerstörte Städte, Kriegsgräber gefallener Kameraden, ein Kriegsgefangenenlager, in dem russische Soldaten krepieren. Nach drei Wochen ist die Flak-Batterie in der Nähe von Orscha am Dnepr (Weißrussland) in Stellung gegangen. Die vier Kanonen eingegraben, aber keine Tiefflieger in Sicht. Man ist nicht in der Schusslinie. Auf Fotos strahlt die junge Mannschaft teils übermütig, teils gelangweilt. Als erfolgreicher Besatzer reitet mein Vater mit nacktem Oberkörper durch endlose Kornfelder. Nach drei Monaten fahren die Sieger wieder heim.

Kein Foto für das Jahr 1942. Auch in seinen schriftlichen Erinnerungen ist eine Leerstelle, als hätte es das Jahr nicht gegeben. Vermutlich leerlaufender Alltag bei der Flugzeugabwehr im Saarland. 1943 taucht als Einsatzort Saarbrücken auf. Jetzt täglich Fliegeralarm, die ständige Einsatzbereitschaft zermürbt die Mannschaft. Fehler mehren sich. Hinzu kommt der Einsatz von jungen Flak-Helfern, die völlig überfordert sind. Ein Junge erhängt sich. Wegen Verletzung der Aufsichtspflicht kommt mein Vater vors Kriegsgericht. Die Richter durchschauen, dass er von einem Vorgesetzten in die Falle gelockt wurde, und sprechen ihn frei. Er wird dennoch als unsicherer Kandidat eingestuft und der Führerreserve[1] auf der Koblenzer Festung Ehrenbreitstein überstellt. Dienstfrei ist nicht das Schlimmste, aber abgeschoben zu sein.

Nach Wochen sinnlosen Wartens macht er den entscheidenden Fehler. Auf der Suche nach der verloren gegangenen Anerkennung beginnt er mit seiner Lieblingsbeschäftigung, schreibt ironische, spitze, kritische Gedichte. In Koblenz war gerade die elektrische Schmalspurbahn, die hoch zur Kaserne Ehrenbreitstein führt, aus den Schienen gesprungen. Für meinen Vater ein Anlass, über den hilflosen Zug-Führer zu spotten. Das Gedicht macht die Runde. Viele sind amüsiert. Hermann Göring indess befindet, das Gedicht sei eine Entgleisung. Er veranlasst, dass das Urteil auf Freispruch neu verhandelt wird. Mit der Folge: vier Wochen Gefängnis. Damit nicht genug. Man hat Schlimmeres mit ihm vor. Im April 1944 schickt man ihn nach Russland mit dem Sonderauftrag, in Slonim junge Weißrussen für den Endsieg anzuwerben. Freunde warnen ihn. Der dortige Gebietskommissar, ein Gerhard Erren, sei ein dünkelhafter Ordensjunker, ein gefährlicher, schlauer Mann.

Die Ankunft in Slonim beschrieb mein Vater folgendermaßen: »Slonim war zwar ein kleines, jedoch beschauliches Städtchen. Es konnte jedoch seinen dörflichen Charakter nicht verleugnen. Das Gebietskommissariat war in einem für dortige Verhältnisse repräsentativen Gebäude untergebracht. Man schrieb den 20. April, Hitlers Geburtstag. Zwei Fahnen schmückten den Eingang, das Hakenkreuz und die weißruthenische Flagge. Es war noch früher Vormittag, als ich das Haus betrat. Mir war zu Ohren gekommen, daß die Herren Gebietskommissare gleich königlichen Herren regieren sollten. Man warnte mich vor ihrer Macht. Also machte ich mich stark. Durch selbstbewußtes Auftreten und mit dem Wissen um das OKW[2] im Rücken wollte ich mich dem Versuch stellen.

Schon beim Eintritt in den Hausflur spürte ich eine ungewöhnliche Geschäftigkeit, die sich mit den letzten Vorbereitungen zur Feier von Hitlers Geburtstag erklären ließ. Als mir ein junges Mädchen über den Weg lief, in dem ich eine russische Angestellte mit guten deutschen Sprachkenntnissen vermutete, verfiel ich in meinen angelernten militärischen Befehlston, als ich es ansprach: ›Wo finde ich hier den Gebietskommissar, mein Fräulein?‹ Das Mädchen sah mich ein wenig belustigt zunächst von oben nach unten, dann von unten nach oben an. Der Schalk blitzte in seinen Augen, als es antwortete: ›Suchen Sie ihn doch!‹ Ich reagierte gekränkt, wie es einem verärgerten Offizier anstand, lenkte dann aber sofort ein und kapitulierte, als ich im Tonfall der jungen Dame das Heimatland Österreich heraushörte. Ich ahnte in diesem Augenblick noch nicht, dass sich mit dieser Begegnung eine feste Liaison anbahnen und bereits zum Weihnachtsfest 1944 zu einer standesamtlichen Verbindung für das ganze Leben werden sollte.«[3]

Meine Mutter glaubte, mit dem hereinschwebenden schmalen, blonden Engel, dessen prunkvoller Kragenspiegel glänzte, sei ihr Retter aufgetaucht. Noch während der Feierlichkeiten zu Führers Geburtstag, die sich bis tief in die Nacht hinzogen, gab sie meinem Vater die Gelegenheit, die ganze Nacht begeistert vom Glanz der Kurstadt zu schwärmen, aus der er stamme. Zwei Monate später waren sie verlobt.

Der Gebietskommissar Gerhard Erren ist weniger erfreut. Vermutlich denkt er, mein Vater sei dazu abgestellt, ihm auf die Finger zu schauen. Um ihn zu testen, lässt er zur Begrüßung einen jungen Weißrussen aufhängen, der des Kleindiebstahls bezichtigt wird. Spätestens da schrillten bei meinem Vater sämtliche Alarmglocken.

Zwei Monate vergehen ohne größere Erfolge bei der Anwerbung junger Weißrussen. Am 28. Juni verloben sich meine Eltern. In Slonim läuft wie überall die »Sonderaktion 1005«, auch »Enterdungsaktion« genannt. Er habe damit nichts zu tun gehabt, versichert mir mein Vater. Das sei die Aufgabe eines Spezialkommandos gewesen. Dabei wurden die Massengräber der ermordeten und verscharrten Juden von Slonim exhumiert und auf Scheiterhaufen, die aus einem Rost aus Eisenbahnschienen bestehen, verbrannt. Die Verbrennungsrückstände wurden mit einer Knochenmühle zermahlen.

Im Juli 1944 hatte die russische Armee ihre Sommeroffensive begonnen, um die Deutschen aus Weißrussland zu vertreiben. Der Gebietskommissar gab die Stadt auf, meine Mutter kehrt nach Braunau zurück. Sie findet als Reichsangestellte, die im Osteinsatz arbeitslos wurde, sofort wieder als Schreibkraft Anstellung bei der NSDAP-Kreisleitung. Ihr Onkel Hans leitet noch immer das NSDAP-Parteibüro in der Linzer Straße 14.

Ich habe mir das Haus angeschaut wie alle Häuser in Braunau, in denen meine Mutter gearbeitet hat. Es ist heute schmutzig grün gestrichen. Das Ladengeschäft im Parterre steht leer. Wahrscheinlich diente es schon während der illegalen Zeit, also vor dem Anschluss Österreichs an das Deutsche Reich, als Unterschlupf für die Partei. Schräg gegenüber, in der Linzer Straße Nr. 9, befindet sich im Parterre die Bezirksgeschäftsstelle der FPÖ. Auf der Eingangstür klebt auf wetterfester Folie die Parole: »Heimatliebe ehrlich & echt. Die Menschen. Das Land. Unsere Berufung. FPÖ. Die soziale Heimatpartei.« Klingt harmlos. Wärmt das deutsche Herz. Ist die FPÖ nur ein argloser Alpenverein?

Für Oberleutnant Burk wurde der Krieg 1944 immer lebensbedrohlicher. Die Heeresgruppe Mitte war längst zusammengebrochen, die Wehrmacht hatte ihre operative Handlungsfähigkeit vollständig eingebüßt. Aussichtslose Endkämpfe waren zu erwarten. Ende November entsandte ihn Himmler, sein oberster Befehlshaber, als Batteriechef einer schweren Flak-Einheit an die Front in Westpreußen. Die Stellung, zu der mein Vater abkommandiert wurde, lag in der Nähe des kleinen Ortes Kaminke am Knie der Nogat, eines Seitenarms der Weichsel. Gegenüber, auf der anderen Seite des Flusses, steht die ehrwürdige mittelalterliche Marienburg.

Bereits bei der Inspektion der Stellung überfiel ihn Angst.

»Die vier 8,8-cm- und die beiden 20-cm-Kanonen waren in tiefen Splittergräben fest verankert«, schrieb er später in seinen Erinnerungen. »Der Flankenschutz bestand aus zwei Maschinengewehren und ließ nur geringe Beweglichkeit zu. Die gesamte Batterie umfasste 120 Mann, darunter 19 Luftwaffenhelfer im Alter von 16 bis 17 Jahren, sowie 17 russische Kriegsgefangene. Letztere waren in Verschlägen notdürftig untergebracht und wurden vornehmlich zu Munitionstransporten herangezogen.«

Mein Vater erkannte sehr schnell, dass die zum Schutz vor Flugzeugangriffen im Heimatkriegsgebiet vorgesehene schwere Flak-Batterie für den Endkampf an der Front völlig ungeeignet war und nur dazu diente, die vorrückende Rote Armee kurzfristig aufzuhalten. Es waren keine Zugmaschinen vorhanden, mit denen man einen taktischen Stellungswechsel bewerkstelligen könnte. Die Soldaten waren zu Zielscheiben verurteilt, auf die sich der Gegner in aller Ruhe einschießen konnte.

Himmler hatte sein Todesurteil geplant. Der Befehl lautete, die Verteidigung »durchzustehen« bis zum letzten Mann. »Andernfalls werden alle Verantwortlichen und deren Angehörige bei Nichtbefolgung zur Rechenschaft gezogen.« Die Lage war also aussichtslos. Durch Ferngläser beobachten er und seine Unteroffiziere, wie die

Besatzungen der russischen Panzer auf der anderen Seite des Flusses ihr Biwak aufschlugen und sich für den Angriff Zeit ließen. Sie konnten nicht weiter. Sie mussten auf Frost warten. Sie steckten im Schlamm und brauchten gefrorenen Untergrund, um vorrücken zu können. Vermutlich würde das über Weihnachten hinaus bis Januar dauern.

Dann wurde ihm auch noch der Heimaturlaub gestrichen, weil er als einziger diensthabender Offizier der Batterie unabkömmlich war. Sehr frustrierend, da er und seine Braut fest geplant hatten, in Braunau zu heiraten. Alle Voraussetzungen dafür waren erfüllt. Der Ahnenpass ausgestellt. Die Unbedenklichkeitsbescheinigungen von Partei und Gestapo lagen vor.

Die lähmende Wartezeit nutzte mein Vater, das Dorf Kaminke, in dem die Mannschaft der Flak-Batterie untergebracht war, nach einem Standesamt abzusuchen, und er fand auch eines. Heiraten kann man doch überall. So schrieb er seiner Braut, er sehe keinen zwingenden Grund, die Hochzeit zu verschieben. Meine Mutter, die an abenteuerliche Umstände im Osteinsatz gewöhnt war, verließ Braunau und reiste an die Front. Am 25. Dezember wurde die Trauung vollzogen.

In meinem Exemplar von Hitlers *Mein Kampf* steht als Widmung: »Dem jungvermählten Paare Hans Heinrich Burk, Rosa Christina Schneider. Mit den besten Wünschen für eine glückliche und gesegnete Ehe überreicht vom Standesamt am 25. Dezember 1944. Lesewitz Kreis Groß Werder.«

Mein Vater meinte später, dieses Exemplar von *Mein Kampf* sei die einzige aus den Kriegswirren gerettete »Heiratsurkunde«.

»Für meine Soldaten war das nicht nur ein besonderer Tag«, schrieb er später. »Es war ein Erlebnis! Sie hatten die Feier im Saal eines Gutshofes ganz in der Nähe der Batterie vorbereitet. Immerhin bestand die Einheit aus 120 Mann, inklusive der russischen Kriegsgefangenen. Es war für ausreichende Getränke gesorgt, und niemand fragte nach der Herkunft. Man kann wohl ohne Übertreibung sagen, daß die Soldaten meiner Einheit ein rauschendes Fest vorbereitet hatten. Schließlich war es eine Abwechslung im monotonen Alltag. Tanz und Alkohol taten das Übrige dazu. Am nächsten Tag kam Leutnant Knapp vom Lehrgang zurück, und ich konnte meinen kurz bemessenen Urlaub antreten. Die Bahnreise in die Heimat meiner Frau war abwechslungsreich, denn sie wurde zeitweise von aktiv tätigen Tieffliegern begleitet.«

Wenn ich nachrechne, muss ich während der zehn Flittertage, die meine Eltern in Braunau verbrachten, gezeugt worden sein, vermutlich sogar zum Jahreswechsel. Während mein Vater nach zehn Tagen an die Front zurückkehren musste, erlebte ich meine pränatale Zeit wohlbehütet unter dem Herzen meiner Mutter in Braunau am Inn.

Als Kind hörte ich das Wort »Zusammenbruch« immer dann, wenn es um die letzten Monate des Zweiten Weltkrieges ging. Als der Krieg auf das Reichsgebiet übergriff, sorgten die Gauleiter als »Reichsverteidigungskommissare« mit allen Mitteln für die Aufrechterhaltung des Verteidigungswillens. Männer und Frauen, Mädchen und Jungen wurden zum Volkssturm einberufen und eingesetzt. Auflösungserscheinungen jeglicher Art wurden mit brutalen Mitteln aufgehalten.

Am 10. April 1945 sprach August Eigruber, Gauleiter und Reichsstatthalter von Oberdonau, im Rundfunk: »Gerade jetzt ist es an der Zeit, den feigen und damit widerstandslähmenden Bangemachern ein Ende zu bereiten. Die bolschewistischen Soldaten sind weder Übermenschen noch disziplinierte oder gar mutige Einzelkämpfer, sondern immer noch das, was sie bisher waren: ein wilder Haufen aufgeputschter und vorwärts getriebener Asiaten, gemischt mit europäischem Gesindel aus dem Balkan (...) Entschlossene Gegenstöße in Niederdonau und Steiermark beweisen, daß wenige deutsche Soldaten und Volkssturmmänner heute genauso wie im Jahre 1941 den Bolschewisten als Kämpfer turmhoch überlegen sind. Ich wiederhole daher meine Aufforderung: In Oberdonau wird stehengeblieben! Würden wir laufen, dann wäre das Schicksal unserer Frauen und Kinder höchstens um einige Tage verzögert. (...) Ich habe die strikte Anordnung gegeben, daß niemand evakuieren darf. (...) Heute wurde der Präsident des Gauarbeitsamtes Gustav Böhm aus Linz in Braunau am Inn verhaftet, als er, ohne sich abzumelden, den Gau in westlicher Richtung verlassen wollte. Ich habe der Staatspolizei den Auftrag gegeben, den Präsidenten des Gauarbeitsamtes heute noch dem Standgericht vorzuführen. Er geht seiner Aburteilung entgegen. (...) Die Arbeit in Stadt und Land geht weiter so wie bisher. Wir Oberdonauer lassen uns durch nichts aus unserer angeborenen Ruhe bringen. Wir stehen zusammen und kämpfen.«[4]

Zwei Tage später wurde das Todesurteil gegen Gustav Böhm »wegen feiger Flucht und Wehrzersetzung« vollstreckt.

Eigruber machte auch in den folgenden Tagen seinen Entschluss klar: Oberdonau werde nicht evakuiert. Ein Ausweichen sei nicht mehr möglich. Zu viele Städte seien durch Luftangriffe zerstört. Wer fliehe, werde erschossen. Zum Feind überzulaufen, nutze nichts. Verrat werde auch von Stalin nicht anerkannt. Jeden Verräter werde er am nächstbesten Baum aufhängen. Damit sei der Zeitpunkt des Entweder-oder gekommen. »Im Krieg entscheidet die Standhaftigkeit.«[5]

Am 30. April 1945 fand man Adolf Hitler in den privaten Räumen des »Führerbunkers« mit einem »groschengroßen« Einschussloch im Kopf. Das sollte heißen, der Führer habe seinem Leben als Soldat ein Ende gesetzt. Laut russischem Obduktionsbericht war das gelogen. Hitler vergiftete sich mit Zyankali. Das Einschussloch muss nach seinem Tod entstanden sein, wahrscheinlich in seinem Auftrag, ausgeführt entweder von seinem Kammerdiener oder von seinem Adjutanten. Sie wollten ihn so gefunden haben. Er wollte, dass er der Nachwelt als tapferer Soldat im Gedächtnis bliebe.

Am Tag nach Hitlers »Heldentod« rückte die 13. US-Panzerdivison »The Black Cat« Richtung Simbach vor. Auf der anderen Seite des Inn erwachen langsam die Braunauer Bürger. Aus Behäbigkeit wird Angst, weniger vor der heranrückenden amerikanischen Armee als vor August Eigruber. Der Mann, der sich massenhafter Verbrechen schuldig gemacht hat, weiß, dass es ihm an den Kragen geht. Die Telefonistinnen im Braunauer Postamt hören mit, wie dieser fanatische Menschenschlächter, von Panik ergriffen, Durchhalteparolen übermittelt. Alles, was das mörderische Geschehen bezeugen könne, müsse vernichtet werden, bevor der Feind einträfe. Alle Oberösterreicher, die im Todeslager Mauthausen noch leben, seien zu liquidieren. Den Telefonistinnen ist klar, wie gefährlich die Situation geworden ist, auch für die Braunauer.

Am 30. April vormittags fallen ein paar Bomben auf Braunau. Eine trifft ein Siedlungshaus im Stadtteil Laab und tötet vier Menschen. Gauleiter Eigruber ruft den Kreisleiter von Braunau, Fritz Reithofer, an, er möge sich zusammenreißen, standhaft bleiben und hart durchgreifen. Er wisse doch, dass der Krieg mit dem Einsatz einer noch geheimen Waffe gewonnen werde. Braunau müsse unter allen Umständen bis zum letzten Mann verteidigt werden.

»Wie?«, fragt Reithofer.

Das sei ihm völlig gleich, antwortet Eigruber im Tonfall des gnadenlosen NS-Ideologen, der morsch werdende Knochen stramm stehen lässt. Umgehend bestätigt Reithofer Eigrubers Befehl, nicht zu kapitulieren. Er werde auf keinen Fall die Stadt übergeben.

Am 1. Mai trifft Major Wilhelm Grünwaldt in Braunau ein. Er hat den militärischen Auftrag, am Inn einen Kampfabschnitt einzurichten. Gleichzeitig geht die 13. Division der III. US-Armee (Black-Cat) in Simbach in Stellung. Die Amerikaner setzen eine ganze Division ein, um Braunau einzunehmen. Sie glauben, dass sie in Hitlers Geburtsort großer Widerstand erwartet. Der amerikanische Panzergeneral Augur, der die 13. Division kommandiert, schickt den Bürgermeister von Simbach über den Inn, um den Verantwortlichen von Braunau sein Ultimatum zu verkünden. Wenn die Stadt nicht bis zum nächsten Tag Punkt 12 Uhr Mittag kampflos von Truppen geräumt ist, werde sie dem Erdboden gleichgemacht. Außerdem sei über Braunau eine weiße Fahne zu hissen.

Gauleiter Eigruber reagiert, wie nicht anders zu erwarten. Er gibt dem Spezialkommando, das seit Wochen die Sprengung der Innbrücken vorbereitet, den Befehl, diese unverzüglich zu versenken. Ein Einmarsch des Feindes müsse mit allen Mitteln verhindert werden. Um 12 Uhr ertönt Sirenenalarm. Die Straßenbrücke zwischen Braunau und Simbach fliegt in die Luft und fällt in den Inn. Eine Dreiviertelstunde später unterstreicht ein amerikanischer Panzer seine Entschlossenheit und gibt Warnschüsse auf die Stadt ab. Einer trifft zielgenau den Kirchturm, mit 84 Metern Höhe kaum zu verfehlen. Die Zeiger auf der Kirchturmuhr bleiben stehen. Durch weitere Granaten bricht die Stromversorgung in der Innenstadt zusammen. Ein Polizist wird vor dem Rathaus getroffen. Stunden später gelingt es den Sprengmeistern trotz heftigen MG-Sperrfeuers, auch die Eisenbahnbrücke über den Inn zu sprengen.

Am Abend erörtert Abschnittskommandant Major Wilhelm Grünwaldt, der jetzt auch das Amt des Stadtkommandanten von Braunau innehat, die Situation in einer Lagebesprechung im Kampfgruppengefechtsstand. Eine Verteidigung der Stadt sei sinnlos, meint er, zumal das Wachbataillon nur mit Schrotflinten ausgerüstet und Munition Mangelware sei. Dennoch müsse er am Auftrag festhalten. In Anwesenheit von Offizieren kann er nicht sagen, was er vorhat. Für ihn ist klar, dass die Stadt nur zu retten ist, wenn die in Braunau verbliebenen Überbleibsel an Truppen sich Richtung Süden zurückziehen. Wenn nicht, werde in Braunau kein Stein auf dem anderen bleiben. Sein Plan heißt abwarten und das Heft in der Hand behalten.

Dass die Amerikaner der Stadt ein Ultimatum stellten, geben weder der Kreisleiter noch der Stadtkommandant öffentlich bekannt. Dennoch wissen durch mündliche Weitergabe alle Bürger Bescheid. Kurz nach Morgengrauen bildet sich vor der Kaserne in der Vorstadt 13, direkt neben Hitlers Geburtshaus, eine Demonstration von Frauen mit ihren Kindern. Vermutlich ist meine schwangere Mutter, die nur 200 Meter davon entfernt wohnt, dabei. Major Grünwaldt empfängt eine Delegation von ihnen in seinem Gefechtsstand in der Kaserne. Unter Tränen fordern die Frauen die Übergabe der Stadt an die Amerikaner. Um 9 Uhr folgt eine weitere Demonstration, diesmal der Männer. Eine größere Delegation, darunter Ärzte und Juristen, bevölkern den engen Raum des Stadtkommandanten. Hinzu kommen sämtliche Offiziere und der Kreisleiter Reithofer. Die Bürger fordern, dass die Stadt kampflos von Truppen geräumt werde. Major Grünwaldt verweist kühl auf die vorgesetzten Kommandostellen, die das zu entscheiden hätten. Er habe seinen militärischen Auftrag zu erfüllen. Die Bürger malen ihm das entsetzliche Blutbad aus, drohen mit »Fenstersturz«. Der Ritterkreuzträger Major Wilhelm Grünwaldt lässt sich durch solche Ankündigungen nicht aus der Ruhe bringen. Das von der Menge vorgebrachte Argument, dass selbst Adolf Hitler, einst »als größter Sohn der Stadt« geliebt und gepriesen, bereits gefallen sei, kann den Kreisleiter nicht umstimmen. Fritz Reithofer appelliert an die Bürger, weiterzukämpfen. Die Frauen setzen die Belagerung fort und bitten erneut, keinen Widerstand mehr zu leisten. Die Stadt dürfe kein Schlachtfeld werden. Daraufhin droht Reithofer, in die Menge der »rückgratlosen Frauen« schießen zu lassen. Daraufhin treten acht Arbeiter in das Büro und warnen Reithofer und Grünwaldt, dass sie den Raum nicht lebendig verlassen würden, sollten sie die Stadt nicht sofort aufgeben.

Grünwaldt, zwischen Befehl und Vernunft hin- und hergerissen, kommt sich in seinem Gefechtsstand »wie in einem Bienenhaus« vor. Neben heftig geführten Diskussionen gibt es ständig Anrufe mit Durchhaltebefehlen. »Ich wurde von einem zum anderen gerissen, das heißt zur einen oder anderen Entscheidung aufgefordert.« Später erinnert er sich: »Beide Demonstrationen, insbesondere die der Frauen mit ihren Kindern, hinterließen bei mir einen nachhaltigen Eindruck. Ich konnte beide Demonstrationen beruhigen und bat um Verständnis: Ich bin hier zwar der militärische Führer, aber was ich für ihr Leben tun kann, das werde ich tun.«[6]

Gegen 11 Uhr fasst sich Grünwaldts Adjutant Franz Danzinger ein Herz und durchbricht die lähmende Stimmung. Er bittet den Kampfkommandanten um die Erlaubnis, zum amerikanischen General nach Simbach gehen zu dürfen und die Bedingungen für eine kampflose Übergabe der Stadt zu erfragen. Grünwaldt wendet nichts dagegen ein.

In dieser Stunde haben die Braunauerinnen und Braunauer das Hin-und-her-Gezerre vor und in der Kaserne am Salzburger Tor endgültig satt und hissen überall in der Stadt weiße Fahnen. Auf dem Stadtplatz fordern sie lautstark, Braunau sofort den Amerikanern zu übergeben. Diese seien bekannt dafür, dass sie keine Vergeltung übten, sondern die Bevölkerung nur entwaffneten. Ein Major der Ordonnanz erscheint im Gefechtsstand mit der Anweisung, die Stadt zu halten. Grünwaldt demonstriert Gelassenheit. Telefonisch meldet er nach Linz die aktuelle Lage, die Eigruber postwendend mit dem Befehl beantwortet, den Endkampf durchzustehen.

Er habe den Anmarsch von SS-Einheiten angekündigt, schreibt Grünwaldt später. Als der Ordonnanzoffizier gerade nicht im Raum war, habe sich Folgendes abgespielt: »Herr Mautner kam einmal herein und berichtete, dass er sich bemüht – nach einem zuvor an ihn gerichteten Auftrag –, daß alle weißen Fahnen herunterkommen, aber als er sich umdrehte, da waren sie schon wieder gehißt. Ich sagte ihm: Lassen Sie es, Herr Mautner.«[7]

Kreisleiter Fritz Reithofer verlässt den Gefechtsstand und setzt sich in Richtung Mauerkirchen ab. Ordnungsgemäß gibt er Gauleiter Eigruber Bericht von den Vorgängen in Braunau. Der fordert umgehend SS an, um dafür zu sorgen, dass ein Verhandlungsergebnis mit General Augur nicht eingehalten werde. Eigruber erstattet Anzeige gegen Grünwaldt und Danzinger. Währenddessen bespricht Major Grünwaldt mit seinem Adjutanten, Hauptmann Danzinger, die neue Hauptkampflinie der sich zurückziehenden Truppen. Dann macht sich Danzinger mit einer Bürgerdelegation auf den Weg. In der Tasche die von Grünwaldt autorisierte Räumungserklärung mit dem Vorschlag von drei Stunden Spielraum, um die Truppen abzuziehen. Auf zwei klapprigen Kähnen schippern die fünf Männer und ein Dolmetscher über den Hochwasser führenden, reißenden Inn nach Simbach. Drei Minuten vor Ablauf des Ultimatums stehen sie vor dem gut gelaunten amerikanischen General.

Noch am selben Tag bauen die Soldaten der Panzerdivision »The Black Cat« eine Pontonbrücke über den Inn und rücken in die Stadt ein. Die Braunauer sind mit dem Schrecken davongekommen. Meine Mutter auch. Ich auch.

Für meine Mutter ist es höchste Zeit, alles Material, von dem sie glaubt, dass es sie belasten könnte, verschwinden zu lassen. Sie

5. Mai 1945.
US-Pontonbrücke zwischen Simbach und Braunau über die Donau

rennt in die Altstadt 16, nimmt ein vorbereitetes Päckchen mit sämtlichen Dokumenten, die ihren Osteinsatz betreffen, und bringt sie zu ihrer Freundin Elli. So war ihre Vereinbarung, für den Fall, dass die Amerikaner kämen.

Major Grünwaldt verlässt zwischen 13 und 14 Uhr die Stadt. Nach Mitternacht trifft er im neuen Gefechtsstand Burgkirchen ein, wo er bereits erwartet wird. Man wirft ihm vor, dem Befehl zur Rückeroberung der Stadt nicht Folge geleistet zu haben. Er müsse seine Pistole übergeben, werde unter schwere Bewachung gestellt und müsse sich vor dem Standgericht verantworten. Das Standgericht, vor dem auch einige Offiziere verhört werden, dauert 36 Stunden. Offensichtlich argumentiert der erfahrene Grünwaldt so geschickt, dass das Standgerichtsverfahren gegen ihn eingestellt wird und er überlebt.

Meine Mutter war in Panik geraten, sie weiß nicht, wo ihr Mann ist. Verzweifelt betrachtet sie eine Postkarte, die sie gerade von sich hat machen lassen. Sie dreht die Postkarte um und schreibt auf die Rückseite: »Deine Christa! 3. Mai 1945, 16 Uhr.«

Kurz nach Neujahr 1945 war mein Vater zu seiner Stellung zurückgekehrt und sah sich mit der Situation konfrontiert, als alleiniger Batteriechef die Verantwortung für die gesamte Mannschaft zu tragen. Mit dem nun einsetzenden Frost begann der Angriff der Roten Armee. Der Auftrag Himmlers war eindeutig: durchstehen bis zum letzten Mann. »Was das bedeutete, war jedem von uns klar. Panik setzte ein.«[8]

Hinzu kam von Himmler der Befehl, »einen russischen Kriegsgefangenen vor der Truppe durch Erschießen zu exekutieren. Mit diesem exemplarischen Beispiel sollen Unruhen verhindert werden, die durch das Näherrücken der Front zu erwarten sind. Vollzug ist spätestens morgen früh um 10 Uhr an den Regimentsstab zu melden.«

Mein Vater fasste einen schwerwiegenden Entschluss. Er ließ sämtliche Luftwaffenhelfer seiner Einheit vor dem Gefechtsstand antreten und sprach mit jedem Einzelnen unter vier Augen: »Sie sind Gymnasiast und zugleich Soldat in meiner Einheit. Sie sind noch jung, aber klug genug, um zu wissen, was über kurz oder lang auf uns zukommt. Ich biete Ihnen die Gelegenheit, einen Kurs für Flak-Schießlehre in Berlin-Heiligensee zu absolvieren, der Ihnen die Möglichkeit zu fachlicher Weiterbildung bieten soll. Wenn Sie einverstanden sind, werde ich Sie unverzüglich mit dem notwendigen Dienstreiseausweis in Marsch setzen. Sie haben die Chance, jetzt noch ungehindert über Dirschau und Danzig nach Berlin zu kommen. Sollten Sie jedoch Ihre soldatische Tapferkeit weiterhin beweisen wollen, haben Sie hier beim Endkampf um diese Stellung ausreichend Gelegenheit. Sie können sich frei entscheiden, aber sofort. Die Reaktionen der Jugendlichen kamen für mich nicht unerwartet. Zu meiner Erleichterung nahmen siebzehn der Angesprochenen die Dienstreiseausweise entgegen, packten ihre Sachen und verschwanden aus der Stellung. Nur zwei der insgesamt neunzehn Schüler verschrieben sich ihrer patriotischen Selbstaufgabe und hatten für den anderen Weg nur ein verächtliches Lächeln.«

Am Nachmittag ließ mein Vater sämtliche Kriegsgefangenen frei. Im Wettlauf mit der Zeit ließ er alle Geschütze und Geräte sprengen. Dabei wurde er am Rücken verwundet.

»Die beiden Flak-Helfer, die mit der Kraft ihrer Jugend an das unbesiegbare Deutschland geglaubt hatten, waren geblieben, luden mich wegen meiner Gehbehinderung auf einen Schlitten und zogen die Last über die vereisten und verschneiten Felder in Richtung Dirschau. Ein verirrter Funkwagen einer Stabsbatterie übernahm auf freiem Gelände die einsame Fracht und brachte uns nach Danzig. Meine eigenmächtigen und befehlswidrigen Handlungen stifteten zunächst Verwirrung in den verbliebenen Stäben. Konsequenzen waren zu erwarten. Aber die Hand eines erfahrenen Oberarztes, der sich schweigend meine Beichte angehört hatte, legte sich schützend über mich und befestigte am oberen Mantelknopf einen Anhänger. Er schickte mich mit einem Verwundetentransport über Berlin in ein Lazarett an der südlichsten Grenze von Niederbayern, nach Simbach am Inn.« Braunau direkt gegenüber, auf der anderen Seite des Inn.

Anfang Mai 1945 opferte der Gauleiter Oberdonau, August Eigruber, den Stoßtrupp, der die Donaubrücken bereits gesprengt hatte. Obwohl die Amerikaner Braunau bereits besetzt hatten, sollte der Trupp auch Hitlers Geburtshaus sprengen. Alles oder nichts – entweder totaler Sieg oder die arische Kultur muss untergehen. Ein Militärposten der amerikanischen Panzerdivision »The Black Cat« erschoss die Männer des Stoßtrupps.

Amerikanische Dienststellen beschlagnahmten das »Allerheiligste«. Der amerikanische militärische Abwehrdienst CIC zog ein. In »Hitlers Geburtszimmer« hängten Umerziehungsbeamte Fotografien auf, die den Schrecken und das Elend in deutschen Konzentrationslagern dokumentierten. Die Bevölkerung Braunaus und der Umgebung wurden gezwungen, sich die schrecklichen Bilder anzusehen.

»An der Stätte, von der aus einst Hitler in die Welt trat«, schreiben die *Oberösterreichischen Nachrichten* am 2. November 1945, »wurde eine Schau von Bilddokumenten eröffnet, die Zeugnis von der untilgbaren Schuld ablegt, die diese Gottesgeißel über ihr Volk und die Menschheit gebracht hat. An der Stätte, die nach dem Willen der Partei einst der Kunst gewidmet worden war, um die Untaten heuchlerisch zu tarnen, wurde damit dem Nationalsozialismus besonders wirksam die Maske vom Gesicht gerissen. Und nicht nur das: die Bildschau aus deutschen KZs ist ein bindendes Vermächtnis an die Millionen unschuldig hingemordeter Opfer, und es konnte daher kein besserer Tag für die feierliche Eröffnung gefunden werden als der Allerheiligentag, an dem wir unserer lieben Toten zu gedenken pflegen. (…) Im Mittelpunkt der Ausstellung ist die KZ-Schau im Geburtszimmer, eine nicht große, aber wirksame Sammlung von Bildern des unsagbaren Grauens.«

1952 wurde das Haus von der Republik Österreich den ehemaligen Eigentümern zurückgegeben und zugleich vom Staat angemietet. Im Parterre war bis 1965 die Stadtbücherei. Bis 1970 wurden die Räume für fünf Jahre an ein Bankinstitut vermietet. Von 1970 bis 1976 diente das Haus als Schule. 1977 richtete die »Lebenshilfe« das Haus als Tagesheimstätte und Werkstätte für Menschen mit Behinderung ein. 2011 allerdings musste die Tagesstätte eine neue Bleibe suchen. Die Eigentümerin hatte verhindert, dass der Mieter das Haus behindertengerecht umbaute. Sie hatte ja schon 1981 nicht zugelassen, dass an dem Haus eine Mahnplakette angebracht wurde. Das bewog den Braunauer Bürgermeister Gerhard Skiba, vor Hitlers Geburtshaus den bereits erwähnten Granitbrocken aus dem KZ Mauthausen aufstellen zu lassen mit der Inschrift »Für Frieden, Freiheit und Demokratie – Nie wieder Faschismus – Millionen Tote mahnen«. In Mauthausen starben 100 000 Menschen beim Abbruch solcher Steine.

Um der Gefahr vorzubeugen, dass »Deutschnationale« weiterhin Hitlers Geburtshaus als Pilgerstätte nutzen, betreibt das österreichische Innenministerium seit Jahren die Enteignung. 2016 beschließt das österreichischen Parlament, das Haus in Staatsbesitz zu übernehmen.

Nur, was tun mit dem Haus? Jede Idee, die dazu aufkommt, wird begierig aufgegriffen und belebt den Blätterwald. *Spiegel-Online* schreibt am 9. April 2016: »In Braunau kam Adolf Hitler zur Welt, für die Stadt ist das eine schwere Bürde … Braunau ist seitdem Geburtsort des personifizierten Bösen, und das Haus in der Salzburger Vorstadt ist ein Streitobjekt. Wie lässt sich das Gebäude angemessen nutzen, in dem der Tyrann das Licht der Welt erblickte?«

Der österreichische Innenminister, besorgt durch die Wiederbelebung rechtsradikaler Strömungen, plädierte für den Abriss als »sauberste Lösung«. Doch wird die Geschichte dadurch sauberer? Sein Vorschlag wird in Braunau nicht nur begrüßt. Das Haus gehöre zur Geschichte der Stadt. Ein Geschichtsverein setzt die Aufklärungsarbeit, die die Amerikaner 1945 begonnen haben, fort. Der österreichische Innenminister, der über die erworbene Immobilie zu entscheiden hat, übergab die Verantwortung an eine Expertenkommission. Diese sprach sich gegen einen Abriss aus. Ein Abriss würde »einer Verleugnung der NS-Geschichte in Österreich gleichkommen«.[9] Sie empfahl eine architektonische Umgestaltung, die dem Haus die Wiedererkennbarkeit nehmen solle. Zum Zwecke der Entmystifizierung schlug die Kommission vor, das Gebäude für »soziale oder administrative Zwecke zu nutzen«.

»Und? Ist es schon abgerissen?«, fragen mich immer wieder Freunde und Bekannte, als gäbe es keine andere Möglichkeit. Als hätte das Haus die Todesstrafe verdient. Der russische Oligarch Franz Klinzewitsch wollte das Haus kaufen und abreißen lassen, als ob Russland in einem symbolischen Akt auf den Trümmern des Hauses den Sieg über Nazi-Deutschland nachfeiern könnte. Auch Norbert Hofer von der FPÖ ist für den Abriss. Was will er damit demonstrieren? Schon zu Beginn dieses Buches vermutete ich, dass er damit die Spur zu seiner deutschnationalen Herkunft verwischen will.

Vielleicht will sich bald ganz Österreich mit einem Abriss reinwaschen? 49,45 Prozent der Braunauer Wähler gaben bei der Bundespräsidentenwahl am 4. Dezember 2016 ihre Stimme Norbert Hofer, dem Kandidaten der FPÖ. Im Bezirk Braunau waren es sogar 54,42 Prozent. Das zweithöchste Ergebnis für diese Partei in Oberösterreich. Die FPÖ pflegt bis heute deutschnationales Gedankengut. Sie hat sich nicht geschämt, gegen eine Enteignung des »Führer-Hauses« zu stimmen. Sie bringt es auch fertig, als einzige Partei bei der alljährlichen Gedenkstunde für die Millionen Toten, die Hitler hinterlassen hat, nicht teilzunehmen. Diese Partei hat vor, in Österreich »an die Macht« zu kommen.

Vaterwelt und Mutterwelt

Wenn ich an die Nachkriegszeit denke, denke ich an die Amerikaner. Noch heute fühle ich mich der amerikanischen Besatzungszone zugehörig. Bad Nauheim, die Stadt meines Vaters, war nach dem Zweiten Weltkrieg von amerikanischen Dienststellen geprägt. In den großen und repräsentativen Gebäuden waren militärische Abwehrdienste, Reeducation-Ämter und Presseagenturen untergebracht. Die amerikanische Flagge übte auf mich eine Strahlkraft aus, die die deutsche für mich nie erreicht hat. Dieses Gefühl des Urvertrauens in Amerika hielt bis in die 1960er-Jahre.

In Bad Nauheim führten die Deutschen ein Schattendasein. Beinamputierte, morphiumsüchtige Ärzte, von Amerikanern Gefolterte (ja, doch, das gab es durchaus!), das waren die Deutschen. Meine Eltern fühlten sich einer Vergangenheit zugehörig, die mir verborgen blieb. Sie sprachen oft von verlorenen Jahren. Ich erlebte das als große Unsicherheit. All ihre Hoffnungen richteten sie auf mich. Ich sollte einen neuen Glanz in ihr Leben bringen, ihre Zukunft sein.

Ich war kein halbes Jahr alt, als ich von Braunau nach Bad Nauheim, in die Stadt meines Vaters kam. Vor dem Krieg hatte Bad Nauheim das Renommee, es im 19. Jahrhundert vom Salzsiederdorf zu einem Badeort von Weltruf gebracht zu haben. Fünfzig Jahre nach »Ausbruch des Großen Sprudels« 1846 war die Zahl reicher und prominenter Kurgäste zu einem mächtigen Strom angewachsen. Ein evangelischer Kirchenverein sammelte vor allem von betuchten Herzkranken Spenden ein, um – im »neugotischen Stil« bauend – dem Himmel für die Heilquellen zu danken und im Gebet den Glauben an den Heilungserfolg zu festigen. Nach zweijähriger Bauzeit wurde die »Dankeskirche« 1906 eingeweiht. Trotz aller Anstrengung wirkt der 70 Meter hohe Kirchturm deutlich schmächtiger als der monströse Turm der spätgotischen Stadtkirche von Braunau mit seinen 87 Metern.

»Auf Gottes Geheiß aus der Tiefe geboren, der Lebenden Leiden zu lindern erkoren« meißelte man ergänzend in die äußere Rundung des Sprudelbeckens, dessen Sole direkt in die Badewannen floss, in denen die Herzkranken badeten. Den ortsansässigen Geschäftsleuten, Rechtsanwälten und Ärzten verlieh der nicht abreißende Geldstrom das selbstgefällige Gefühl eigener Größe. Mit hochschießenden Gründerzeitvillen und Sanatorien, die in ihrer Architektur an die Riviera erinnern sollten, garnierten die Badestädter ihr erhabenes Lebensgefühl.

1896 reiste mein Großvater zusammen mit seinem Bruder aus dem nahe gelegenen Bad Vilbel an. Sie kauften im Gründerfieber ein älteres dreistöckiges Haus direkt dem Kurpark gegenüber und bauten die Pferdeställe im Parterre zu einer Buchhandlung aus. Beide Brüder waren geschäftstüchtig und verstanden es, wenn nötig weltweit, Bücher für ihre betuchten Kunden zu besorgen. Im Gründungsjahr kurte die K.-u.-k.-Kaiserin Sissi längere Zeit in der Badestadt. War sie bereits Kundin in der Buchhandlung? In den 1920er-Jahren war der amerikanische Zeitungskönig William Hearst, begleitet von seiner Geliebten, dem Stummfilmstar Marion Davies, ebenso gern gesehen in der Buchhandlung wie Industriekapitäne, reiche Witwen oder Adelige. Auch der spätere amerikanische Präsident Franklin D. Roosevelt bezog als Kind seine Kinderbücher aus der Buchhandlung.

Die ganze Familie meines Vaters musste mitarbeiten, um die Wünsche der Großbürger zu befriedigen und einen Umsatz zu erzielen, von dem alle leben konnten. Die ganze Hauswirtschaft glühte in ständiger Hetze. In zahlreichen amüsanten Büchern hat mein Vater vom goldenen Zeitalter des nach dem Zweiten Weltkrieg verschwundenen Kurlebens erzählt, nicht aber von der Mühsal hinter der Kulisse der Buchhandlung.

Der frühere Glanz der Badestadt war das Kapital meines Vaters. Er ließ die glorreichen Zeiten in das Herz meiner Mutter scheinen, als er sie am 20. April 1944 in Slonim kennenlernte. Der Oberleutnant der Luftwaffe schwärmte von der Weltbad-Prominenz, die sich in der familieneigenen Buchhandlung traf. Für meine Mutter, die immer den Hang für das höhere gesellschaftliche Niveau hatte, klang das attraktiv. Es war ihr klar, dass der strahlende Stern des Führers, der Braunau zum Glänzen gebracht hatte, verlöschen wird. Anderthalb Jahre später, einen Monat nach meiner Geburt, schrieb die Braunauer Wochenzeitung *Neue Warte am Inn:* »Braunau hat die traurige Berühmtheit erhalten, eine der größten Geißeln der Menschheit hervorgebracht zu haben, Hitler, der, einst Millionen ein Abgott, noch mehr Millionen der leibhaftige Schrecken, nichts hinterließ, als ein zerstörtes Abendland. Ruhmlos ist er untergegangen mitsamt seinem Werk.«[1]

Im Februar 1946 verließ meine Mutter Braunau und folgte – mit mir auf dem Arm – der Stimme, die ihr eine attraktivere Zukunft versprach.

Die Realität in Bad Nauheim jedoch war ernüchternd. Mit der Kälte, die in dieser kaufmännischen Hauswirtschaft herrschte, hatte die an oberösterreichische Gemütlichkeit gewöhnte Braunauerin nicht gerechnet. Meine Großmutter dirigierte vom Küchenherd aus mit harter Hand den Tagesplan des Hauses, und mein gehetzter Vater führte die Buchhandlung wie einen Kasernenhof. Er war vom Ehrgeiz besessen, die gerade auf ihn übertragene Inhaberschaft auszubauen. Da nach dem Krieg die reichen Kurgäste ausblieben, bemühte er sich, aus dem Laden einen Kulttempel für das Buch zu machen. Leider war seine Ungeduld grenzenlos. Er tobte herum, als wäre er noch Oberleutnant. Seine Angestellten hatten nichts zu lachen. War ein Buch oder eine Rechnung nicht am rechten Platz oder anderweitig kein »Vollzug« nachgewiesen, schrie er herum, als stünde erneut die Kapitulation bevor.

Die Angestellten nahmen die Ausbrüche meines Vaters klaglos hin. Umso mehr schämte ich mich für ihn. Die Räume der Buchhandlung betrat ich nur mit Tarnkappe. Unsichtbar schlich ich an den steilen, mit Geist gefüllten Regalen vorbei, kroch lieber unter die Tische der Angestellten und half ihnen, die Bücher auszupacken und mit Preisen zu versehen. Meine Liebe gehörte ganz den »Geknechteten«. Sie freuten sich, wenn sie mich sahen, lächelten mir verschwörerisch zu. Ich versteckte mich, so gut es ging, vor den Augen meines Vaters, besonders wenn Badestadtgrößen wie Ärzte und Rechtsanwälte oder Kurgäste wie Kunsthändler und Männer der Wissenschaft sich in der Buchhandlung sehen und bewundern ließen und dabei so taten, als hätten sie alle Bücher schon gelesen. Wenn meine Mutter wusste, dass ich anwesend war, rief sie mich dazu. »Komm mal her, gib brav die Hand.« Dann lobte sie mich vor den städtischen Honoratioren für Leistungen, die ich meist gar nicht erbracht hatte beziehungsweise noch nicht erbringen konnte. Ich wusste gar nicht, wo ich hinschauen sollte, so unerträglich waren diese Vorführungen für mich.

»Bei seiner Substanz wird er mal ein ganz Großer«, sagte mein Vater.

Ich glaubte oft, ersticken zu müssen. Zunehmende Beklommenheit aufgrund dieser belastenden Erwartungen schnürte mir den Hals zu, sodass es mir schwer fiel, mich überhaupt zu äußern. Es würde gewiss etwas Falsches sein. Da kam es mir wie gelegen, dass ich stotterte. Der Nervenarzt meinte, bei »der Substanz« wird sich das auswachsen. In Wahrheit verfestigte sich das Stottern, auch weil ich mich immer mehr verweigerte zu sprechen. Am liebsten hörte ich den Erwachsenen zu.

Der Krieg war ihr Dauerthema. Die Kriegserlebnisse verbanden Menschen unterschiedlichen Standes. Zwischen meinem Vater, dem Straßenkehrer, dem Friseur, dem Postbeamten, dem Arzt, dem Kellner bestanden intensive Bindungen, ohne dass mir klar wurde, warum. Heute denke ich, dass der Schützengraben ein Gemeinschaftsgefühl stiftete, das wir heute gar nicht mehr kennen. Vom tatsächlichen Grauen erfuhr ich nichts. Der Name Hitler fiel gelegentlich. Von Kriegsverbrechen war nie die Rede. Als Soldat gefallen zu sein oder als Feind wegen einer Kleinigkeit aufgehängt worden zu sein – für meinen Vater eine für diese Zeit »normale« Art, das Leben vorzeitig zu beenden. Er hatte sich daran gewöhnt, die Erlebnisse seines zehnjährigen Berufssoldatendaseins mit einer gehörigen Portion Sarkasmus darzustellen. Laut lachend konnte er von absurden Kettenreaktionen in der Befehlshierarchie erzählen, als ob nur deshalb der Zusammenbruch passiert sei. Den endlosen Landsergeschichten hörte ich gespannt zu. Die Erwachsenen überboten sich im gegenseitigen Wettbewerb um möglichst spannende, traurig-gruselig-heldenhafte Schilderungen. Stolz konnte mein Vater mithalten, wenn er berichtete, wie er, bereits verletzt, noch mit dem letzten Transport in die Heimat gelangt sei. Immerhin schien der Irrsinn des Krieges in seinen Erzählungen gelegentlich durch. Wenn wir in einem Lokal saßen und ein Invalide kam herein, dem ein Arm oder ein Bein fehlte, sagte mein Vater zu mir: »Guck mal, der da, das ist ein Held.«

In Gesellschaft erzählte er oft riskante Witze, mit denen er bei der Wehrmacht im Kasino geglänzt und sich in Lebensgefahr gebracht hatte: Ich erinnere mich, wie er die Stimme des Reichspropagandaministers Joseph Goebbels imitieren konnte und in dessen prahlerischen Art sprach: »Wenn heute gewisse jüdisch-bolschewistische Klüngelkreise behaupten, wir hätten keine Butter, kein Mehl, keine Eier, da kann ich nur sagen: Sie irren sich, meine Herren. Wir haben sie. Wir sind nur zu stolz, sie zu zeigen.«

Ich habe den Witz damals nicht verstanden, aber es amüsierte mich, auch weil mein Vater sich so wunderbar über seinen eigenen Witz vor Lachen ausschütten konnte. Selbst wenn er ihn zum x-ten Mal erzählte.

Meine Mutter erzählte nie etwas über den Krieg. Er hatte sie offenbar sprachlos gemacht. Auch wenn mein Vater behauptete, sie habe in Weißrussland Juden versteckt, spürte ich deutlich, dass sie darüber nicht sprechen wollte. Vielleicht fühlte sie sich für die gesamte Katastrophe mitverantwortlich. Ich fragte auch nicht nach, auch später nicht. Sie schwieg und fühlte sich, wenn das Thema aufkam, offensichtlich unwohl.

Das Verhalten meiner beiden Eltern war, wie ich vermute, durch die zurückliegenden Kriegsereignisse und die Rollen, die sie gespielt hatten oder spielen mussten, von Angst und Misstrauen geprägt. Eine Atmosphäre, die mich in meiner Kindheit sehr bedrückte. Ich hatte das Gefühl, als lebten wir zu dritt in einer Burg, umzingelt von Feinden.

In dieser Zeit wollte ich unbedingt eine kleine Schwester haben. Jeden Abend legte ich ein Zuckerstückchen vor das Fenster für den Klapperstorch. Es half nichts. Also suchte ich mir eine Ersatzschwester. Sie hieß Ulla und war ein Huhn. Ulla wohnte mit ihren beiden Schwestern in einer Hütte im Hinterhof. Wenn sie gackerten, nahm ihnen der Großvater die Eier weg.

Da Ullas Eier und die ihrer zwei Schwestern nicht für die ganze Familie reichten, kam jeden Samstag ein Vertriebener zu uns ins Haus und brachte ein Pappquadrat mit Eiern. Der Mann war normal freundlich, ganz anders als die aufgesetzte Freundlichkeit der Hautevolee des Weltbades. Er hieß Prinz von Sachsen-Meiningen. Nach dem Krieg hatte er sich in der Nähe des Führerbunkers »Adlerhorst«[2] angesiedelt und betrieb dort eine kleine Hühnerfarm. Mein Vater nannte ihn scherzhaft »Eierhochwohlgeboren«.

Ich spielte täglich mit Ulla. Betrachtete sie mit Liebe, wie heute ein Kind den Familienhund liebt. Am liebsten wäre ich in die Kuhle gestiegen, die sie sich scharrte, um mit ihr zu kuscheln. Wunderbar, wie sie mit ihrem warmen Hintern im Dreck saß und sich immer tiefer in die Wonne hineinwühlte. Jede Feder, die Ulla und ihre Schwestern auf natürliche Weise verloren, sammelte ich in einem Karton. Ach, wie weich waren sie, kuschelweich.

Eines Tages wurde der geheim gehaltene Karton entdeckt und sogleich der Familienrat einberufen. Großvater und Großmutter, Tante Lulu, Onkel Hermann, Tante Nora, mein Vater und meine Mutter.

»Euer Bub hat den Hühnern die Federn ausgerissen!«, warf die von den Tanten angeführte Inquisition meinen Eltern vor. »Er ist ein Tierquäler!«

Ich wurde verhört, beteuerte, dass ich die Federn nur aufgesammelt hätte.

»Ich habe nur mit Ulla weich liegen wollen!«

Meine Eltern waren angesichts der versammelten Wut hilflos. Meinem Vater ging der Witz aus. Die Tanten ließen nicht locker. Der schlummernde Familienzwist, der sich eigentlich um die Vorherrschaft in der Buchhandlung drehte, entlud sich an mir. Die Tanten hatten immer unterstellt, dass meine Eltern die Buchhandlung an sich reißen wollten und mich zum Thronfolger erkoren hätten.

Mein Vater beugte sich dem Familiengericht und ich wurde schmerzhaft verhauen.

Ein Jahr später hatte Ulla ausgedient; vor meinen Augen wurde ihr der Kopf mit der Axt abgeschlagen. Meine Großmutter nahm das Huhn aus und zeigte mir die unendlich vielen Eier, die Ulla noch austragen wollte.

Kurz danach kam mein Vater in den Religionsunterricht und verfügte, dass ich vom katholischen zum evangelischen Glauben

übertreten sollte. Ich nehme an, die Familie wollte der römisch-katholischen Fremden aus Braunau einen Denkzettel verpassen. Das bedeutete nicht, dass mein Vater ein gläubiger Christ war. Er erzählte einmal, dass er bei seiner Konfirmation, als die Konfirmierten das Abendmahl erhielten, sich nach dem Verteilen von »Brot und Wein« noch mal hinten anstellte und den Pfarrer um eine Roth-Händle bat.

Für meine Mutter ging unter der Übermacht der kaufmännisch-protestantischen Vaterwelt die katholische Welt ihrer Kindheit nach und nach unter.

Ihr Stolz auf Braunau war nach dem Krieg ohnehin erloschen. Sie verwischte alle Spuren ihrer Herkunft. Braunau führte bei uns nur noch ein Schattendasein. Je mehr meine Mutter ihre Heimat, ihre Herkunft verleugnete bzw. verdrängte, umso beharrlicher suchte sie das verlorene Glück, den Glanz ihrer Kindheits- und Jugenderinnerungen in mir aufleben zu lassen, durch mich und meine »Besonderheit« wiederzufinden.

Ich war ihr Ein und Alles, außer ihr sollte ich niemandem Liebe schenken, auf niemanden hören, niemandem vertrauen. Eine Bürde, an der ich jahrzehntelang zu tragen hatte. Ich musste erst 21 Jahre alt werden, um überhaupt meinen ersten Kuss zustande zu bringen. Und das auch nur, weil meine damalige Freundin die Initiative ergriff. Bei jedem Mädchen, in das ich mich knallrot verliebt hatte, mahnte in mir die innere Stimme: »Du bist MEIN Blut. SIE ist eine Fremde.« Ich kam mir vor wie in einem Gehege mit Elektrozaun, den man besser gar nicht erst berührte.

Ich verstand die Gefühlswelt meiner Mutter besser, als ich im April 2016 Mutters Freundin Elli in Braunau besuchte. Ich hatte ihr damals Fotos aus dem Nachlass gezeigt: Voralpenlandschaft rund um einen See. Im tiefen Schnee laufen Frauen im Gänsemarsch, stellen sich im Halbkreis auf. Im Mittelpunkt wird die Fahne hochgezogen. Alle heben gemeinsam den Arm zum Heil.

»Das war auf der BdM-Führerinnenschule in Traunkirchen am Traunsee. Wir mussten ja alle. Ob wir wollten oder nicht.«

Sie schweigt, schaut mich an.

Dann sagt sie: »Nazi war ich nicht.«

1952 besuchte Elli meine Mutter in Bad Nauheim. Die beiden Freundinnen schwelgten in Erinnerungen, schwärmten von ihren gemeinsamen Fahrradtouren im Innviertel und in Tirol …

»Wie wäre es denn, wenn ich den Henning mit nach Ering mitnähme, zu Tante Paula?«, meinte Elli.

Ering ist ein kleines bayrisches Dorf unweit von Simbach am Inn abwärts. Meine Mutter hatte als Kind oft bei Tante Paula und Onkel Peter ihre Ferien verbracht. Die beiden waren kinderlos.

Die Entscheidung, mich fünf Wochen »loszulassen«, fiel meiner Mutter sehr schwer. Aber Freundin Elli setzte sich durch.

Drei Tage später, Ende Juni, fuhren wir los. Auf dem Bahnsteig brach meine Mutter in Tränen aus. Verzweiflung wie bei einer endgültigen Trennung am Grab. Als sich der Zug in Bewegung setzte, winkte sie mir lange nach. Ich winkte genauso lange zurück, bis der Zug eine Kurve machte und uns endlich trennte.

Ich verbrachte sehr glückliche Wochen bei den Verwandten. Sprache, Temperament, Umgebung – ich fühlte mich wohl und wollte gar nicht wieder heim. Im Verlauf der Ferien schrieb die Tante meinen Eltern: »Wir werden ihn sehr vermissen, wenn er wieder fort muss. Darf gar nicht daran denken, wenn Du Henning wieder abholst.«

Als meine Mutter dann kam, fuhren wir noch nach Braunau und besuchten Mutti Stöger[3]. »Sie ist eine kluge Frau«, meinte meine Mutter. »Sie weiß zu allem etwas zu sagen.« Mutti Stöger schlug vor, da ich so erholt und munter war, mich auf einem österreichischen Internat anzumelden. Es gebe in Mittersill das neu gegründete Werkschulheim Felbertal. Da mache man gleichzeitig mit dem Abitur eine Gesellenprüfung für ein Handwerk. So eine Schule täte mir sicher gut und auch meinem Sprechen. Sie regt an, für mich die österreichische Staatsbürgerschaft zu beantragen. Eine Repatriierung sei jetzt wieder möglich.[4] Sie wolle das Vorhaben unterstützen und die

Lauferei auf die Ämter übernehmen. Meine Mutter solle ihr die entsprechenden Unterlagen schicken.

In Bad Nauheim wunderten sich alle, dass ich nur noch den bayrisch-österreichischen Dialekt des Innviertels sprach, und zwar völlig flüssig, das heißt, ohne zu stottern. Das oberösterreichische Fluidum wirkte eine Weile wie eine schützende Hülle.

Mit der Staatsbürgerschaft hatte es Folgendes auf sich. Da ich 1945 in Braunau geboren wurde und meine Mutter Österreicherin war, war ich auch automatisch Österreicher. Als sie im Februar 1946 meinem Vater nach Deutschland nachreiste, verwirkte sie die österreichische Staatsbürgerschaft und meine damit auch. Die österreichische Regierung entzog sie allen, die nach Kriegsende mit ihren deutschen Männern nach Deutschland gingen. Offenbar vertrat man die Ansicht, Deutschland hätte 1938 Österreich überfallen, und wenn eine Österreicherin einen Deutschen heiratet und ins Ausland ginge, dann sei sie eine Heimatverräterin. So wurden wir über Nacht expatriiert. Später kam es im österreichischen Parlament zu einem Sinneswandel. Es sei nun mal Tatsache, dass die Mehrheit der Österreicher 1938 den Anschluss an das Deutsche Reich gewollt habe. Am 18. August 1952 gab meine Mutter die Erklärung ab, »der österreichischen Republik als getreuer Staatsbürger angehören zu wollen«. Seit diesem Tag waren meine Mutter und ich wieder Österreicher.

Melancholie

Meine Mutter wollte mich auf ein österreichisches Internat geben, mein Vater auf ein deutsches. Ich kann mich an einen Streit erinnern, bei dem meine Mutter sagte, sie habe von Bad Nauheim genug, sie gehe nach Braunau zurück. Letztlich waren es dann doch nur leere Drohungen, da sie meinen Vater nicht verlassen wollte. Sie musste sich anpassen. Der Kompromiss, auf den sie sich schließlich einigten, hieß: Meine Mutter wird Buchhändlerin und arbeitet im Geschäft mit. Da sie in Köln fortan die Buchhändlerschule besuchte, wurde ich auf ein humanistisches Gymnasium im Hochschwarzwald geschickt. Für meinen Vater war das zwar finanziell einige Nummern zu groß, aber für den erwünschten gesellschaftlich-intellektuellen Aufstieg des Sohnes wollte er gern finanzielle Opfer bringen. Ein Wandervogel-Alpeninternat – wie meine Mutter es gerne für mich ausgewählt hätte – kam für einen ehemaligen Offizier der Luftwaffe und einen Weltbadestädter nicht infrage.

»Die Luft in Hinterzarten wird dir gut tun«, meinte er. »Das Klima in der Kurstadt ist ungesund, und die Hautevolee hier ist kein Maßstab für dich.« In besserer Luft würden sich meine Lungen weiten, und meine Sprechzurückhaltung würde sich in der Internatsgemeinschaft verlieren.

Das Internat Birklehof hatte sich nach der nationalsozialistischen Katastrophe ganz der Rückbesinnung auf abendländische Werte verschrieben und verstand sich als Trägerin der παιδεία im Sinne antiker Kultur. Der Anspruch, geistiges Eliteinternat zu sein, wurde aber erst in der Oberstufe spürbar. Dort standen der griechische Philosoph Platon und der Historiker Thukydides ganz im Vordergrund. In der Mittelstufe war die Qualität des Unterrichts eher mäßig. Auf Grund meines Stotterns nahm ich weitgehend nur passiv am Unterricht teil und betätigte mich lieber als Klassenclown und Provokateur. Unser Biologielehrer, ein Fan von Ernst Kretschmers Konstitutionspsychologie, rächte sich an mir, indem er mich der Klasse als Beispiel für einen »schizothymen Leptosomen« vorführte. Ich kam mir wie ein Nichtarier vor. Von unserem Lateinlehrer wussten wir, dass er als Jude die Erschießungsaktion einer Einsatzgruppe überlebt hatte. Er wirkte verstört und war halb taub. Eine Stunde später sang ein Deutschlehrer im Unterricht: »Wetzt die langen Messer auf dem Bürgersteig, lass die Messer flutschen in den Judenleib! Blut muss fließen knüppelhageldick, und wir scheißen auf die Freiheit dieser Judenrepublik!« Wir sorgten dafür, dass dieser Irrläufer die Schule verlässt.

Anfänge von politischem Bewusstsein waren das, aber immer betrachtet vor dem Raster der Antike. Geistig lebten wir im antiken Stadtstaat Athen, skeptisch wie Sokrates allem gegenüber. Die reale Entwicklung der Bundesrepublik Deutschland zu betrachten lag uns fern. Wir waren durch die steilen Hänge und dunklen Wälder des Hochschwarzwalds abgeschirmt.

Als wir im Griechischunterricht Platons Dialog *Phaidon* durchnahmen, wurde ich hellhörig. Sokrates verspricht darin die Errettung irritierter und geplagter Seelen. Befragt am Tag seiner Hinrichtung, was er denn vom Tod erwarte, antwortet er: Gutes. Im Tod löse sich die Seele aus dem Gefängnis des Körpers und werde frei. Der Körper sei sterblich, die Seele unsterblich. Die körperlose Seele habe das Wahre, das Gute und die Gerechtigkeit vor Augen und sei nicht durch Bedürfnisse abgelenkt. Sie allein könne zwischen δόξα und ἀλήθεια, zwischen Meinung und Wissen, zwischen Schein und Sein, zwischen falsch und richtig unterscheiden.

Die Ablehnung des Körperlichen kam mir – damals – entgegen. Zwei Klassen höher prägte Platons berühmtes Höhlengleichnis meine Vorstellung von der Existenz der Seele dauerhaft. Tief beeindruckt beschloss ich, Philosoph zu werden. Die Gedanken Sokrates' legitimierten Angewohnheiten, die ich als schweigender Klassenhinterbänkler angenommen hatte, zum Beispiel, an allem etwas kritisieren zu wollen, es durch Ironie zu zersetzen, mich von allem zu distanzieren. Die bürgerlichen Fassaden waren Schein, die Hautevolee der Badestadt aufgeblasen, die *Bild-Zeitung* log, das Fernsehen vermutlich auch. Maßstab wurde das Kino mit Jean-Luc Godard und Pier Paolo Pasolini. So verwandelte ich mich von einem Jungen, der lustige Streiche ausheckte, zum nörgelnden Einzelgänger, auf den die 68er-Studentenbewegung wartete.

Meine Mutter hatte sich inzwischen an die Bad Nauheimer Verhältnisse gewöhnt. Sie verstand es, sich als Buchhändlerin Anerkennung zu verschaffen. Sie steigerte den Umsatz und wurde zum Motor der Buchhandlung. Die Kunden schätzten ihre einfühlsame Art und kauften, wozu meine Mutter sie verführte.

Privat blieb sie jedoch Braunauer Kleinstädterin, verschlang regelmäßig die Wochenblätter der Regenbogenpresse und verfolgte die persönlichen Schicksale der Boulevardprominenz, wie zum Beispiel das von Soraya, jener halb deutschen Märchenkaiserin, die, vom persischen Pfauenthron verbannt, sich allein, glücklos und missverstanden vorkam. Es kam mir so vor, als hätte meine oberösterreichische Mutter noch immer monarchistische Kaiserverehrung im Blut.

Am 26. September 1966 durfte sie dieses Bedürfnis einmal tatsächlich ausleben: Viktoria Luise, Tochter Wilhelms II., Prinzessin von Preußen, Herzogin zu Braunschweig-Lüneburg … und so weiter, besuchte unsere Buchhandlung und signierte ihre Autobiografie *Ein Leben als Tochter des Kaisers*. Meine Mutter erblühte zusehends angesichts der braun gebrannten Kaisertochter. Den ganzen Tag scharwenzelte sie um die erlauchte Dame, als wäre sie deren Protokollchefin. Bereits die Mutter von Viktoria Luise habe doch schon die Buchhandlung besucht und auch Sissi, die K.-u.-k.-Kaiserin, habe sich interessiert umgeschaut.

Die Prinzessin wusste anscheinend Hochinteressantes zu berichten. Die Menschen drängten sich in der Buchhandlung, belagerten die Straße um Hoheit zu huldigen. Es herrschte Kaiserwetter, und die Polizei sorgte für Ordnung.

Ich dagegen träumte düster und melancholisch, aber auch irgendwie österreichisch. Zu meiner Seelenlage passte der schwermütige Salzburger Dichter Georg Trakl, dessen Gedicht *Gródek* ein tief prägendes Bild für die Leiden im Ersten Weltkrieg wurde.

Es ist die Seele ein Fremdes auf Erden, seufzte der Apothekerlehrling Trakl, der Zugriff auf Drogen hatte. Ich berauschte mich an Trakls Lyrik bei langen Wanderungen durch die verschneite Schwarzwaldlandschaft.

Zwanzig Jahre später durfte ich zum hundertsten Geburtstag des Dichters einen Film über ihn für das Fernsehen drehen. Ich stand auf dem Mühlauer Friedhof bei Innsbruck, die Gräber tief verschneit. Jürgen, mein sehr geschätzter Kameramann, schritt mit der Kamera langsam voran, schwebte vorbei an Grabsteinen und Kreuzen und hielt unter einem Baum inne. Schnitt, groß: Meine Hand wischt Neuschnee von einer kleinen kühlen Metalltafel. Eingraviert steht darauf nur der Name: Georg Trakl.

Klage

Schlaf und Tod, die düstern Adler
Umrauschen nachtlang dieses Haupt:
Des Menschen goldnes Bildnis
Verschlänge die eisige Woge
Der Ewigkeit. An schaurigen Riffen
Zerschellt der purpurne Leib
Und es klagt die dunkle Stimme
Über dem Meer.
Schwester stürmischer Schwermut
Sieh ein ängstlicher Kahn versinkt
Unter Sternen,
Dem schweigenden Antlitz der Nacht.

Während der gesamten Dreharbeiten schneite es. Ob wir Trakl bei seiner Fahrt mit der Bahn von Innsbruck nach Salzburg folgten, mit ihm im Park von Schloss Mirabell wandelten oder den Kalvarienberg hochstapften, immer fiel Schnee, zu schwermütigen Klängen der Kindertotenlieder von Gustav Mahler. Der damals junge Salzburger Schauspieler Harald Krassnitzer lieh Trakl seine Stimme und las aus einem seiner Briefe vor, der dessen existenzielle Verzweiflung zum Ausdruck brachte:

»Ich glaube, es müßte furchtbar sein, immer so zu leben, im Vollgefühl all der animalischen Triebe, die das Leben durch die Zeiten wälzen. Ich habe die fürchterlichsten Möglichkeiten in mir gefühlt, gerochen, getastet und im Blute die Dämonen heulen hören, die tausend Teufel mit ihren Stacheln, die das Fleisch wahnsinnig machen. Welch entsetzlicher Alp!

Vorbei! Heute ist diese Vision der Wirklichkeit wieder in Nichts versunken, ferne sind mir die Dinge, ferner noch ihre Stimme und ich lausche, ganz beseeltes Ohr, wieder auf die Melodien, die in mir sind, und mein beschwingtes Auge träumt wieder seine Bilder, die schöner sind als alle Wirklichkeit! Ich bin bei mir, bin meine Welt! Meine ganze, schöne Welt, voll unendlichen Wohllauts.«[1]

Selbst zwanzig Jahre nach der Internatszeit klang die Trakl-Melancholie meiner Schulzeit noch in mir nach. Auf dem Internat war ich noch ganz Bewohner von Trakls schwermütiger Dichtkunst. Meine Internatsseele träumte in Bildern moderner Kunst. »Die Schönheit wird wie ein Beben sein oder sie wird nicht sein«, schrieb der Anführer der Surrealisten, André Breton[2]. Er hatte den »rasenden Stillstand« verkündet, ein intensiver Erregungszustand, den ich mir selbst vorschrieb. Mit zwei Freunden widmeten wir uns der Kunst.

Am Tag nach dem Abitur reiste ich nach Paris. Die Stadt schien für die Ewigkeit gebaut zu sein. Ich wanderte über endlose Boulevards, bewunderte den Reichtum der Museen, ging in die Kinos, in kleine

Kellertheater, hörte den Jazz meiner Lieblingsmusiker live und nicht mehr von Platten wie in Hinterzarten.

Paris war im Internat zum Ziel meiner Sehnsucht geworden. Gegen Ende meiner Schulzeit gelang es mir, mich, wenn schon nicht sprachlich, so doch pantomimisch frei zu äußern. Schon länger hatte ich aus der seelischen Not des Schweigens die Fähigkeit entwickelt, mich in die Charakterwelt der Erwachsenen einzufühlen und deren aufgesetzte Selbstgefälligkeit durch Nachahmung ihres Körperausdrucks zu demaskieren. Ich machte sie zum Gespött der Klasse. Es gelangen mir sogar zwei Bühnen-Soloauftritte, und alle rieten mir, Pantomime zu werden. In Paris ging ich bei Etienne Decroux in die Schule. Er spielte in dem Film *Kinder des Olymp* den Vater von Baptiste, dem Pantomimen. Bald jedoch musste ich feststellen, dass es mit meiner Standfestigkeit auf öffentlicher Bühne nicht weit her war. Die anonymen stechenden Blicke aus der Kindheit tauchten wieder auf. Beim täglichen Gang in den Keller in Bad Nauheim erstarrte ich stets vor Angst. Anonyme Beobachter schienen die düsteren Kellerwände zu bewohnen und alle meine Bewegungen kritisch zu beurteilen, als ginge ich auf dem Laufsteg. Sie schüchterten mich ein. Ich verließ Paris. An der Universität München begann ich ersatzweise das Studium der Theaterwissenschaft. Hier beherrschte bereits die »Revolution« das wissenschaftliche und studentische Leben. Ich bewunderte die geschliffene Rhetorik der »Systemkritiker«.

Auch Ulrich, mein bester Freund aus dem Internat, studierte in München. »Ich würde schon gerne mal die Gangsterstadt, aus der du stammst, kennenlernen«, meinte er eines schönen Tages mitten im Semester. »In Österreich sind Kaffee, Tabak und Alkohol viel billiger.«

Ich überlegte nicht lange. Nach Braunau wollte ich selbst schon lange, unter anderem, um meinen Großvater kennenzulernen.

Von München aus ist Braunau 125 Kilometer entfernt. Wir beschlossen, eine Tagestour zu machen: Morgens hin, abends wieder zurück. Als wir in Simbach am Zoll standen, klopfte mein Herz. Den riesigen Kirchturm von Braunau, der über dem alten Stadtkern der mittelalterlichen Festungsstadt hinausragt, kannte ich bereits als immer wiederkehrendes Motiv auf Postkarten, die meiner Mutter zu Weihnachten oder Ostern nach Bad Nauheim geschickt wurden.

Als ich noch Kind war, glühte ich jede Weihnachten, wenn ich die Geschenkpakete aus Braunau auspackte. Allein schon die Briefmarken hatten etwas Wärmendes, vor allem die Porträts junger Frauen vom Land mit Kopftuch, Dirndl und einem Rucksack am Rücken. In den Päckchen waren meist selbst gestrickte Strümpfe, Fäustlinge, Pullover. Als ich zehn war, stellte ich mir Braunau wie Bullerbü vor, jene verschneite schwedische Märchenlandschaft, die die Kinderbuchautorin Astrid Lindgren erfand. Ich kannte von Braunau nichts als den Zeitpunkt meiner Geburt. Auf die Minute genau rief mich meine Mutter jedes Jahr an meinem Geburtstag an und erinnerte mich daran, dass ich gerade zur Welt gekommen sei. Das war alles. Sonst legte sie ein Schweigen über meine Geburtsstadt.

Nicht nur die Absicht, meine Verwandten zu überraschen, versetzte mich in Anspannung, auch Grenzübertritte hatten damals noch etwas Abenteuerliches. Zigarettenschmuggel war beliebt als Mutprobe. Ulrich war Pfeifenraucher. Murray's Erinmore Flake seine Lieblingsmarke. In dessen schwülstigen Duft hüllte er gerne sich und seine Gedanken ein.

Als wir über die Innbrücke auf Braunau zufuhren, durchfuhr mich plötzlich die Erinnerung. Als ich sechs Jahre alt war und mit meiner Mutter zu Fuß über diese Brücke, auf den deutschen Zoll am Brückenkopf zuging, versteckte sie kurzerhand und ganz lässig das Geld, das sie bei sich hatte, in ihren Schuhen. Es war verboten, deutsches Geld nach Österreich einzuführen. Als wir uns der Zollgrenze auf Braunauer Seite näherten und ich die amerikanischen Soldaten sah, bekam ich Angst. Die Amerikaner galten als streng. Ich wunderte mich über die Kaltblütigkeit, mit der meine Mutter bei der Passkontrolle die Frage, ob sie Devisen dabeihabe, verneinte. So hatte ich sie noch nie erlebt. Für mich war sie immer äußerst vorsichtig und ängstlich. Ein merkwürdiger Widerspruch: Ausgerechnet Militär schien ihr keine Angst zu machen.

Als ich mit Ulrich beim österreichischen Grenzposten meinen deutschen Pass vorlegte, fragte mich der Zollbeamte lächelnd: »Mal wieder zu Hause?« Auch ich lächelte. Merkwürdig: Ich war stolz, aus Braunau zu kommen.

Kurz nach dem Ende der Brücke empfing uns der große Stadtplatz. Fast jedes Haus ein Geschäft, ein Café oder ein Restaurant. Überall warben Tafeln vor den Eingängen für den Einkauf von Rum, Zigaretten und Kaffee. Touristenfang. Ulrich und ich trennten uns.

Als Erstes besuchte ich meinen Großvater Karl, der in dem großen Haus Stadtplatz 50 wohnte, dem sogenannten Stöger-Haus. Ich weiß, dass er bis zuletzt Postbeamter war. Wenn ihn jemand in der Nazi-Zeit mit »Grüß Gott« ansprach, soll er denjenigen umgehend korrigiert haben: »Das heißt nicht ›Grüß Gott‹. Das heißt ›Heil Hitler!‹« So erzählte es mir jedenfalls mein Vater.

Ich klingelte. Mein Großvater war völlig überrascht, mich zu sehen. Seine Frau Louise hielt sich zurück. In der kleinen Wohnung wirkte Großvater Karl sehr zart, fast gebrechlich. Mein Vater hatte einmal eine Andeutung gemacht, dass er bei der SS gewesen sei. Aber ich konnte mir nicht vorstellen, dass dieser kleine Mann jemandem etwas hätte zuleide tun können. Ich erzählte ihm, dass ich in München studiere. Aber er wusste das schon. Meine Mutter hat ihm stolz von meiner »Karriere« berichtet. Ich blieb nicht lange. Ulrich wartete.

Ich ging noch die Linzer Straße durchs Tor hinaus in die Laabstraße zu Tante Elfi. Sie hatte damals ein Geschäft für Bodenbeläge. Auch bei ihr blieb ich nicht lange. Ich hatte ständig das Gefühl, etwas Verbotenes zu tun.

Heute stimmt es mich wehmütig, dass ich meinen Großvater Karl und meine Tante Elfi nie wiedergesehen habe. Aber meine Mutter hatte immer dafür gesorgt, dass mir Braunau fremd blieb. Ihre Befürchtungen, ich könnte etwas aus ihrer Vergangenheit erfahren, was sie nicht preisgeben wollte, waren jedoch überflüssig. Auch später musste ich erfahren, dass die Braunauer Verwandtschaft zwar alles voneinander weiß, aber auch alles unter den Teppich kehrt, wenn

Fremde mit Fragen bohren. Nichts soll »breitgetreten« werden. Als ich am Tag nach unserer Stippvisite meine Mutter anrief und ihr erzählte, dass ich meinen Großvater und Tante Elfi in Braunau besucht hätte, dröhnte missbilligendes Schweigen durch den Äther.

»Es war nur ein Kurzbesuch!«, sagte ich entschuldigend.

Nein, meine Mutter sah es überhaupt nicht gern, wenn ich Kontakt zu Verwandten aufnahm, egal ob in Bad Nauheim oder Braunau. »*Wir* sind immer für dich da!«, hieß es, als ob Onkel und Tanten einen schlechten Einfluss auf mich ausüben könnten. »Wir sind die Einzigen, auf die du dich verlassen kannst.«

Der Dauereinsatz solcher Sätze wirkte zersetzend, lähmte mich. Ich fand mich damit ab, keine Familie zu haben.

Wien

Die Studentenbewegung in München riss mich mit und schreckte mich zugleich ab. Brav studieren, wie es meine Eltern gerne gesehen hätten, war verpönt. »Nicht promovieren lassen« die Parole am Institut für Theaterwissenschaft und bei Demonstrationen. Im Wirrwarr von einschläfernden Vorlesungen über mittelalterlichen Bühnenbau oder die Rekonstruktion der Länge von Teufelsschwänzen bei mittelalterlichen Passionsspielen, von Institutsbesetzungen und linksautoritären Seminaren, war ein geordnetes Studium nicht absehbar. Das Institut schien in Auflösung. Das war realer rasender Stillstand. Wie sollte es weitergehen? Wohin sollte ich mich drehen? Vielleicht nach Wien? Ja, nach Österreich! Ins Mutterland! Da gab es auch Theaterwissenschaften!

»Wien! Wirklich? Du studierst in der Hofburg?« Meine Mutter war restlos begeistert. Der Braunauerin ging das Herz auf. Unbekümmert ignorierte sie die alten katholischen Vorurteile, Wien sei ein von Marxisten und Juden dominiertes Vielvölkergemisch. So hatte es immer die *Neue Warte am Inn* verbreitet. Nein, nein! Für sie war Wien die Stadt der K.-u.-k.-Monarchie, des Kaisers, verkörpert in jahrhundertealter Architektur, gekrönt durch die Ringstraße.

Auch ich war fasziniert. In der Wiener Hofburg war das theaterwissenschaftliche Institut untergebracht, im Stockwerk über den Kaisergemächern von Sissi und Franz Joseph, eine Tatsache, von der meine Mutter restlos hingerissen war.

Zum Institut der Theaterwissenschaft kommt man über den Michaelerplatz. In die majestätisch neubarocke Fassade des Kaiserpalastes führen drei Eingänge, eingerahmt von zwei riesigen Herkulesplastiken. Rom? Ehrfurchtsvoll betrat ich die abgasverrußte Michaelerkuppel. Links stauten sich Touristen, warteten auf Einlass. Rechts die Batthyanystiege. Bequeme flache Stufen führen hinauf. Im zweiten Stock ein enger, schmaler Gang. Feudale Türen, drei Meter hoch, eine Größe, die dereinst untertänigste Ehrfurcht auslöste: gschamster Diener. Riesige Fenster zum Innenhof geben Einblick in einen finsteren, in die Tiefe reichenden Schacht. Einzig Tauben vermehren sich dort. Am Ende des Ganges eine hagere, verwitterte Gestalt.

»Alexander Lernet-Holenia«, flüstert mir ein Kommilitone zu, der wie ich vor den angeschlagenen Seminarankündigungen steht und mein Staunen bemerkt hat. »Der wohnt hier.«

Ich war erstaunt. Schweigend, wie er aufgetaucht ist, verschwindet die Gestalt auch schon wieder irgendwo in den Gemäuern.

»Wieso in der Hofburg?«

»Seit 1952. Typus Großschriftsteller zweiter Klasse! Vielleicht als Inkarnation des Erzösterreichers.«

»Was hat er geschrieben?«

Alles Mögliche. Vor allem Soldatenromane. Er kritisierte mangelnde Tapferkeit unter den Soldaten und war selbst der größte Drückeberger. Fachmann für Durchhaltepropaganda.«

»Nazi?«

»Eher katholisch-konservativ. Hasst Langhaarige. – hier auf dem Stock gibt es noch eine Menge Spuren des Anschlusses.«

»Aha.«

»Wir schreiben noch auf dem Papier, das der NS-Statthalter von Wien, Baldur von Schirach, seinem Freund, dem immer noch leitenden Institutsdirektor Heinz Kindermann, tonnenweise zur Verfügung gestellt hat. Seit Mai 1943 ist das hier unser Institut. – Auch Deutscher?«

Jetzt nicke ich.

Ich klopfe an eine der feudalen Türen, auf der »Anmeldung« steht. Höre nichts. Ich fasse Mut und betätige die Türklinke. Sie ist sehr hoch angebracht; ich komme kaum dran. Wie in Orson Welles Verfilmung von Kafkas *Prozess*. Ich bin überrascht – die Tür lässt sich öffnen. Innen niemand. Na, eine Sekretärin könnte schon da sein. Dennoch, ich fühle sofort Geborgenheit in einer vergangenen Welt.

Mein Vater hatte mir, bevor ich nach Wien umzog, ein Heft in die Hand gedrückt, einen Separatdruck aus der *Zeitschrift für Parapsychologie*, Jahrgang 1930. Mit Bleistift hatte sich der ehemalige Besitzer des Heftes auf dem Deckblatt kenntlich gemacht: »Rudy Sch…«, mit y, offenbar von ihm selbst anglifiziert. Titel des Heftes: *Experimentelles – Bericht über eine Reihe von Laborversuchen mit Rudi Schneider*.

»Lies mal die Schriften von Schrenck-Notzing«, hatte mein Vater mir empfohlen, »ein weltweit anerkannter Professor der Parapsychologie.«

»Und wozu?« Ich kannte weder Rudi Schneider noch Herrn Schrenck-Notzing.

»Rudi war ein Onkel deiner Mutter. Er war weltbekannt.«

»Warum?«

»Er besaß übersinnliche Kräfte, die sich niemand erklären konnte.« Voller Stolz sagte er: »Er ist dein Großonkel. Der jüngste Bruder deines Großvaters. Der besaß auch diese Kräfte, sogar deine Mutter hatte sie.«

Ich schwieg.

»Weißt du, warum deine Mutter ›Lola‹ genannt wird?«

»Nein, weiß ich nicht.«

»Du wirst lachen. – Weil Rudis Trancepersönlichkeit eine ›Lola‹ war und deine Mutter in dem Jahr geboren wurde, nachdem bei Rudi in seiner ersten Sitzung diese Lola auftauchte. In Braunau reden noch heute alle von ›Lola‹, wenn von deiner Mutter gesprochen wird.«

»Ach, komm. Und wer war diese Lola?«

»Sie hat sich als ›Lola Montez‹ vorgestellt, die Geliebte eines Königs.«

»Wie alt war Rudi, als diese Lola auftauchte?«

»Lola« mit Onkel Rudi, 1923

»Noch ein Bub. Elfeinhalb. Steht alles in dem Heft.«

»Und das soll ich jetzt glauben?«

»Ich habe manchmal erlebt, dass etwas passierte, wenn deine Mutter sich aufregte. Einmal gab es einen lauten Schlag an die Fensterscheibe.«

In dem Zimmer, in dem mein Vater und ich uns unterhielten, war es bereits dunkel geworden. Ich stellte mir den Schlag gegen das Fenster vor. Würde es gleich Schläge geben?

»Dein Großvater Karl war bei der SS, aber ein ganz harmloser. Er konnte Dinge für andere unsichtbar machen. Nach dem Krieg mussten in Braunau alle Männer mit nacktem Oberkörper an den Amerikanern vorbeilaufen und ihnen ihren Oberarm vorzeigen. Wer bei der SS war, hatte die Blutgruppe auf dem Oberarm eintätowiert und wurde aussortiert. Keiner hat die Tätowierung bei deinem Großvater gesehen. Karl erzählte mir, dass er den untersuchenden Offizier manipuliert hatte.«

Ich dachte damals, mein Vater erzählte mir Märchen. Absurd, was er da berichtete. Die Geschichte gefiel mir trotzdem. Der Nimbus Braunaus wuchs und erregte mich.

Der Lesesaal der Wiener Universitätsbibliothek stammt aus dem 19. Jahrhundert. Er befindet sich noch in demselben Zustand wie 1884. Man sitzt sich an hellbraunen Holztischen gegenüber. Jeder hat seine eigene Lampe. Vor allem in den Wintermonaten erzeugt das ein Gefühl klösterlicher Abgeschiedenheit. Büchergruftis, meist ältere Herrschaften, Doktortitel-Sammler, blättern in großen Folianten gebundener Zeitungen.

Ich bestellte mir einige Bände von Schrenck-Notzing über Parapsychologie. Tatsächlich handelten die meisten von Willi und Rudi Schneider.[1] Die Behauptung Schrenck-Notzings, alle überprüften okkulten Erscheinungen stammen aus dem Unbewussten, fand ich interessant.

Da die Erscheinungen nicht im Rahmen der uns bekannten Mechanik zu erklären waren, wandte ich mich dem Naturbild der modernen Physik zu. Das lag insofern nahe, als meine damalige Freundin die Tochter eines sehr bekannten Atomphysikers war. Ich las in seinen Schriften und stellte zu meiner Überraschung fest, dass zahlreiche Atomphysiker sich in den 1920er-Jahren von der Vorstellung, man könne das Verhalten von Elementarteilchen exakt beobachten und vollständig erfassen, verabschiedet hatten. Die klassischen Methoden des Aussonderns, Erklärens und Ordnens führen beim Atom ins Leere. Wir kennen die Natur des Atoms nur als die Folge unserer Eingriffe. Das materielle Verhalten kleinster Elementarteilchen sei nur an den Konsequenzen zu beschreiben, die durch das Eingreifen in die Natur entstehen. Über ihre objektive Realität, ihre tatsächlichen Eigenschaften, über ihr wirkliches Verhalten, selbst über ihre Existenz lasse sich nichts Eindeutiges sagen. Das experimentelle Eingreifen und die daraus resultierenden Veränderungen lassen sich allerdings mathematisch beschreiben. Experimentelle Befunde können in mathematischen Formeln ausgedrückt werden, mit denen wiederum Prozesse vorhersagbar sind. Die Physik kann somit Apparate erfinden, die das vorhergesagte Verhalten physikalischer Prozesse steuern können. Gerade der Verzicht auf das »Verstehen« der Natur macht sie beherrschbar und beschert die großen Erfolge der Technik. Es kann zum Beispiel sein, dass sich bei veränderndem Eingreifen Objekte mit ganz anderen Eigenschaften finden lassen, als wir erwartet haben. Das heißt, die Natur ist jederzeit für Überraschungen gut.

Plötzlich erschienen mir die Fähigkeiten von Willi und Rudi in neuem Licht. Vielleicht gab es auch für das Verständnis von Übersinnlichem, das in meiner Familie angeblich in Erscheinung getreten war, eine Lücke in unserer Erkenntnismöglichkeit. Ich kam ins Staunen, vernachlässigte dann aber doch diese Spur und widmete mich wieder den Theaterwissenschaften. Vielleicht hätte ich doch Physik studieren sollen. Bis heute stellen sich Wissenschaftler und Laien die Frage, ob im Subatomaren eine physikalische Erklärung für Fernbewegungen zu finden sei.[2]

Austromarxismus

Kürzlich bekam ich von dem Historiker Florian Kotanko aus Braunau eine Ablichtung aus dem Braunauer katholischen Taufbuch. Es ging um den Eintrag meine Mutter betreffend. Irrtümlicherweise stand da als Name Rosa Christine statt Rosa Christina. Interessanter schien mir die Rubrik »Namen und Charakter der Eltern«. Da steht: »Schneider Karl, Reichswehrmann in Braunau am Inn, Altstadt 16, jetzt Postmanipulant in Braunau am Inn«. Postmanipulanten war mir klar. Das waren geringverdienende Postangestellte, die im Postwagen der Züge mitfuhren und an den jeweiligen Haltestationen dafür sorgten, dass die richtigen Postsäcke aus dem Waggon geworfen wurden. Was bedeutet aber »Reichswehrmann« als ehemaliger Beruf?

Eine »Reichswehr« gab es in Österreich offiziell nie, nur in Deutschland, und zwar nach dem Ersten Weltkrieg. »Reichswehr« bezeichnete das Heer der 100.000 Mann, das die Siegermächte Deutschland zugestanden hatten. An die Auflage, die Zahl der Soldaten begrenzt zu halten, hielt sich die bayerische Reichswehr nicht. Sie rüstete auf. Eine illegale »Schwarze Reichswehr« wuchs heran, die engen Kontakt zu paramilitärischen Organisationen in den österreichischen Alpenländern Tirol, Vorarlberg, Steiermark und Oberösterreich hielt, in denen sich ebenfalls bewaffnete »Heimwehren« bildeten. Man glaubte, mit diesen paramilitärischen Gruppen gemeinsam eine »Alpenrepublik« gründen zu können. Nannten sich Österreicher, die den Heimwehren angehörten, deshalb auch »Reichswehrmänner«? Hatte mein Großvater den Begriff angegeben, weil es sich damals gut machte, an der Gründung eines eigenen neuen Staates beteiligt gewesen zu sein? Einen gewissen Stolz, sich als Mitglied der Reichswehr im Taufbuch zu verewigen, meinte ich feststellen zu können.

Meine Mutter ein »Reichswehrmannskind«? Mich bedrückte der Gedanke. Mein Großvater bei der »Heimwehr«, den »Hahnenschwänzler«[1], wie man sie nannte? Als ich, geprägt von den Münchner Studentenunruhen, nach Wien kam, um mein Studium an der Wiener Universität abzuschließen, gehörte meine Sympathie ganz den »Roten«, den »Schutzbündlern«[2].

Als ich in Wien weit draußen, im Stadtteil Floridsdorf, dem jenseits der Donau gelegenen XXI. Bezirk, eine günstige Wohnung gefunden hatte, war mir bereits bei der Anfahrt klar, dass in diesem Stadtteil keine Kaffeehäuser mit feiner Mehlspeise zu finden wären, sondern Industrie, Arbeit und schäbige Wirtshäuser. Vom Glanz der einstigen Monarchie konnte hier keine Rede sein. Meiner Braunauer monarchisch geprägten Mutter hätte diese Atmosphäre sicher nicht gefallen. Mir schon.

Wovon an der roten Münchner Universität immer nur geredet wurde, hier war es Realität. Im Münchner Schwabing wurde die Revolution von linken Intellektuellen und Studenten mit großem verbalen Aufwand im Biergarten oder in Diskotheken durchgefochten. Hier in Floridsdorf wohnten die Arbeiter, die in den 1920er-, 1930er-Jahren zum Generalstreik bereit waren. Verrußte Häuser machten die Armut greifbar. Die Straßennamen waren nach der dort ansässigen Elektroindustrie benannt: Galvanigasse, Edisonstraße, Ohmgasse. Unsere kleine Studentenwohnung – ich war mit meiner Freundin nach Wien gezogen – lag in der Nähe des Karl-Seitz-Hofs, eines Prachtpalasts der Wiener Arbeiterklasse aus den 1920er-Jahren. Ein stolzer »Gemeindebau« mit über tausend Wohnungen.

Ich fühlte mich in Floridsdorf zu Hause. Nicht, dass ich gleich in einer Fabrik arbeiten wollte. Aber die Umgebung entsprach einem Wunschbild, dessen Ursprung in meiner Kindheit lag. Es war das Gegenbild zu allem, was meine Vaterstadt verkörperte. In Bad Nauheim fühlte ich mich zu den »geknechteten« Angestellten hingezogen, die sich von meinem Vater anschreien lassen mussten. Mir bereiteten die hochtrabenden Gespräche in der Buchhandlung Unwohlsein. In Floridsdorf fühlte ich mich zu Hause, wie einst im Garten von Tante Paula in Ering am Inn. Die Tante Paula erinnerte ich als eine einfache, herzensgute Frau; meine Nachbarn in Floridsdorf – der Schneider Kolacek, die Metzgerin von gegenüber, der Kellner im Beisl und die vielen alten Schutzbündler und Spanienkämpfer – wirkten ähnlich sympathisch auf mich. Die »bürgerlichen« Freunde der Eltern in Bad Nauheim hatten alles für sie Peinliche oder politisch Belastende unter den Teppich gekehrt. In dieser Arbeiterumgebung gab es für Peinlichkeiten kein Grund.

Mein Interesse für das »Rote Wien« war geweckt. Die noch sichtbaren Leistungen der Wiener Sozialdemokratie nach dem Untergang der Donaumonarchie waren beeindruckend. Die vielen Wohnblocks aus den 1920er-Jahren im ganzen Stadtbild zeugten von der Verwirklichung sozialistischer Ideen. Ich schwärmte für die einen Kilometer lange mächtige Arbeiterwohnanlage Karl-Marx-Hof. 5000 Menschen, die früher in elenden, dunklen Mietskasernen zusammengepfercht waren, lebten in diesem »Arbeiter-Versailles«. Am 1. Mai sah ich sie in einem Meer roter Fahnen über die bürgerliche Ringstraße marschieren, als wäre gerade der Erste Weltkrieg zu Ende gegangen und die Erste Republik im Aufbau. Das war selbstbewusste Sozialdemokratie! Nicht nur die »Superblocks« wie der Karl-Marx-Hof waren für mich Denkmäler, sondern auch die vormaligen Kämpfer und Kämpferinnen, die von ihren tapferen Heldentaten erzählten. 1933 war in Österreich ein katholischer autoritärer Ständestaat nach dem Vorbild Mussolinis errichtet worden. Die kommunistische Partei wurde verboten, die Sozialdemokratie nach und nach zerschlagen. Als dann auch noch der Republikanische Schutzbund entwaffnet werden sollte, kam es im Februar 1934 zum Aufstand. Die Arbeiter griffen zu den Waffen.

Doch es war noch nicht an der Zeit, mich diesen Themen ausführlicher zu widmen. Ich wollte möglichst rasch promoviert werden. Und das ging schneller als erwartet. Mein Studium verlief nun in geregelten Bahnen. Nach vier Jahren hatte ich meinen Doktor. Damit hatte ich den sehnlichsten Wunsch meiner Eltern erfüllt.

Ich erinnere mich noch, wie ich mich zur Promotion anmeldete: Der Mann hinter der Theke blickte länger als notwendig in meinen Pass.

»In Braunau am Inn sind Sie geboren? Na servus!«

Er lächelte mich anerkennend an, und auch ich lächelte. Dabei gefiel ich mir irgendwie. Vermutlich dachte er jetzt, wir würden uns verstehen.

Das war im November 1973 in der Quästur der Universität Wien. Auf Deutsch: der Uni-Finanzkasse.

»50, 100 oder 500 Schilling?«, fragte mich der Mann, während er mir meinen Pass über die Theke reichte.

»Wie meinen Sie?«

»In welcher Ausfertigung Sie Ihre Promotionsurkunde möchten?«

Ich stellte mir die Promotionsurkunde im Geiste vor: 64 Zentimeter breit und 46,5 Zentimeter hoch. Ein Monstrum. Aufbewahrt in einer verschlossenen Papprolle.

»Was haben Sie denn so im Angebot?«

Ich hatte mich längst entschieden.

»Papier, Pergamentpapier oder Pergament?«, fragte er.

»Bitte einfaches Papier.«

»Für die Mama nicht das Schönere?«

Der Mann gab den Enttäuschten.

»Schlimm genug, das unförmige Ding zu entstauben«, erlaubte ich mir zu entgegnen.

Ich legte zwei »Amtsstampiglien«[3] à 15 Schilling auf die Theke. Er nahm sie an sich.

»Wann wollen Sie denn überhaupt promoviert werden?«

»Zum nächstmöglichen Termin.«

»Also am 7. Dezember. Die Mama kommt doch auch?«

Ich nickte.

»Die Mama stammt schon aus Braunau? Oder?«

Ich nickte wieder, stolz natürlich.

»Sie wird doch bestimmt nicht die Promotionsfeier versäumen wollen, zumal sie und ihr Bub aus einer weltbekannten Stadt kommen.«

»Berüchtigten«, korrigiere ich.

»Gehn S', die Mama freut sich doch so.«

Und er gab mir wortlos die Quittung mit der Bestätigung.

Der Mann kennt sich aus mit den Müttern, dachte ich. Und wie recht er hatte: Meine Mutter freute sich ungemein, als ich sie anrief und den Abschluss meines Studiums meldete. Riesig stolz war sie. Ihr Bub jetzt Doktor! Sie habe es immer gewusst. »Er ist etwas ganz Besonderes!«

»Henning Burk e Braunau am Inn in Austria superiore ortum« stand in der Urkunde. »Klingt großartig!«, wird sie denken. Braunau! Superiore! Super-Henning! Dass »Austria superiore« auf Deutsch schlicht und einfach »Oberösterreich« bedeutet, hatte sie wahrscheinlich gern überhört. Auf Lateinisch klang die schlichte Tatsache viel bedeutungsvoller, römisch-katholisch, pompös.

»Und in welch kurzer Zeit er die Dissertation geschrieben hat!« Damit hatte sie nicht gerechnet. Die Überraschung war gelungen. Obwohl: Für sie überhaupt nicht verwunderlich, bei den Voraussetzungen ihres Sohnes! Als ein in Braunau Gebürtiger!

Etwas ganz Besonderes sein zu müssen, trug ich ja schon mein bisheriges Leben mit mir herum. Wenn ich als kleiner Bub aus der Volksschule nach Hause kam, glänzten Mutters Augen. Ständig trichterte sie mir das Gefühl ein, ich hätte eine Vorsehung zu erfüllen.

Welchen Glanz man von meinem Lebenslauf erwartete, spürte ich jedes Jahr, wenn ich im Sommer am letzten Sonntagabend im August auf unserem Balkon in Bad Nauheim stand und in den Himmel schaute: Bumm! … Sch …. Sch …. Sch …. Bamm! Bamm! Bamm! … Aaaaahhhh … Bumm! … Sch …. Sch … Sch … Hui! Hui! Hui! … Uuiiiiiihhh … Bumm! … Sch … Sch … Sch … Krrrr … Krrrrr … Krrrr … Oioioioio … Bumm! …

Das Brillant-Feuerwerk stürzte, die ganze Welt überstrahlend, auf mich, den »Auserwählten«. Direkt gegenüber im Kurpark wurden die Raketen gezündet. In diesem Augenblick wäre ich am liebsten selbst eine solche Rakete gewesen. Es fehlte nur die geeignete Bühne mit entsprechendem Orchester und Publikum, auf der ich mich – mich selbst aus eigener Kraft in den Himmel schießend – nach oben bewegen wollte.

Ich wollte zum Film. Die ersten Kontakte mit diesem Metier hatte ich in New York. Ein Internatsfreund war dort bereits im Filmgeschäft tätig, und ich begleitete ihn über einige Monate bei seiner Arbeit. Ich erkannte gleich meine Chance. Der Beruf versprach mir die Möglichkeit, aus meiner beschädigten Sprechfähigkeit herauszukommen und das zu machen, was ich wollte. Auf der Bühne des Films spielt öffentliches Sprechen keine Rolle. Wenn ich ein Interview mache, weiß ich, dass ich das Stottern nachher wegschneiden kann. Es taucht im Produkt nicht mehr auf. Genial.

Was lag näher, als in meinem ersten Film die architektonischen Glanzleistungen der Wiener Sozialdemokratie in den 1920er-Jahren zu verherrlichen. Die Stadt Wien hat sich im 19. Jahrhundert explosionsartig entwickelt. Von 1840 bis 1918 stieg die Einwohnerzahl einschließlich der eingegliederten Vororte von rund 440 000 auf mehr als zwei Millionen. Industrien entstanden. Der Bedarf an Mietwohnungen wuchs. Da die Arbeiter aber nicht viel verdienten, bauten die gewinnorientierten Bauherren lieber größere Wohnungen für betuchte Bürger. Für die wachsende Arbeiterzahl blieb der Bestand an kleinen Wohnungen gering und wurde immer knapper und teurer. Das Mietrecht gab den Hausherren freie Hand. Der Mietwucher blühte. Die kleinen Wohnungen, oft nur ein Zimmer mit Küche, mussten sich immer mehr Menschen teilen. Und nicht nur die Wohnungen, sogar die Betten wurden geteilt. Häufiger Mieterwechsel führte zur immer schnelleren Abnützung der ohnehin minderwertigen Bausubstanz. Die Zahl der Obdachlosen nahm zu.

Das Schicksal der Wiener Arbeiter musste auch Hitler teilen. Er hauste mit ihnen nachts in verlausten Asylen. Diese Zustände in Wien prägten seinen Hass auf Fremde, von denen immer mehr in die Stadt strömten, und auf Juden, die er für die trostlosen Zustände verantwortlich machte.

Noch während meiner Studienzeit galt die Wiener Bausubstanz als die schlechteste Europas. Ich selbst wohnte in einer Bassena-Wohnung[4] mit gemeinschaftlicher Wasserstelle und Toilette auf dem Flur. Mit einem gleichgesinnten Freund, der einen Überblick über die Geschichte der Bürgervillen, der Mietskasernen und der sozialistischen Architektur hatte, machten wir uns an die Arbeit. Die Arbeiterwohnblöcke, die in der Periode von 1923 bis 1934 entstanden waren, lobten wir überschwenglich. In elf Jahren wurden in Wien mehr als 63 000 Gemeindewohnungen gebaut. Wohnraum sollte ein Grundrecht sein. Der Film erwähnte auch den »Bürgerkrieg« von 1934. Die politischen Gegensätze in Österreich hatten sich zugespitzt: auf der einen Seite die Sozialdemokratie, die ihre austromarxistischen Ideen weiter verwirklichen wollte, auf der anderen Seite die austrofaschistische Regierung, die einen Ständestaat nach dem Vorbild Mussolinis errichten wollte. 1933 hatte die Regierung den paramilitärischen Republikanischen Schutzbund verboten. Der oberösterreichische Schutzbündler Richard Bernaschek wehrte sich gegen die Räumung des im Linzer »Hotel Schiff« versteckten Waffenlagers. Das löste den Aufstand aus. Wir identifizierten uns mit den tapferen Schutzbündlern, die in ganz Österreich gegen die Entwaffnung aufbegehrten, aber vom Bundesheer und der Heimwehr blutig niedergeschlagen wurden.

Meine Mutter sah meinen Film und deutete an, dass die männliche Braunauer Verwandtschaft bei der »Heimwehr« mitgeschossen hätten. Einer meiner Großonkel war Mitte der 1930er-Jahre sogar schon illegaler Nazi. Mir dämmerte langsam, dass in meiner Familie zwei politische Lager existierten. Der Bürgerkrieg war zwar schon fünfzig Jahre Geschichte. Aber plötzlich war der ideologische Gegensatz wieder da. Auf der einen Seite stand ich mit meinem Faible für das austromarxistische Wien, auf der anderen Seite meine Braunauer Familie als Vertreter des ländlichen, kleinstädtischen, katholischen Oberösterreichs. Ich identifizierte mich mit der sozialistischen Gestaltung der Gesellschaft nach dem Untergang der Monarchie durch die Wiener Sozialdemokratie. Die alpenländlichen Konservativen bekämpften diese, wie man sah, bis aufs Blut.

Um den Geist dieser Feindschaft besser verstehen zu können, blätterte ich erst kürzlich in alten Ausgaben der *Neue Warte am Inn*. In der Ausgabe vom 17. Mai 1919 lese ich: »Die Führer der deutschösterreichischen Sozialdemokraten sind reinrassige Juden. Adler, Bauer, Deutsch, Ellenbogen, Austerlitz, Pick, Freundlich, Morgenstern usw. sind die wirklichen Führer, die paar getauften Christen wie Renner und Seitz sind nur ein Lockmittel und Aufputz. Wo die Sozialdemokraten alle Macht erlangt haben, wie in Rußland, Ungarn und Bayern, ist die Regierung völlig christenrein und herrschen nur Juden über christliche Völker. Die Agitatoren, die aufs Land gehen, sind zwar keine Juden, aber, ohne dass sie es wissen, sind sie die Handlanger und Werkzeuge der führenden Juden. Nachdem die Juden unter Mithilfe der alten Regierung dem christlichen Volk alle wirtschaftliche Macht genommen, in den Zentralen und Militärlieferungen, wollen sie ihm jetzt auch die politische Macht rauben.«

Dieser Artikel war kein Einzelfall. Fast in jeder Ausgabe dieser Wochenzeitung, die sich als »Organ für Interessenvertretung des Bauern- und Gewerbestandes« verstand, fand sich ein Artikel, der den drohenden, von Juden gesteuerten Bolschewismus zum Gegenstand hatte. Tatsächlich ging von Wien die Bewegung des Austromarxismus aus. Die Zeit, als in der Habsburgermonarchie der wilde Kapitalismus wucherte, sollte ein Ende haben. In Wien entschieden sich die Wähler mehrheitlich für die Sozialdemokratie. Die Menschen des Alpenraums dagegen wählten in der Mehrheit konservative Parteien. Sie waren keine besitzlosen Arbeiter, sondern Bauern, Handwerker, Kaufleute, Beamte, Ärzte, die über Besitz verfügten und kein Interesse an sozialrevolutionären Ideen hatten. Sie lebten seit Generationen in einer festen Ordnung, gaben sich gegenseitig Beschäftigung, tranken miteinander, waren zusammen in Schützenvereinen und feierten die Gemeindefeste. Für den emotionalen Zusammenhalt sorgte die katholische Kirche, die die »bolschewistische« Gefahr an die Wand malte. Um ihre Heimat und ihre Existenz vor Veränderungen zu schützen, gründeten sich vielerorts bürgerliche und bäuerliche Milizorganisationen. Sie nannten sich zunächst nach bayrischem Vorbild »Einwohnerwehr«, hießen aber bald »Heimatwehr« oder »Heimwehr«. Unverkennbar alpenländisch war in all diesen Wehrgruppierungen der Begriff »Heimat« enthalten.

Aber nicht nur auf dem Land, auch in Wien, dieser Hauptstadt der österreichischen Sozialdemokratie und des Fortschritts, wuchs die Fremdenfeindlichkeit. Sie richtete sich gegen die große Zahl der in die Hauptstadt strömenden jüdischen Flüchtlinge. Tausende Familien waren im Ersten Weltkrieg aus Galizien und der Bukowina vor der vordringenden zaristischen Armee in das Innere der österreichischen Monarchie geflohen. Über 130 000 Schutzsuchende hofften, von bereits in Wien lebenden jüdischen Familienangehörigen und Bekannten unterstützt zu werden. Zunächst wurde ihnen von der Wiener Bevölkerung Mitgefühl entgegengebracht. Doch als man feststellte, dass die meisten sesshaft wurden, kippte die Stimmung. Es entwickelte sich ein ausgesprochener Hass auf alle Juden, der schließlich explodierte.

Bei einer Kundgebung in der Aula der Universität Wien forderten Studenten mit wohlwollender Unterstützung der zuhörenden Professoren die Entfernung sämtlicher Juden von den Hochschulen, eine Forderung, die von den Kommilitonen stürmisch beklatscht wurde. Anschließend zogen Trupps randalierender Burschenschaftler durch die Stadt, attackierten Passanten, die sie für Juden hielten, und überfielen jüdische Einrichtungen. An die tausend Studenten versammelten sich vor der jüdischen Mensa, fünfzig bis sechzig Schläger drangen ein, zertrümmerten die Fenster und die Einrichtung, schlugen Anwesende nieder. Die Menge auf der Straße grölte die passenden Lieder dazu.

Heldenverehrung

Der verlorene Erste Weltkrieg hat die Welt verändert. In Deutschland und Österreich leiden die Menschen Not. Armut, Hunger und Mutlosigkeit prägt die Gesichter der Menschen. »Die Not der Seele unseres Volkes treibt viele dem Spiritismus in die Arme. Allerorten tun sich spiritistische Zirkel auf, Geister werden zitiert. Medien geben Gastrollen, verblüffende Heilungen werden verkündet.«[1] Immer wieder verwundert sich der Journalist und Soziologe Siegfried Kracauer 1921 in der *Frankfurter Zeitung* über dieses Phänomen in Deutschland.

In Österreich treibt es noch bizarrere Blüten. 1927 gründen Parapsychologen in Wien eine »Gesellschaft für psychische Forschung«. Vorsitzender Hans Thirring, Professor für theoretische Physik an der Wiener Universität, schreibt im Rückblick 1952: »… in dem Jahrzehnt, das auf das Kriegsende von 1918 folgte, traten dann wie eine Art Epidemie gleichzeitig an ganz verschiedenen Stellen der Welt eine Reihe von Erscheinungen auf, als ob plötzlich besondere mediale Begabungen – die man nicht gerade als unnatürlich, wohl aber als abnormal bezeichnen könnte – in einer Reihe von Menschen wachgeworden wären, die normalerweise nicht vorkommen.«[2]

Thirring hatte in dem Skandal um Rudi Schneider für die beiden Brüder Willi und Rudi Partei ergriffen. Es stehe Wissenschaftlern nicht gut an, meinte er, wenn sie Phänomene, die ihnen unerklärlich seien, einfach vom Tisch wischten. Das, wofür man keine Erklärung habe, sei immer eine Herausforderung für die Wissenschaft.

Siegfried Kracauer fordert dagegen kritische Aufklärung: »Die Sehnsucht, das Unbetretene zu betreten, hat weite Kreise ergriffen und manches normale Hirn schwer in Unordnung gebracht. (…) Wir haben zurzeit so viel harte Nüsse zu knacken, daß wir keine Zeit haben sollten, Geister zu zitieren.«[3] – »Wenn sich breite Schichten eines bedrängten Volkes dem Spiritismus zuwenden, vermag doch einzig wissenschaftliche Aufklärung der bedrohlich unkritischen Hingabe an den Okkultismus Einhalt zu tun.«[4]

In den 1920er-Jahren wird Braunau durch die Schneider-Brüder zu einer Hochburg des Okkultismus in Österreich. Der Künstler Aloys Wach notiert 1929 in sein Tagebuch, intensiv Schriften über okkulte Fragen studiert zu haben. Ihm sei dadurch klar geworden, dass auch er als Kind »eine naturhafte okkulte Begabung, das heißt eine angeborene Art Hellsicht«[5], besessen hätte. »Heute, wo ich weiß, dass die Möglichkeit eines Kontaktes besteht mit den Strömen des Astralen, heute weiß ich, dass ich damals als Kind naturhaft mich in diese Ströme einfügen konnte und dadurch bildhaft schauern konnte und Unerklärliches sah.«

Wach ist überzeugt, dass die Quelle seiner Schwärmereien dem kindlichen Animismus entsprungen ist und distanziert sich deshalb von Experimenten spiritistischer Art. Doch gelegentlich überkommen auch ihn »Stimmungen«, in denen er sich dem Okkulten nicht entziehen kann. In seinem Tagebuch erwähnt er im Juli 1933 eine Dame, die ein Bild von ihm gekauft und von einem merkwürdigen Erlebnis berichtet hat. Bei einer spiritistischen Sitzung in Brünn sei ihr Johann Philipp Palm erschienen.

Johann Philipp Palm ist in Braunau kein Unbekannter. Seit 1866 kommt Aloys Wach täglich, wenn er zu seinem Atelier geht, am Standbild dieses Mannes vorbei: »Vor den Fenstern meiner Werkstatt liegt ein nicht großer, mit prachtvollem Baumbestand dicht gefüllter Park. Inmitten desselben, tagtäglich führt mein Weg daran vorbei, ein Monument aus Erz, das Standbild des in dieser Stadt durch Napoleon erschossenen Buchhändlers Johann Philipp Palm. Es steht feierlich zwischen zwei riesenhaften Platanenbäumen, die anlässlich der Hochzeit von Kaiser Franz Joseph I. gepflanzt wurden. Direkt am Park liegt eine kleine gotische Kirche und dicht an diesem Bauwerk ein abstoßendes Haus, das in Formen und Bauart einen abweisenden, fast feindseligen Eindruck erweckt. Das Gefängnis oder wie man hier sagt: die Fronfeste. Die tagtägliche, oftmalige Wanderung zwischen diesen örtlichen Gegebenheiten erschließt das Gefühl für eine heimliche Sinngebung in den scheinbar zufälligen Dingen. Nicht ohne Rührung durchmisst man jahraus, jahrein zu Fuß diesen Ort. Aufmerksam betrachtet das Auge immer wieder den Mann aus Bronze. Sodann wandert es über ein paar Bäume zur Außenwand der Kirche, in der jeden Tag an Jesus von Nazareth, den größten Märtyrer menschlicher Freiheit, erinnert wird.«[6]

Wer war dieser Johann Philipp Palm, den Aloys Wach als Märtyrer einstufte und in die Nähe von Jesus Christus rückte? Palm war ein Nürnberger Buchhändler. Im Juni 1806 soll er die gegen Napoleon gerichtete Flugschrift *Deutschland in seiner tiefen Erniedrigung* vertrieben haben. Die französische Besatzungsmacht verhaftete ihn und verschleppte ihn in die Festungsstadt Braunau, wo er am 26. August auf Befehl Napoleons erschossen wurde. Palm hatte gegenüber der französischen Justiz beteuert, mit der Schrift nichts zu tun zu haben. Er habe nur die Weiterbeförderung verschlossener Pakete, die man ihm anvertraut habe, veranlasst. Mehr nicht. Vom Inhalt der Pakete habe er nichts gewusst. Bis zum letzten Atemzug beteuerte er, weder den Verfasser der Flugschrift noch den Inhalt der Pakete zu kennen. Napoleon war es völlig egal, ob Palm die Wahrheit sagte oder nicht. Er hatte entschieden, Palm hinrichten zu lassen, allein, um weder Schwäche zu zeigen noch weiteren Flugschriften Vorschub zu leisten.

Die Dame, die Aloys Wach ein Bild abgekauft hatte, berichtete nun, dass sie genauso wie er von der Bronzefigur Palms beeindruckt sei. Bei ihren Spaziergängen durch den Palmpark bleibe sie jedes Mal an der Bronzefigur stehen, um dem mutigen Helden »ewige Ruhe zu wünschen«. Bei der erwähnten Séance in Brünn habe ein anwesendes »Schreibmedium« überraschend den Namen Johann Philipp Palm auf Papier geschrieben. Niemand der Anwesenden habe wissen können, was Palm ihr bedeute. Doch die Hand schrieb weiter: »Ich habe darauf gewartet, daß Du hierher kommen würdest, um Dir zu sagen, daß ich weiß, wie sehr Du um mich bemüht warst, und um Dir zu danken für deine Wünsche nach meinem Frieden. (…) Ich habe furchtbar gelitten, denn die Soldaten schossen schlecht, sie waren entsetzlich aufgeregt. Man hat immer wieder schießen müssen, bis es endlich aus war. Pfarrer Pöschl stand bei mir, er hat meinen Todeskampf miterlebt und mitgekämpft. Er ist später irrsinnig geworden. Ein Schleier zog barmherzig einen Vorhang vor sein Gedächtnis. Das ist nun so lange her. Alle sind längst tot, die damals lebten. Damals habe ich geschwiegen. Heute kann ich es sagen, wer der Verfasser der Schrift war, für den ich gestorben bin. Es war Graf Julius von Soden.«[7]

Aloys Wach ist von dem Bericht, den ihm die Dame »in einem entzückenden kleinen Haus mit warm behaglicher Häuslichkeit,

Meine Mutter vor dem Palmdenkmal, Aufnahme vom Sonntag, 2. Juni 1940

an einem apart gedeckten Tisch«, in einer entspannten regen Unterhaltung schilderte, tief beeindruckt. »Ich bin kein Freund von Experimenten spiritistischer Art«, schreibt er in seinem Tagebuch, »aber vorliegender Fall ist von außergewöhnlicher Art, denn er eröffnet den Weg der Kontrolle und ist ein Fall für Historiker, die ihn aufgreifen müssen.«

Denkmäler, so widersinnig und geschichtsfälschend sie auch sein mögen, wirken, wenn sie erst mal in die Welt gesetzt sind, wie ideologische Kraftwerke. So auch das Standbild des Johann Philipp Palm in Braunau. Aufrecht steht er da, in der Uniform des entschlossenen Bürgers und Patrioten. Für die Braunauer ist Johann Philipp Palm immer ein Held gewesen.

Auf der aktuellen Braunauer Website »meinbezirk.at« heißt es heute: »Im Palmpark steht das Palmdenkmal, das an den Nürnberger Buchhändler Johann Philipp Palm erinnert, der wegen der von ihm verfassten und gegen Napoleon gerichteten Schrift ›Deutschland in seiner tiefsten Erniedrigung‹ auf Anordnung Napoleons in Braunau erschossen wurde.«

Das ist glatte Geschichtsklitterung. Palm wird sogar zum Autor der Flugschrift verklärt. Offenbar nutzt es gar nichts, wenn die »Braunauer Zeitgeschichtstage« Aufklärungsarbeit leisten. 2006 hieß das Thema: »Unfreiwilliger Held: Johann Philipp Palm«. Auf der Tagung wurde festgestellt, dass die Hinrichtung Palms vor 200 Jahren ein Justizmord war. Palm sei weder Märtyrer noch kämpfender Patriot gewesen. An seinem Standbild, 150 Meter vom Tagungsort entfernt, steht kein Hinweis darauf. Unbeeindruckt von der historischen Forschung bleibt es weiterhin ein Heldendenkmal.

Es diente schon Adolf Hitler zum »Aufpolieren« seiner Herkunft: »Vor mehr als hundert Jahren hatte dieses unscheinbare Nest, als Schauplatz eines die ganze deutsche Nation ergreifenden tragischen Unglücks, den Vorzug, für immer in den Annalen wenigstens der deutschen Geschichte verewigt zu werden. In der Zeit der tiefsten Erniedrigung unseres Vaterlandes fiel dort für sein auch im Unglück heißgeliebtes Deutschland der Nürnberger Johannes Palm, bürgerlicher Buchhändler, verstockter ›Nationalist‹ und Franzosenfeind. Hartnäckig hatte er sich geweigert, seine Mit-, besser Hauptschuldigen anzugeben.« Geschickt verknüpfte Hitler die im österreichischen Braunau stehende, auf deutsche Tugenden pochende Bronzeplastik mit seiner Idee eines großdeutschen Reiches.

Heute haben die Deutschnationalen in Österreich und Deutschland Palm wieder für ihre gemeinsame Sache entdeckt. Am 28. August 2006, 200 Jahre nach Palms Hinrichtung, marschierten Burschenschaftler, von Simbach kommend, über die Innbrücke in Braunau ein, um an den Patriotismus des Nürnberger Buchhändlers zu erinnern.

Der Fall Jägerstätter

1994 arbeitete ich viel für die Redaktion *SPUREN*, ein Geschichtsmagazin im dritten Fernsehprogramm des WDR. Bei einer Redaktionssitzung schlug ich vor, einen Beitrag über Braunau zu machen. Dabei ließ ich fallen, dass meine Urgroßmutter … Ich erhielt sofort einen Freibrief für die Recherche.

Ich fasste mir ein Herz, rief meine Mutter an und erzählte ihr, ich wolle einen Film über Braunau machen. Wer mir denn dort vielleicht bei Themenauswahl und Recherche behilflich sein könnte. Wie zu erwarten, war sie wenig begeistert, gab mir dennoch die Telefonnummer von Lore, einer Klassenkameradin von ihr aus der Volksschule.

Lore war völlig überrascht, als ich anrief.

»Der Sohn von der Lola. Na, gibt's denn so was? Ja, kommst du endlich mal nach Braunau?«

»Hab ich vor!«

»Geh, was willst du in unserm Nest?«

»Ich bin auf der Suche nach einem Thema fürs Fernsehen. Keine Ahnung was. Nur Braunau muss es sein.«

»Mach was über den Jägerstätter-Brunnen. Das ist jetzt ganz aktuell.«

»Wer war das?«

»Ja, sag mal, du willst Braunauer sein und kennst den Jägerstätter nicht? Der ist doch international bekannt. Wegen dem kommen sogar die Amerikaner her. Die sind ganz narrisch mit dem. Der Papst will ihn seligsprechen.«

»Aha … Was hat der denn so Besonders gemacht?«

»Der Jägerstätter, des war ein ganz wilder Bursch. Der hatte als Erster in der Gegend ein Motorrad. Und Freundinnen! Jede Menge! Sogar ein uneheliches Kind hat er z'sammengebracht.«

»Wird doch nicht so schwer gewesen sein. Und dann …?«

»… 1940 wurde er zum Militär einberufen und auf die Fahne vereidigt, hier in Braunau. Als der Hitler dann ein Jahr später den Krieg gegen Russland vom Zaun gebrochen hat, hat er den Kriegsdienst verweigert.«

»Einfach so? Wie hat er das begründet?«

»Sein Gewissen. Ich kann niemanden umbring'n, hat er g'sagt.«

»Hat er gesagt. Einfach so.«

»Im Gasthaus hat er laut verkündet, die Russen hätten ihm nix getan. ›Entweder ich bin Nazi oder Christ‹, soll er g'sagt hab'n. Es wär 'ne Sünde, diesem Verbrecher Hitler zu dienen.«

»Und was sagten die Leute dazu?«

»Die einen: Recht hat er. Andere: So ein Spinner!«

»Und Jägerstätter selbst?«

»Der gab nie nach. Er würd' eine tiefe persönliche Schuld für jeden empfinden, der in den Krieg zieht.«

»Da gab's natürlich heiße Diskussionen, oder?«

»Freilich. Einerseits: Wer wollte schon die Familie verlassen und in einen Krieg ziehen. Den Hitler mochten die Bauern auch nicht. Aber dann fingen einige an: ›Na ja, wäre schon gut, wenn mit dem Krieg der Bolschewismus ausgerottet wird.‹«

»Und das hat den Jägerstätter aufgeregt.«

»Dann fing er erst richtig an. ›Des dürft‹ man doch net, unschuldige Menschen töten. Er wär ein gläubiger Katholik, und für ihn gelte das Gebot ›Liebe deinen Nächsten wie dich selbst‹, ohne Wenn und Aber.«

»Hat keine Ruhe gegeben, was? Und die Bauern?«

»Was sollen sie schon gesagt haben? ›Was willst du machen? Wir müssen in den Krieg. Wenn du dich weigerst, steht deine Familie ohne Familienvater da. Dann schlagen sie dir den Kopf ab.‹«

»Und was hat der Jägerstätter darauf gesagt?«

»Er geht auf keinen Fall in den Krieg ... Er könnt das nicht und wird es auch nicht tun. Er geht doch bei keinem Raubzug mit, auch wenn man das einen ›heiligen Krieg‹ nennen tät. Er folgt keinem Führer, der die Welt beherrschen will.«

»Wann bekam er den Einberufungsbefehl?«

»Im Februar 1943.«

»Und?«

»Den warf er einfach weg und schrieb einen Absagebrief.«

»Und was haben sie dann mit ihm gemacht?«

»Na was wohl? Zum Tod verurteilt und vier Wochen später hingerichtet, draußen in Berlin.«

»Ging der Jägerstätter oft in die Kirche?«

»Jeden Sonntag hörte er sich die Predigten des Pfarrers an. Der war ein Nazi-Gegner.«

»Der Braunauer Pfarrer? Echt?«

»Na, net der. Der in St. Radegund. Ein Stückel weiter innaufwärts. Dreißig Kilometer.«

»Ach so.«

»Nein, der Jägerstätter war nicht von Braunau.«

»Doch ein bisschen weit weg für ein Braunau-Thema.«

»Jetzt wart mal ab! Unser Bürgermeister hier in Braunau, der Gerhard Skiba, des ist ein Linker unter den Sozialdemokraten, der hat vor zwei Jahren im Gemeinderat vorgeschlagen, auf dem Stadtplatz im Gedenken an den Jägerstätter einen Brunnen zu errichten.«

»Mitten rein?«

»Ja, mitten auf dem Stadtplatz.«

»Und, wie ging die Abstimmung aus?

»Die Sozialdemokraten waren geschlossen dafür. Es gab zwei Enthaltungen ...«

»Wer war dagegen?«

»Natürlich die Freiheitlichen.«

»Die Nazis.«

»Na ja, auch bei den Sozialdemokraten fanden's nicht alle so gut. Aber sie haben trotzdem geschlossen dafür gestimmt.«

»Stark. Und wann soll der Brunnen fertig werden?«

»Gar nicht. Stell dir vor, er wird nicht gebaut.«

»Ach was? Und warum nicht?«

»Die Sozialdemokraten sind umgefallen.«

»Wieso das?«

»Es gab einen Riesenwirbel. Endlose Diskussionen. Angestachelt von den Freiheitlichen.«

»Was hatten die für Argumente?«

»Das Denkmal wäre eine Beleidigung für die Vätergeneration. Die hätten ihre Familien verlassen und in den Krieg ziehen müssen. Die hätten ihre Familien nicht im Stich gelassen wie der Jägerstätter. Der Widerstand wuchs. Es gab einen regelrechten Aufstand.«

»Und wie reagierten die Sozialdemokraten?«

»Na, was denkst du? Die kuschten vor dem Vorwurf der FPÖ, das politische Establishment würde wieder mal die Stimme des Volkes niederbügeln und dessen Gefühle verletzen. Sie forderten einen Bürgerentscheid.«

»Da sahen die Sozialdemokraten ihre Felle davonschwimmen.«

»Nicht nur. Die haben auch ihre Väter.«

»Und dann?«

»Sie sind zurückgerudert und haben im Gemeinderat dagegen gestimmt. Jetzt ist das ganze Projekt abgeblasen. Es wird nicht mal eine Straße nach Jägerstätter benannt.«

»Und der Bürgermeister? Wie steht er dazu?«

»Der ist noch immer dafür.«

»Weißt du was, Lore? Das ist ein Superthema!«

»Sag ich doch«, und ich konnte sie durch die Telefonleitung zufrieden lächeln sehen.

»Wann kommst du?«

»Ich muss die Story erst verkaufen. Dann komm ich dich besuchen.«

»Da würde ich mich freuen, dich endlich mal kennenzulernen. Den Sohn von der Lola!«

»Sag, weißt du, wie der Brunnen hätte aussehen sollen?«

»Kann ich dir nicht genau sagen. Jedenfalls ein ganz moderner. Der hätte den Braunauern auch ohne den Jägerstätter nicht gefallen. Irgendwie Steinplatten, über die das Wasser läuft und an den Namen Jägerstätter erinnert. Musst du nachfragen.«

»Wie heißt der Architekt, der Künstler?«

»Sepp Auer. Der wohnt eh hier bei Braunau. In Wien ist er ein sehr renommierter Mann an der Hochschule.«

»Den Brunnenentwurf muss ich sehen.«

»Ruf ihn an.«

»Mach ich. Wahrscheinlich komme ich erst kurz vor dem Drehen nach Braunau, für ein paar Vorgespräche. Aber wir sehen uns bald. Ich freu mich.«

»Ich mich auch. Grüß die Mama herzlich von mir.«

Ich dachte über das Telefongespräch nach. Mir gefiel die gesamte Dynamik des Falles. Ein unter der Oberfläche gärender Konflikt kommt plötzlich ans Tageslicht und explodiert. Die Deutschnationalen sehen ihre Chance und nutzen sie, um Land zu gewinnen. Und die Sozialdemokraten zittern. Nur, worum geht es eigentlich in dem Streit?

Der Bürgermeister fühlt sich berufen, gegen den Fluch, der angeblich immer noch auf Braunau als Hitler-Stadt lastet, ein weiteres Zeichen zu setzen. Jägerstätter ist ein christlicher Märtyrer, er opfert sich allein aus Gewissensgründen. Die Alten jedoch fühlen sich durch den Brunnen provoziert, weil er indirekt ihre Väter dem Vorwurf aussetze, dass diese durch ihre Beteiligung am Zweiten Weltkrieg an den Verbrechen, die Hitler begangen hat, mitschuldig geworden seien.

Die entscheidende Frage wird sein: Wie sieht der Entwurf des Brunnens aus? Provoziert er Schuldgefühle, leistet er dem Vorwurf Vorschub, nichts getan zu haben, keinen Widerstand geleistet zu haben? Oder stellt er Jägerstätters Entscheidung als die eines einzelnen Menschen dar, der allein für sich, aus seinem individuellen Gewissen heraus gehandelt hat? Soll er ein mahnendes Vorbild sein für die, die gegen den Strom schwimmen? Oder soll er allein wegen seines festen Glaubens und seiner Standhaftigkeit geehrt werden?

Ich schlug das Thema und meine Überlegungen dazu der zuständigen Redakteurin vor, und sie war einverstanden. Am 20. Februar 1995 reiste ich nach Braunau, um den Jägerstätter-Beitrag vor Ort zu recherchieren und gleich anschließend zu drehen. Am Nachmittag quartierte ich mich für sechs Tage ein. In einem soliden Gasthaus; einfache Zimmer. Mein erster Weg führte mich natürlich zur Freundin meiner Mutter, die mich im Dirndl empfing. Sie wollte alles über meine Mutter wissen.

Später setzte ich mich in eine Gaststube, direkt neben den Stammtisch, an dem es hoch herging. An so einem Stammtisch, dachte ich mir, saß jeden Tag nach Dienstschluss der Zollbeamte Alois Hitler und soff mit seinem tschechischen Kollegen. Wenigstens war der alte Hitler kein Antisemit. Den katholischen Dünkel gegen die Juden fand er widerlich. Ich bestellte Wiener Schnitzel vom Kalb mit Kartoffelsalat und ein Krügerl Bier, das Örtliche aus Salzburg. Endlich wieder österreichische Küche. Nach der langen Reise wollte ich mich von meinem inneren positiven Braunau-Gefühl vollsaugen lassen.

Ich hörte den Gesprächen am Nachbartisch zu. Es ging um Jägerstätter. Der habe nur herumgehurt, seine Familie im Stich gelassen und sei zu feige gewesen, in den Krieg zu ziehen. Na servus, dachte ich, das wird heiter.

Am nächsten Morgen las ich beim Frühstück den Pressespiegel zu Jägerstätter, den ich mir zusammengestellt hatte. Er bestätigte das, was Lore mir am Telefon gesagt hat. Jägerstätter hatte im März 1943 aus Gewissensgründen den Kriegsdienst verweigert. Daraufhin wurde er vom Reichskriegsgericht in Berlin am 14. Juli 1943 wegen »Zersetzung der Wehrkraft« zum Tode verurteilt und vier Wochen später, am 9. August 1943, enthauptet.

Am 29. Juni 1993 brachte der Braunauer Bürgermeister Gerhard Skiba anlässlich des bevorstehenden fünfzigsten Todestages von Franz Jägerstätter im Gemeindeausschuss den Antrag ein, den Märtyrer und Kriegsdienstverweigerer Franz Jägerstätter mit einem neuen Brunnen auf dem Stadtplatz zu ehren und die Theaterstraße in Jägerstätter Straße umzubenennen. Seiner Meinung nach sei es gut, wenn Braunau mit diesen Maßnahmen ein öffentliches Bekenntnis zu Jägerstätter ablege. Er genieße weltweit Anerkennung. Damit gäbe Braunau ein wichtiges Zeichen an die Welt: »Weg vom Image der ›Hitler-Stadt‹ und hin zum Image der ›Jägerstätter-Stadt‹.« Skibas Antrag wurde angenommen. Sepp Auer bekam den Auftrag.

Es sickerte jedoch nach und nach durch, dass der geplante Brunnen etwas »Modernes« werden würde. Der Braunauer FPÖ-Chef erhob an Volkes statt seine Stimme: Mit dem Brunnen würden die Bürger wieder mal von der »Obrigkeit« übergangen. Jörg Haider habe angekündigt, persönlich zu kommen, um seine Partei, die gegen den Brunnen Front machte, im Wahlkampf zur Gemeinderatswahl zu unterstützen. Er forderte einen »Volksentscheid«. Es wurden Stimmen aus der Braunauer Bevölkerung zitiert, die sich an der Hässlichkeit des Entwurfes stießen. Ein anonymer Brief kündigte einen Brandanschlag an. »Sollte der Name Jägerstätter auf dem Brunnen zu lesen sein, werde der Brunnen nicht lange unbeschädigt bleiben«, hieß es.

SPÖ-Gemeinderatsmitglieder wurden immer öfter angesprochen. Der Brunnen sei eine »Sauerei gegen die Kriegsgeneration«. Der »Oberösterreichische Kameradschaftsbund« plante, gegen die »Verherrlichung« Jägerstätters anzugehen. »Wo bleiben denn da unsere Väter, die ihre Pflicht erfüllt haben und fürs Vaterland in den Krieg gezogen sind?« Man sehe sich als Opfer einer »Hasskampagne«. Das hätten die Vertreter der SPÖ auch sagen können. Massive Beschwerden häuften sich. Der Widerstand wuchs. Die »Volksseele« kochte.

Nach der Sommerpause 1994 beriet sich die Braunauer SPÖ. Einige argumentierten, sie hätten schon bei den letzten Wahlen viele Stimmen verloren. Wenn die Wähler so deutlich gegen den Brunnen seien, müsse man sich fügen. Für die Gemeinderatssitzung am 14. Dezember 1994 stellte die SPÖ den Antrag, sämtliche Jägerstätter-Projekte zurückzunehmen. Der Obmann der Österreichischen Volkspartei (ÖVP), Dr. Florian Lackner, versuchte verzweifelt, eine Koalition zustande zu bringen, die wenigstens dem Beschluss, die Theaterstraße in Jägerstätter Straße umzubenennen, als Kompromiss zustimmen würde. Es gelang ihm nicht. Otto Höfl, Obmann der SPÖ-Fraktion, erläuterte den Antrag. Man müsse den massiven Widerstand, der in der Bevölkerung laut geworden sei und sich gegen die Person Jägerstätter richte, berücksichtigen. Ihm selbst sei dabei nicht wohl. Er fügte aber hinzu, ihm sei es inzwischen wurscht, ob der Brunnen gebaut würde oder nicht.

Der Bürgermeister aber blieb unerschütterlich bei seiner Haltung: »Das Jägerstätter-Thema wird uns noch Jahre beschäftigen.« Zum Beispiel im kommenden Jahr, wenn die »Braunauer Zeitgeschichtstage« unter dem Thema »Notwendiger Verrat – Franz Jägerstätter« stünden. Es wurde abgestimmt. 17 zu 6 fiel das Votum aus. Eine deutliche Mehrheit war also gegen den Brunnen und gegen die Straßenumbenennung. Bürgermeister Gerhard Skiba verkündete, dass die Mehrheit seiner Fraktion – zu seinem Bedauern – nicht mehr hinter ihm und dem Vorhaben stünde. Es werde also weder einen Brunnen noch eine Straße geben. Die FPÖ feierte den Rückzug der SPÖ als Erfolg der direkten Demokratie.

Es folgten entrüstete Kommentare in der Presse: »Die SPÖ ist vor nationalistischen Rülpsern an den Biertischen in die Knie gegangen«[1], so der Grüne Dr. Oskar Bertl. Er gründete mit dem evangelischen Pfarrer von Braunau ein »Personenkomitee für das Jägerstätter-Denkmal«. Spontan wurden 500 Unterschriften für den Brunnen gesammelt. Viel für eine so kleine Stadt wie Braunau. Das Personenkomitee veranstaltete eine Podiumsdiskussion unter dem Titel »Jägerstätter: Eine Brücke zur Kriegsgeneration«. Auf dem Podium saß Hermann Simböck, Träger der Goldenen Verdienstmedaille der Stadt Braunau, ein ausgebildeter Maler und Musiker.[2]

»Ich bin stolz, bei einer Wehrmacht gewesen zu sein, die siegreich ist«, meinte er sarkastisch. Simböck war an beiden Beinen amputiert schwerverletzt aus dem Zweiten Weltkrieg heimgekommen. Er wurde ein stadtbekannter Mahner gegen Krieg und Faschismus. Er war der Einzige aus der Generation der Kriegsteilnehmer bei dieser Veranstaltung. 500 weitere Kriegsteilnehmer, Braunauer wie Simböck, hatten den Kampf für Führer, Volk und Vaterland nicht überlebt. Die anderen

Teilnehmer der Podiumsdiskussion waren zu kleinmütig, um öffentlich ihre Meinung zu sagen, nämlich, dass sie Jägerstätter als Feigling betrachteten, weil er den Kriegsdienst verweigert hat. Des »Heldentodes« der 500 wird in der Krypta der Braunauer Martinskirche gedacht.

Ich war sehr inspiriert von der Thematik und wollte noch viel mehr herausfinden. Mich interessierte nun vor allem, welche Ideen Sepp Auer, der vorgesehene Brunnenbauer, entwickelt hatte, um Jägerstätter gerecht zu werden. Ich rief ihn an und machte mit ihm einen Gesprächstermin aus. Dabei erzählte er mir, dass er mehrere Entwürfe eingereicht habe. In meinem Pressespiegel fand ich allerdings nur die Erwähnung eines seiner Konzepte.

Der Reporter Torsten Brand schreibt: »Sein Entwurf sah vor, über zwei gegeneinander versetzte Granitplatten Wasser zu leiten. Auf einer Platte sollte in erhabenen Lettern der Name Jägerstätter prangen. Der zähe Widerstand der Buchstaben gegen das darüber fließende Wasser: Symbol der Konfrontation mit dem Unrechtsregime.«[3] Logischerweise trägt die andere Platte keine Inschriften und ist glatt. Die Symbolik ist deutlich: Das Wasser kann ungehindert nach unten fließen. Das heißt, der Entwurf kontrastiert zwei Haltungen. Die eine Granitplatte, über die das Wasser ungehindert nach unten fließt, steht für jene Männer, die mit dem Strom als Soldaten in den Krieg zogen. Auf der anderen Granitplatte blockiert ein Relief aus den massiven Buchstaben FRANZ JÄGERSTÄTTER den freien Wasserlauf, verwirbelt ihn, bremst ihn ab: Es symbolisiert die Haltung des gläubigen Katholiken: unbeirrbar und standhaft.

Der Betrachter soll also erkennen: Da schwimmt jemand nicht mit, sondern gegen den Strom. Eine plakative, moralisierende Interpretation des Konfliktes zwischen zwei Verhaltensmöglichkeiten. So formuliert, muss der Sinn des Brunnens als Vorwurf gedeutet werden. Moralisch Richtiges wird dem verblendeten, falschen Verhalten gegenübergestellt. Schwarz gegen Weiß. Eine Steilvorlage für die FPÖ.

Ich fuhr zu Sepp Auer. Er zeigte mir eines seiner Gipsmodelle. Es war nicht das in der Zeitung Beschriebene. Das, was ich bei ihm sah, hatte nicht zwei, sondern drei Granitplatten übereinander angeordnet, und zwar so, dass es kein Gegenüber zweier Platten gibt. Dem Modell musste eine andere Idee zugrunde liegen.

»In der Zeitung wird ein Modell beschrieben, in dem zwei Platten sich gegenüberstehen. Auf der einen Seite fließt das Wasser ungehindert nach unten, auf der anderen bilden die Buchstaben einen Widerstand gegen den Strom.«

»Das war mein letzter Entwurf.«

»Und dieser da?«

»Ist mein ursprünglicher.«

»Können Sie mir den Unterschied erläutern?«

»Auf den drei Granitplatten läuft das Wasser nach unten, wie das bei einem Brunnen so ist, von einer Platte auf die nächste und von dort wieder auf die nächste. Alle drei sind übereinander, aber schräg zueinander verdreht, damit das Wasser eine unerwartete Bewegung nach unten nimmt.«

»Und wo stehen die Buchstaben FRANZ JÄGERSTÄTTER?«

»Unten auf dem Boden des Beckens, in der Tiefe des Wassers. Von oben läuft frisches Quellwasser nur in ganz geringen Mengen. Es bewegt sich dadurch nur in einem dünnen Rinnsal eigensinnig nach unten. Die Granitplatten werden dabei nur benetzt. Es kommt gerade so viel Wasser in das Becken, dass die Wasseroberfläche in Unruhe versetzt wird. Der Name am Beckenboden soll schwer erkennbar sein. Der Betrachter soll sich anstrengen, Jägerstätter zu verstehen. Er soll sich nicht hundertprozentig sicher sein.«

»Das heißt, das Wasser strömt nicht nach unten und wird auch nicht von den Buchstaben FRANZ JÄGERSTÄTTER aufgehalten? Die Idee ist also nicht ein Vorbild ›Franz Jägerstätter – gegen den Strom‹, wie ich aufgrund der Zeitungslektüre vermutet habe.«

»Wie soll ein Jägerstätter den Lauf der Dinge aufhalten können?«

»Durch Buchstabenklötze sicher nicht.«

»Verstehen Sie: Reines Quellwasser sucht sich einen eigenen Weg nach unten. Es ist das Symbol der Reinheit …«

»… wie der Glaube Jägerstätters?«

»Ja, aber eher bescheiden.«

»Nicht was die Leute sagen: Der Jägerstätter ist ein Draufgänger, Motorradfahrer und Frauenheld.«

»Nein. Das Ganze ist kein pompöses Wasserspiel. Die Idee des Wasserlaufes ist, mal mehr nach links, dann wieder nach rechts: immer in Bewegung sein.«

»In Abwägung?«

»Man ist immer mit etwas konfrontiert. Mit sich, mit den anderen. Der Zeitbegriff soll eine Rolle spielen. Pathetisch ausgedrückt, man befindet sich in der Ewigkeit.«

»Was heißt das in Bezug auf Jägerstätter?«

»Das ist seine Haltung. Die bewundere ich an ihm.«

»Hatten Sie viel Stress mit Ihrem Entwurf?«

»Wissen Sie, die Braunauer hatten einen schönen Dorfbrunnen erwartet, versehen mit einer kleinen Hinweisplakette auf Jägerstätter.«

»Wie viele Entwürfe gibt es eigentlich?«

»Ich glaube, es waren am Ende fünf.«

»Und welcher wurde schließlich akzeptiert?«

»Na der fünfte.«

»Also der in der Zeitung erwähnte.«

Ich verabschiedete mich. »Ich danke Ihnen. Ach ja, wo sollte der Brunnen genau stehen, unten am Stadtplatz vor der Touristeninformation?«

»Ja, man wollte den Brunnen gar nicht in der Ecke haben, sondern vorne auf dem Stadtplatz errichten, sodass man ihn sieht, wenn man von der Brücke aus Deutschland kommt, bevor man Braunau betritt …«

»… damit die Deutschen, wenn sie wieder mal über die Brücke einmarschieren, gleich wissen, mit wem sie es heute in Österreich zu tun haben?«

Sepp Auer lachte: »So ungefähr.«

Die Sache begann mir richtig Spaß zu machen. Ein Glücksgefühl, das sich bei mir immer einstellt, wenn ich etwas zu verstehen glaube. Da gibt es zwei Brunnenversionen, die unterschiedlicher nicht sein können. Die offizielle und akzeptierte, die die Presse beschreibt, konfrontiert die Vätergeneration, die folgsam in den Krieg gezogen ist, mit einem Widerstandskämpfer. Die früheren, bedächtigeren Brunnenkonzepte Auers waren Versuche, die Prozesse in der Seele des Märtyrers zu verstehen. Sie wären ohne Erläuterungen vermutlich schwer zu verstehen. Deshalb forderte man einen Entwurf, der deutliche Gegensätze darstellt. Eine Propaganda-Version, die verstanden würde und Gefühle hervorruft.

Hier scheint mir das Problem zu liegen. Bei der Entwicklung der Brunnenidee hat man um der Verständlichkeit und Wirkung willen einer Polarisierung Vorschub geleistet, die man eigentlich hätte vermeiden müssen. Man befürchtete, Jägerstätter als Einzelperson sei wirkungslos. Ein religiöser Irrer. Deshalb wohl drängte man den Künstler in eine Richtung, aus dem individuellen *Märtyrer* einen *Widerstandkämpfer* zu machen. Die bedächtige Version des Künstlers, so vermute ich, empfand man als zu feinsinnig und deshalb politisch wirkungslos. Man wollte ihn zum Helden wie Palm stilisieren. Das war ein politischer Fehler. Denn mit der beabsichtigten Polarisierung von richtigem und falschem Handeln lieferte die SPÖ der FPÖ eine Steilvorlage. Jetzt konnte sie im Namen der Kinder der Kriegsgeneration protestieren. Denn deren Eltern hatten real nur die Alternative, in den Krieg zu ziehen oder sich »freiwillig« hinrichten und die Familie im Stich zu lassen.

Zwei Tage nach Beginn meiner Recherche traf das Fernsehteam in Braunau ein. Wir begannen auf dem Stadtplatz mit einer Straßenumfrage, im Fernsehjargon »Voxpop« genannt, eine Abkürzung des lateinischen vox populi, Stimme des Volkes. Eine beliebte Methode, um Reportagen je nach Bedarf oder Situation manipulieren zu können. Bestens geeignet, um Polarisierungen nicht nur zu dokumentieren, sondern selbst noch anzuheizen. Mir war ganz mulmig. Die Leute könnten auch auf mich wütend werden.

Da kommt auch schon ein älterer Mann angeradelt und steigt zufällig direkt vor uns von seinem Fahrrad. Bestärkt durch die aufmunternden Worte des Kameramanns spreche ich ihn an, bewusst naiv: »Wir machen hier eine kleine Umfrage. Sagt Ihnen der Name Jägerstätter etwas?«

»Jägerstätter? Sagt mir zwar bissl was, aber ich möchte darüber keinen Kommentar abgeben.«

»Wieso nicht?«, setzte ich nach.

»Weil das nicht interessant ist. Sind so viele andere Väter gefallen, zum Beispiel mein Vater, der kriegt auch kein Denkmal. Und für das, dass er das verweigert hat. Was glauben S', wenn's alle so gemacht hätten. So müsst S' fragen, warum er's verweigert hat.« Kurz und knapp.

»Los weiter«, treibt mich der Kameramann an. »Wir müssen sammeln. Läuft doch gut.«

Wieder ein älterer Herr, etwas untersetzt. Ich stellte mich ihm in den Weg und fragte ihn: »Was halten Sie von Jägerstätter?«

»Jägerstätter? Das war der größte Weiberer, den wo es jemals gegeben hat!«

Der Mann, ganz Empörung, zieht sofort von dannen.

»Wo er recht hat, hat er recht«, sage ich zum Kameramann. »Sachlich richtig.«

Der Kameramann schaut mich fragend an.

»Der Jägerstätter hatte ein Kind gezeugt und das Mädel nicht geheiratet. Aber immerhin unterstützt.«

»Was hat das mit seiner Kriegsdienstverweigerung zu tun?«, fragt mich der Kameramann.

»Frag ich mich auch.«

Da kommt auch schon eine ältere Passantin.

»Was halten Sie von einem Jägerstätter-Brunnen?«

»80 Prozent der Braunauer lehnen ihn ab.«

»Und warum?«

»Ich hab nix gegen den Jägerstätter. Bitte, wenn ein Denkmal«, sagt sie freundlich, »dann, wo er zu Hause ist, dreißig Kilometer weiter. Ist eigentlich eine nette Familie … aber Jägerstätter war nie ein echter Braunauer. Der ist von St. Radegund.«

So, jetzt den Bärtigen da. Ein bäuerlich wirkender Typ mit Edelweiß und Hahnenschwanz am Hut. Das macht sich doch gut. Ein Innviertler!

»Was für ein Mensch war eigentlich der Jägerstätter?«

»Das kann ich Ihnen sagen. Auf jeden Fall war er feig. Der Feigling hat sich gedrückt, während unsere Väter haben einrücken und ihr Leben opfern müssen. Die bekommen kein Denkmal. Eine Beleidigung der mutigen, fürs Vaterland kämpfenden Vätergeneration.«

»Brauchte ich mehr?«, frage ich den Kameramann.

»Komm, frag noch mal. Ich finde das sehr interessant.«

Eine eher elegant wirkende Frau kommt zielstrebig, leicht fröstelnd aus ihrem Laden, Typ Geschäftsfrau.

»Sagt Ihnen der Name Franz Jägerstätter was?«

»Sie meinen wegen dem Brunnen, der da vor meinem Geschäft hin soll? Der Brunnen verschandelt den schönen barocken Stadtplatz.«

»Und was ist mit den vielen Autos, die hier rumstehen? Verschandeln die nicht die Barockfassaden?«

Ein junger Mann hat zugehört. »Kein Braunauer läuft hundert Meter, um auf dem Stadtplatz einzukaufen. Die parken alle hier. Und die vom Land reinkommen auch. Da fällt ein moderner Brunnen gar nicht mehr auf.«

Die Geschäftsfrau hakt nach: »Wissen Sie, das Schlimmste ist, dass der Jägerstätter seine Familie hat im Regen stehen lassen. Das finde ich ganz schlimm.«

Ich war mit den kurzen Aussagen zufrieden. Sie enthielten im versammelten Chor alle Argumente, die ich bis dahin gegen Jägerstätter gelesen hatte. Eine Proporzstimme pro Jägerstätter wollte ich nicht. Ich wollte die Polarisierung abbilden, wollte Empörung und Wut, die sich in der Stadt Luft machen, zuspitzend darstellen. Bin schließlich vom Fernsehen und irgendwie auch Teil des Systems.

Anschließend gingen wir weiter zum Rathaus. Im Arbeitszimmer des Bürgermeisters bauten wir Kamera und Licht auf. Dann befragte ich Gerhard Skiba, den Bürgermeister: »Ihr Projekt, einen Jägerstätter-Brunnen auf dem Stadtplatz zu errichten, wurde von der eigenen Fraktion wieder abgesagt. Warum?«

»Mit dieser Entscheidung meiner sozialdemokratischen Freunde habe ich meine Probleme«, begann er. »Gerade jetzt wäre es wichtig gewesen, den Jägerstätter herzuzeigen, jetzt, wo die Rechtspopulisten im Vormarsch sind. Der Jägerstätter ist eine Persönlichkeit, die weltweit verehrt wird. Die Kirche diskutiert gerade seine Seligsprechung. Wir hatten uns bereits entschieden – positiv. Der Sepp Auer hat den Auftrag bekommen und seine künstlerischen Vorstellungen in mehreren Modellen vorgestellt. Es ist was dabei herausgekommen. Dann kommt dieser Sturm der Entrüstung. Die Zeitungen nehmen die Stimmung auf: Der Brunnen passe nicht. Er verschandle unseren schönen Stadtplatz. Überhaupt der Jägerstätter. Ein Feigling sei er. Habe keine Verantwortung besessen, weder für seine Familie noch für sein Vaterland. So was brauche man in Braunau nicht.«

»Und dann ruderten Ihre Parteigenossen zurück.«

»Ja, die eigenen Parteifreunde haben an mich den Wunsch herangetragen, den Brunnen fallen zu lassen.«

»Mit welchen Argumenten?«

»Die liegen gar nicht so tief. Viele Freunde fühlen sich zwar nicht wohl bei der Entscheidung, sehen das aber pragmatisch. Die Mehrheit der Bevölkerung sei gegen Jägerstätter. Es bestehe also die Gefahr, dass die Wähler weglaufen. Für mich ist das eine bedauerliche Haltung.«

»Finden Sie, dass der Brunnen, so wie ihn Auer entworfen hat, auf den Stadtplatz passt?«

»Der darf gar nicht hereinpassen. Nur so hat er eine starke Aussagekraft.«

»Aber gerade das spielt der Haider-Partei in die Hände!«

»Die Freiheitlichen nutzen die Unzufriedenheit, aber deshalb darf man sie nicht dafür verantwortlich machen. Die Denkweise der Bevölkerung ist mit deren engen Denkmustern leider sehr verwandt. Man reagiert immer kleinkarierter, ist gegen Ausländer. Diese unmenschliche Kälte ist da und wird von den Freiheitlichen zum Stimmenfang genützt. Die ›Braunauer Zeitgeschichtstage‹ haben in diesem Jahr Jägerstätter zum Thema. Titel: ›Notwendiger Verrat‹.«

»Ist Hitler überhaupt noch ein Thema in Braunau?«

»Die Braunauer sind nicht brauner als die Österreicher in anderen Städten, eher im Gegenteil. Aber man hat hier vom Image Hitler-Stadt die Nase voll. Über den Krieg redet hier keiner gern. Die Väter waren verpflichtet, weiter wird nicht nachgedacht. Mit Jägerstätter können sich die Leute nicht mehr identifizieren. Das kann man verstehen und akzeptieren. Aber spricht das gegen einen Jägerstätter-Brunnen?«

Gleich anschließend hatten wir einen Termin mit Otto Höfl, dem Obmann der SPÖ-Fraktion.

»Wie kam es, dass Ihre Fraktion zurückgerudert ist?«

»Unsere Fraktion hatte sich vor einem Jahr für den Jägerstätter-Brunnen entschieden. Das ist richtig. Ich denke aber, man hat das vielleicht von unserer Seite zu rasch in Angriff genommen. Bei den ersten Gesprächen in der Fraktion war kein starker Widerstand zu erkennen. Erst wie das Ganze konkreter geworden ist und die Diskussion in der Bevölkerung stärker wurde und auch die Sozialdemokraten begannen, Druck zu machen, wurde auch in der Fraktion der Widerstand stärker, und dann hat die Mehrheit gegen den Brunnen gestimmt.«

»Also hat der Widerstand in der Bevölkerung den Ausschlag gegeben?«

»Ich selbst habe kein Problem mit dem Jägerstätter-Brunnen. Ich kann aber auch unsere Mitglieder im Gemeinderat verstehen.«

»Inwiefern?«

»Die Kriegsgeneration hat sich benachteiligt gefühlt. Die Väter sind nicht freiwillig in den Krieg gezogen.«

»Und wie haben Sie gestimmt?«

»Ich habe mich enthalten.«

Wir machten noch ein paar Bilder auf dem Stadtplatz. Das war es für den ersten Tag.

Am nächsten Tag fuhren wir nach St. Radegund. Wir besichtigten zunächst die kleine Kirche des Dorfes, filmten das Grab an der Außenmauer des Gebäudes, in dem man später den Getöteten beerdigt hatte. Auffällig die vielen frischen Blumen und Kränze. Darunter viele Spender aus Amerika. Dann fuhren wir zum Jägerstätter-Haus. Wir wurden von den drei Töchtern, die auch zum Drehtermin gekommen waren, empfangen und ins Haus geleitet. Dort erwartete uns schon Franziska Jägerstätter, die Ehefrau des Ermordeten. Eine Atmosphäre des Schweigens umgab uns, als wäre die Hinrichtung gerade gestern gewesen und nicht vor 45 Jahren. Franziska Jägerstätter war damals 83 Jahre alt. Eine schmale, bescheiden wirkende Bauersfrau. Mir fiel das Fragen schwer. Sie gab nur karge Antworten wie: »Er hat halt sterben müssen.« Oder: »Mein Mann war recht religiös. Der konnte ja niemand töten. Ich habe ihn oft ersucht, er soll auch Soldat werden, aber er hat's nicht fertigbracht, dass er andere Menschen umbringt.« Oder: »Er hat mich immer getröstet.«

Ich fragte sie: »Ihnen wird immer wieder der Vorwurf gemacht, am Tod Ihres Mannes eine Mitschuld zu tragen, weil Sie ihn nicht von der Wehrdienstverweigerung abgehalten haben.«

»Ich hab's dem Franzl nicht ausreden können«, war ihre Antwort. »Es war klar, was dies für uns beide bedeutete. Franz sagte zu mir: ›Jetzt habe ich mein Todesurteil unterschrieben.‹«

Mehr kam nicht heraus. Ich wollte sie auch nicht bedrängen. Ich fragte mich, warum die drei Töchter da waren. Glaubten sie, ich hätte einen größeren Film vor? Während der Kameramann und der Toningenieur ihre Geräte einpacken, machte sie eine nur für mich sichtbare Handbewegung. Sie rieb Daumen und Zeigefinger aneinander, was wohl »Geld« bedeuten sollte. Ich war in diesem Moment so perplex, dass ich es nicht schaffte, ihrem Wunsch nachzukommen. Wir hatten vorher auch nichts vereinbart. Ihr war die »Anfrage« peinlich, mir war sie auch peinlich. Ich rückte kein Geld heraus, obwohl ich welches hätte geben können. Als ich draußen war, schämte ich mich.

Ich habe mir immer wieder vorgestellt, welches Martyrium Franz Jägerstätter durchgestanden haben muss. Zwölf Jahre später hatte ich es konkret vor Augen. 2008 drehten wir für das Filmprojekt »Die Sudetendeutschen und Hitler« die Hinrichtungsstätte im Prager Gefängnis Pankrác. Sie war baugleich mit der von Jägerstätter, voll funktionsfähig erhalten und gepflegt, zur Erinnerung an die Grausamkeiten zur nationalsozialistischen Protektoratszeit in der Tschechoslowakei. Beim Filmen, bei der sorgfältigen Ausleuchtung des Raumes und der Geräte, der Festlegung des Bildausschnittes, erlebte ich in besonders intensiver Weise den Horror einer solchen Tötung. Es war üblich, dass jeder zum Tode Verurteilte auf seine Hinrichtung einen Monat lang warten musste. Das war die Regel und gehörte zur Strafe. Nach einem Monat des Wartens wurde der Verurteilte aus seiner Zelle abgeholt und betrat zunächst einen kleinen, unscheinbaren Raum, der wie die Miniaturausgabe eines Gerichtssaales gestaltet war. Auf der einen Seite eine Gerichtsbühne, auf der anderen ein großer roter Vorhang, der die ganze Wand ausfüllte. Vor dem Vorhang ein Stuhl; auf einem gleichen musste auch Jägerstätter sitzen. Ein »ordentliches« Gericht, bestehend aus einem Richter und zwei Beisitzern, las ihm das Todesurteil noch mal formell vor: »Der Angeklagte wird wegen Zersetzung der Wehrkraft zum Tode sowie zum Verlust der Wehrwürdigkeit und der bürgerlichen Ehrenrechte verurteilt.«

Natürlich, wie typisch für die nationalsozialistische Ära – die Kulisse muss stimmen, das juristische Prozedere scheinbar garantiert sein.

Dann musste der Verurteilte aufstehen und sich umdrehen. Wie bei einer Theateraufführung wurde der Vorhang geöffnet. Der Verurteilte, und damals also auch Jägerstätter, blickte nun in einen weißen Raum, dessen untere Hälfte gekachelt war. In der Mitte die Mordmaschine in Form einer gut geölten Guillotine. Das Fallbeil geschliffen, schräg für den glatten Schnitt. Jägerstätter musste sich auf das Brett legen, wenn nicht freiwillig, dann mit Gewalt. Er wurde in die ins Holz eingelassene Kuhle eingepasst. Ein Halsbügel wurde über ihn geklappt, der seinen Hals fest umschloss, die Stirn auf einem Ledergurt. Der Blick ging nach unten in einen Blecheimer, in den sein abgeschlagener Kopf fallen würde.

Am 8. August 2006 wurde in Braunau feierlich in Anwesenheit des österreichischen Bundespräsidenten der Jägerstätter-Park eingeweiht. Jägerstätter war gerade von Benedikt II. seliggesprochen worden. Wer in Braunau den Park sucht, kann ihn finden. Er ist zwar öffentlich, aber als Garten in das Gebiet des städtischen Krankenhauses integriert. Er ist gedacht als Besinnungsort für Patienten der Psychatrie-Abteilung. Für diese soll es ein Park der Begegnung sein, aber man trifft selten jemanden dort. Am Parktor, das nicht offen steht, befindet sich eine Tafel mit einer knappen Zusammenfassung des Lebenslaufes von Jägerstätter. Darunter: »Seliger Franz, steh uns bei in den Nöten unserer Zeit!« Ein paar farbige Wände stehen im Halbkreis, mit quadratischen oder rechteckigen Löchern. Ausblicke der Hoffnung hinter dicken Mauern?

Seltsam, dachte ich, jetzt haben die Braunauer den Jägerstätter bei den psychisch Kranken untergebracht.

Ich rief noch mal Sepp Auer an. Er freute sich, von mir zu hören.

»Wie finden Sie denn jetzt den Jägerstätter-Park?«

»Alles dort scheint mir nur beiläufig.«

»Meinen Sie: eine Alibiveranstaltung?«

»Wahrscheinlich glaubt man, das Thema damit erledigt zu haben.«

Megalomania

Im Kindergarten, in der Schule, in der Universität, bis weit in den Alltag meines Berufes hinein habe ich es aufgrund meiner Sprechangst möglichst vermieden, mich in der Öffentlichkeit zu äußern. Ich fand immer raffiniertere Strategien, um Redeanforderungen aus dem Weg zu gehen. Zur seelischen Erbauung las ich leidenschaftlich gern philosophische Texte oder verschwand im Dunkel des Kinos.

Als ich 2012 den Film *The King's Speech* sah, bewegte mich besonders die Szene, in der Albert, der stotternde Sohn des gerade verstorbenen britischen Königs Georg V., kurz vor seiner Krönung im Jahr 1937 mit seiner Familie die englische Wochenschau sieht. Adolf Hitler hat sich gerade in Rage geredet, tobt, gestikuliert, beschwört »sein« Volk, ruft es »zu eigener Arbeit, zu eigenem Fleiß und eigener Entschlossenheit, eigenem Trotz, eigener Beharrlichkeit« auf. »Dann werden wir wieder emporsteigen, genau wie die Väter einst auch …«

Alberts Tochter Elisabeth fragt ihren Vater: »Papa, was sagt er da?«

Mit ungewohnter Gelassenheit antwortet Albert: »Ich weiß es nicht. Aber er scheint ein guter Redner zu sein.«

Albert weiß, dass es für ihn sehr bald ernst wird. In Kürze werden öffentliche Auftritte und Radioansprachen für ihn unvermeidbar. Die Vorstellung ist für den stotternden Thronfolger eine Qual. Aber Albert hat sich entschieden. Mit einem gewissen Galgenhumor genießt er die Ruhe vor dem Sturm.

Wie gut ich diese Situation kenne. Irgendwann habe ich bewusst den Weg nach vorne gewählt und den Journalistenberuf eingeschlagen. Statt mich ängstlich zurückzuziehen, wählte ich die Konfrontation mit der Öffentlichkeit.

Im Schulunterricht habe ich mich, um das Nichtsprechen ertragen zu können, für den Sport begeistert. Eigentlich reichte meine Kraft nicht dazu aus. Ich mochte gerne Kugelstoßen und wurde aufgrund einer guten Technik sogar Klassenbester. Ganz schlimm dagegen war es beim Weitsprung. Im Anlauf kam ich einfach nicht auf die notwendige Geschwindigkeit und hatte auch nicht genügend Sprungkraft, um über fünf Meter zu kommen. Einmal, beim letzten Versuch, dachte ich mit aller Intensität: Jetzt muss es klappen! Ich will! Ich werde die Fünf-Meter-Marke knacken! Ich sah nach vorne auf den Sandkasten, in dem ich landen würde. Lief an. Meine Beine trugen mich, aber die Kraft fehlte. Wieder nicht genug Kraft. Ich war der ausgepumpte Hase, der am Igel nicht vorbeikommt. Es ging einfach nicht schneller. Aber ich glaubte an mich! Ich weiß: Es ist möglich! Exakt treffe ich den Absprungbalken – und – hoch! Jetzt die Brust ganz nach vorne. Noch etwas weiter, ganz vor. Ja, genau so. Es geht. Es geht sogar noch ein bisschen weiter. Wenn auch nur ein kleines bisschen. Die Beine ganz nach vorne. Ja. Es geht. Es geht. Es geht …

… Es geht! Ein wunderbares Gefühl durchströmt mich. Ich kann die Höhe halten. Unglaublich! Fast schwerelos, in Zeitlupe, gleite ich über die Acht-Meter-Marke. Der Wahnsinn! Ich kann noch weiter! Geht es vielleicht auch höher? Ja! Ich brauche nur leicht die Arme, flügelgleich, auf und ab zu bewegen, bin federleicht. Kaum noch Schwerkraft. Der Gegenwind hilft mir zum Auftrieb. Nun aber heraus aus der engen Kirchgasse. Vorsicht. Da kommen die Stützbögen. Geschickt hindurchsteuern. Geschafft! Ich lasse mich über den ganzen Braunauer Stadtplatz tragen, auf das schmale Haus Nr. 36 zu. Mein Großvater ist da zusammen mit seinen fünf Brüdern groß geworden. Mit Willi und Rudi, meinen Großonkeln, den Medien. Wie haben sie das physikalisch Unerklärliche zustande gebracht? Genauso wie ich gerade … Achtung! Rechtzeitig Rechtskurve. Achtung, nicht an das Salzburger Tor stoßen!

Ich gleite um den Stadttorturm herum. Es ist kinderleicht. Der Turm war Teil und Eingang der alten Festungsstadt. Nun schwebe ich über der Salzburger Vorstadt. Da unten links steht noch immer Hitlers Geburtshaus. Hm, merkwürdig klein eigentlich. Ich habe es pompöser in Erinnerung. Ich weiß nicht einmal, ob ich es schön oder hässlich finden soll. Verödet sieht es aus. Andererseits ein Symbol für alle unsagbaren Grausamkeiten des blutgetränkten 20. Jahrhunderts. Die Spur, die Hitler hinterließ, hat mich als Filmemacher immer wieder beschäftigt. Und nun habe ich sogar ein Buch geschrieben. Bin ich auch so einer, der den Teufel versilbert? Viele Leute verdienen so ihr Geld. Wenn ich auf dem Obersalzberg geboren wäre, hätte ich sicherlich nie ein solches Buch geschrieben. Sehe ich richtig? Da unten vor dem Hitler-Haus setzt sich doch tatsächlich ein junger Mann mit seinem kleinen Hund auf den Mauthausen-Stein und lässt sich von seiner Freundin fotografieren. Gibt es keine Scham mehr?

Aber, ich bin losgelöst, die Schwerkraft und die mit ihr verbundenen Gedanken haben keine Macht mehr über mich; ich lasse mich weiter forttragen. Wo bin ich jetzt? Ein kleines Seitental öffnet sich. Ach, ja, die Schleifmühlgasse. Leichter Sinkflug. Links die Rückseite der schmalen Häuser von der Hans-Steininger-Gasse. Mehrere Stockwerke türmen sich, kleben an der Talwand. In einem dieser Häuser wohnt Lore, die mir von dem Streit um die Person Jägerstätter berichtete und wie der Bürgermeister diesem aufrechten, seinem Gewissen folgenden Mann gerecht werden wollte. Aus der Stadt hat man sein Andenken verbannt. Ich will dahin, wo man an ihn erinnert; am Krankenhaus vorbei, in dem ich geboren wurde, hinaus aus der Altstadt. Unterhalb der letzten Häuser, außerhalb der alten Festungsmauer versteckt, bin ich am Ziel, hier liegt der Jägerstätter-Park. Ob er wohl zufrieden wäre mit diesem Angedenken an ihn, an seine Verweigerung zu töten? Würde er sich gut fühlen im Garten hinter dem Krankenhaus, wo die psychisch Leidenden wieder zu Kräften kommen sollen?

Ich schwebe weiter. Der grüne Inn taucht unter mir auf, ich blicke auf das bayerische Simbach und dahinter auf die Marienhöhe, gemeinsames Wochenendziel meiner Mutter und ihrer Freundin Elli. Aber

Braunau lässt mich nicht abdriften. »Der Finger Gottes« zeigt mir die Richtung. Ich bin an der Stadtmauer und erkenne das Haus Altstadt 16, Heimat meiner Mutter, Großmutter und Urgroßmutter. War sie Hitlers Hebamme? Hätte sie, wenn sie gewusst hätte ... Und dennoch, trotz so vieler Fragen: Es hat etwas ungemein Stabiles: meine Mutterwelt. Sie erlaubt Schweben, Ahnen, Fühlen, ja, auch Stottern!, aber sie gibt auch Bodenhaftung, Standfestigkeit, Entschlusskraft.

Noch gilt die Schwerkraft für mich. Vom Kirchplatz geht es hoch, entlang der Fassade des 69 Meter hohen Kirchturms der Pfarrkirche St. Stephan. Was für ein Riese. Und wie klein da unten die Altstadthäuser. Mit leichter Armbewegung gegen den Aufwind umschwebe ich den hohen, mächtigen Bau; hier wurde Adolf Hitler getauft. Ein Zufall? Ich steige höher. Ist Hitler wirklich tot? Sein Körper schon. Aber wo ist seine Seele? Typen wie Hitler haben einen langen Weg, bis sie ins Nirwana kommen. Vorsicht! Lieber nicht hinunterschauen. Ganz langsam höher. Geistert er hier herum? Wir müssen überall mit Hitler rechnen. Ich spüre ihn. Steht abermals eine Wiedergeburt an? Wie viele Wiedergeburten wird er noch haben? Sein paranoides Wahnsystem scheint unverwüstlich, sagt Adolf Holl.[1] *Ein paralleles Universum, voll mit Hexenwahn, Rassenwahn, Verfolgungswahn. Steht eine Reinkarnation kurz bevor? In der Türkei zum Beispiel?*

Ich komme zur Ruhe, direkt vor der Kirchturmuhr. Ich bewege mich auf das Zifferblatt zu, warte in nächster Nähe, dass der Zeiger weiterspringt. Aber da ist gar kein Zeiger. Ach ja, hier schlug ja die Panzergranate ein, die die amerikanische Division »The Black Cat« von Simbach aus abschoss und die Uhr zum Stehen brachte. Nun ist es ganz still hier oben. Was tun gegen Hitler? Von Simbach kommt ein Touristenbus über die Innbrücke. Die Fahrgäste rufen wild durcheinander. »In die Altstadt!«, »Zum Palmdenkmal!«, »Nein! Zum Hitler-Haus!« Der Fahrer ist genervt. Kurz entschlossen ... »Nein, machen Sie das nicht!«, will ich sagen ... Schon quetscht sich der Bus in die schmale Altstädter Poststallgasse. Da kommt er doch nie mehr raus! So ein Idiot. Sind die alle verrückt geworden? Der Bus wird da niemals durchkommen. Ich segle in einer wunderbaren Kurve zielgenau vor das Haus Poststallgasse Nr. 6, in dem die Franzosen den Buchhändler Palm einsperrten und verhörten. Innen belausche ich einen französischen Offizier, der gerade verkündet: »Egal, was er sagt, er wird erschossen. Befehl Napoleons.« Ich verstecke mich in Palms Kerker. Da ist ein Bild direkt auf die Wand gemalt: die alte bayrische Festungsstadt Braunau in ihrer einstigen Blüte, mit lebhaftem Verkehr auf den Straßen und dem Fluss, als noch Pferde die Schiffe innaufwärts zogen, beladen mit Holz oder Bierfässern … Draußen: Ein grotesker Menschenauflauf! Aufregung! Jetzt steckt er fest. Es gibt kein Vor und kein Zurück. Der Bus hat sich am letzten, leer stehenden Brauereigebäude verklemmt. Die Fahrgäste klopfen wütend an die Fensterscheiben. Sie brüllen: »Wir wollen raus.«

Ich wache auf. Mit der kalten Luft, die zum Fenster hereinzieht, dringt penetrante Diskomusik in mein Zimmer. Und zwar in voller Lautstärke. Moderne Audiotechnologie. Eine Potpourri-CD, die zum ausgiebigen Mitgrölen genutzt wird. Es ist ein Uhr nachts. Die Party auf ihrem Höhepunkt. Ich versuche, den Angriff von draußen zu ignorieren, drehe mich um, will den großartigen Traum weiterträumen und endlos weiterfliegen, vorsichtig wie Dädalus, nicht übermütig wie Ikarus. Ich will nicht aufwachen.

Zu spät. Die Musik hat den Traum zerrissen. An Schlaf und Traum ist nicht mehr zu denken. Die Partygäste gegenüber sind so aufgeheizt, dass ich am liebsten aufstehen und mich auch dort einladen würde. Stattdessen mache ich das Licht an, stehe auf und schließe das Fenster und nehme Freuds *Traumdeutung* aus dem Regal. Ich habe das Buch zuletzt 2006 in der Hand gehabt, als ich für *arte* den Film *Die Reiselust des Dr. Freud* machte. Die drei gelben »Reiterchen« zur Seitenmarkierung schauen noch heraus. Ich schlage die Seite auf, auf der Freud beschreibt, wie sich bei der Traumarbeit die eigensinnige Traumlust gegen den penetranten Weckreiz wehrt. Freud hat seine Theorie mit einem feinsinnigen Cartoon illustriert, den er vom ungarischen Psychoanalytiker-Kollegen Sándor Ferenczi 1914 erhielt.[2]

Freud interpretierte diesen Cartoon als den Traum einer Kinderfrau, die nicht vom Geschrei des zu beaufsichtigenden Kindes aufgeweckt

»Traum der französischen Bonne«, aus dem ungarischen Witzblatt Fidibusz

werden möchte. Das zeige das letzte Bild. »Das erste Bild anerkennt den Reiz, der zum Erwachen führen sollte. Der Knabe hat ein Bedürfnis geäußert und verlangt entsprechende Hilfeleistung. Der Traum vertauscht aber die Situation im Schlafzimmer mit der eines Spaziergangs. Im zweiten Bild hat sie den Knaben bereits an eine Straßenecke gestellt, er uriniert und – sie darf weiterschlafen. Der Weckreiz hält aber an, ja verstärkt sich; der Knabe, der sich nicht beachtet findet, brüllt immer kräftiger. Je dringender er das Erwachen und die Hilfeleistung seiner Bonne fordert, desto mehr steigert deren Traum seine Versicherung, dass alles in Ordnung sei und dass sie nicht zu erwachen brauche. Er übersetzt dabei den Weckreiz in die Dimension eines Symbols. Der Wasserstrom, welchen der urinierende Knabe liefert, wird immer mächtiger. Im vierten Bild trägt er bereits einen Kahn, dann eine Gondel, ein Segelschiff, endlich ein großes Dampfschiff! Der Kampf zwischen dem eigensinnigen Schlafbedürfnis und dem unermüdlichen Weckreiz ist hier in geistreicher Weise von einem mutwilligen Künstler verbildlicht.«[3]

Die maßlose Harnflut, die das Kind im Traum des Kindermädchens produziert, bringt mir die Analyse eines eigenen Traums von Freud in Erinnerung. Bei meinem zweiten »Reiterchen« beschreibt er, wie lustvoll er im Traum mit seinem Harnstrahl jeglichen Rest von Kot auf dem Abort beseitigt. Dabei habe er keinerlei Ekel empfunden. Im Gegenteil: »Mir fällt in der Analyse sofort der Augiasstall ein, den Herkules reinigt. Dieser bin ich.«[4] (…) »Der Harnstrahl, der alles rein abspült, ist eine unverkennbare Größenanspielung. So löscht Gulliver bei den Liliputanern den großen Brand (…) auch Gargantua, der Übermensch bei Meister Rabelais, nimmt so seine Rache an den Parisern, indem er auf Notre-Dame reitend seinen Harnstrahl auf die Stadt richtet.«[5] Immerhin sind es bei Rabelais 260 418 Pariser, die Gargantua mit seinem überdimensionalen Harnstrahl ertrinken lässt beziehungsweise wegspült. Mich erinnert das an die Polizei, die bei ungenehmigten Demonstrationen die Straße immer »frei« spült.

Für den *arte*-Film schleppen wir in Paris neben unserer Kameraausrüstung PET-Wasserflaschen die 422 Stufen auf den 60 Meter hohen Turm von Notre-Dame. Trotz Regen haben wir einen wunderbaren

Garagantua von Rabelais, Illustration von Gustave Doré (1832–1883)

Blick über Paris. Wir simulieren mit dem Wasser einen Wasserstrahl, den wir quer durch den schönen Bildausschnitt, den wir mit der Kamera herstellen, nach unten spritzen lassen.

»Die Plattform von Notre-Dame war mein Lieblingsaufenthalt in Paris«, erinnert sich Freud an seine Studienzeit in Paris, »jeden freien Nachmittag pflegte ich auf den Türmen der Kirche zwischen den Ungetümen und Teufelsfratzen dort herumzuklettern.«[6]

Es gab noch eine dritte markierte Stelle in der *Traumdeutung*, in der Freud über eigene Größenfantasien schrieb. Auch diese Stelle habe ich im Film seinerzeit mit einer Spielszene umgesetzt. Auf Seite 202 des Buches erinnert sich Freud, dass sein Vater ihm, als er etwa zehn oder zwölf Jahre alt gewesen sei, folgendes Erlebnis berichtete: »Als ich ein junger Mensch war, bin ich in Deinem Geburtsort am Sonntag in der Straße spazieren gegangen, schön gekleidet, mit einer neuen Pelzmütze auf dem Kopf. Da kommt ein Christ daher, haut mir mit einem Schlag die Mütze in den Kot, und ruft dabei: Jud, herunter von dem Trottoir! ›Und was hast Du getan?‹ Ich bin auf den Fahrweg gegangen und habe die Mütze aufgehoben, war die gelassene Antwort. Das schien mir nicht heldenhaft von dem großen starken Mann, der mich Kleinen an der Hand führte.«[7]

Freud wird plötzlich klar, dass sein Vater nicht der starke Mann ist, den er immer in ihm gesehen hatte. Zugleich muss er feststellen, dass er als Jude selbst zu denjenigen in der Gesellschaft gehört, die ständig gedemütigt werden. Protest regt sich in ihm. Er missbilligt dieses schwache, unterwürfige Verhalten und sucht sich im Schulunterricht einen eigenen Helden. Er findet ihn schließlich im erfolgreichen semitischen Feldherrn Hannibal: »Ich stellte dieser Situation, die mich nicht befriedigte, eine andere gegenüber, die meinem Empfinden besser entsprach, die Szene, in welcher Hannibals Vater, Hamilkar Barkas, seinen Knaben vor dem Hausaltar schwören lässt, an den Römern Rache zu nehmen. Seitdem hat Hannibal seinen Platz in meinen Phantasien.«[8]

Freud bewundert Hannibal noch aus einem anderen Grund. »Als dann im Obergymnasium das erste Verständnis für die Konsequenzen der Abstammung aus landesfremder Rasse wuchs, und die antisemitischen Regungen unter den Kameraden mahnten, Stellung zu nehmen, da hob sich die Gestalt des semitischen Führers noch höher in meinen Augen.«[9]

Mit Hannibal teilte Freud die Sehnsucht, nach Rom zu gelangen. Freud träumte von Rom, lange bevor er die ewige Stadt zum ersten Mal besuchte. Er bewunderte Hannibal aber auch dafür, dass er seine Sehnsucht nicht um jeden Preis befriedigte. Tatsächlich konnte Hannibal nach einem glänzenden Kriegsbeginn seine Erfolge nicht nutzen und verzichtete darauf, nach Rom zu marschieren. Eine Eroberung Roms hätte zu viele Opfer erfordert. Ein solcher Gedanke wäre für Hitler nicht infrage gekommen. Er war zu allem entschlossen: friss oder stirb!

Freud dagegen sublimierte seine Allmachtfantasien in rational fundierter Theoriebildung. Rationalität war sein höchstes Kriterium. Um Klarheit in seine Gedanken zu bringen, versammelte er auf seinem Schreibtisch eine Armee kleiner antiker, mythologischer Figuren – kleine Helfer, die für ihn Ideen verkörperten und zu neuer Ordnung seiner Gedankenwelt beitrugen. Er nannte sie »meine alten und dreckigen Götter«.

Freud beschäftigte sich intensiv mit der Frühgeschichte der Menschheit. Für ihn war die vorantike Zeit der mythologischen Kultur nicht durch die Zivilisation überwunden, sondern wirkte im Unbewussten weiter. Jede Figur seiner Schreibtischarmee symbolisierte einen geheimen, verborgenen, aber noch immer lebendigen seelischen Teil unserer Prähistorie, den die Erforschung des Materiellen übersehen hat. Sie dienten ihm auch als Erinnerungsstützen für Fallgeschichten von Frauen oder als Ersatzobjekte für persönliche Verluste, zum Beispiel für seinen eigenen Vater. Sie standen aber auch für abstrakte Gedanken in seinem Theoriegebäude. Nach welchem System sie mit- oder gegeneinander agierten, ist nicht bekannt.

Freud schrieb, dass sein symbolisches Arbeitsfeld unvollständig sei. Seine Figurensammlung erinnere ihn immer daran, wie unabgeschlossen, wie beschränkt, wie kurz sein Leben sei und wie wenig ein Einzelner in der Lage sei, in die unbekannten Tiefen des Unbewussten vorzudringen. Er wusste, dass sein Werk, seine Erkenntnisse nach ihm fortgesetzt, vervollständigt werden müssten und würden. Wissen müsse stets wachsen – wie seine Sammlung. Am Ende meinte er: »Eine Sammlung, zu der nichts Neues hinzukommt, ist tot.«

Adolf Hitlers Größenfantasien nahmen einen anderen Verlauf. Seine aus der Kindheit stammenden Ängste und Demütigungen verschmolzen mit den Gefühlen von Wut und Enttäuschung, die die Menschen in Deutschland und Österreich nach dem Ersten Weltkrieg empfanden. Hitler ging den umgekehrten Weg wie Freud. Seine Größenfantasien lösten sich von jeglicher Rationalität und wuchsen sich zum Größenwahn aus. Während Freuds Denken und Forschen sich strikt auf rationalem, sachlichem Boden weiterentwickelte, betrachtete sich Hitler selbst als Heiland und Erlöser, der ausschließlich an die Emotionen seiner Zuhörer appellierte und »sein Volk« an Denkmuster der Mythologie und des Irrationalismus zu gewöhnen trachtete; zum Beispiel wenn er verlangte, dass alles, was nicht »deutsch« ist, in einer Entscheidungsschlacht vernichtet werden sollte. Krönen wollte er sein »Lebenswerk«, das sich auf 50 Millionen Tote belief, mit einem Kuppelbau, der eine Höhe von 290 Metern und einen Durchmesser von 250 Metern haben und Platz für 150 000 Volksgenossen garantieren sollte. Er wäre so groß gewesen, dass nicht nur der riesige Stadtplatz von Braunau darin Platz gefunden hätte, sondern auch der Turm der Pfarrkirche St. Stephan, selbst wenn dieser dreimal so hoch wäre.

Die Musik ist verstummt, der rauschbedingte Gesang auch. Haben die Nachbarn die Polizei benachrichtigt? Vermutlich. Ich stelle die *Traumdeutung* wieder an ihren Platz im Regal, öffne das Fenster, lege mich hin und lösche das Licht.

Braunau – eigentlich war ich doch immer stolz darauf, in dieser Stadt geboren zu sein. Ich habe mich nie geschämt, meinen Geburtsort zu nennen. Die familiäre Nähe zu Hitler spielte dabei sicher eine Rolle. Allerdings habe ich mich wenig von Gefühlen politisieren lassen, weder bei Demonstrationen noch bei Diskussionen um Hitler und den Nationalsozialismus. Vermutlich bin ich deshalb Journalist geworden. Allerdings ist es mir wichtig, dem Geschehen, das ich verstehen will, dem gegenwärtigen und dem vergangenen, nahe zu sein. Bei der Person Adolf Hitler scheitert allerdings jedes Verständnis.

Bis vor Kurzem war mir Braunau weitgehend fremd. Das hat sich geändert. Oft spaziere ich im Geiste durch die Straßen der Stadt und freue mich, wie sich einige Häuser mit Leben gefüllt haben, denn jetzt erzählen sie mir die Geschichte meiner Familie. Ich habe den Überblick gesucht, und ich habe ihn erhalten. Freud war mein geistiger Vater. Der Gedanke beruhigt mich.

P.S.

25. Juni 2017

Am Tag bevor ich endlich mein Manuskript für den Druck abgab, machte ich eine Fahrradtour. Auf der Rückfahrt passiert es. Ich rolle bergab, langsam, will während der Fahrt telefonisch kurz ankündigen, wann ich komme – und verpasse die Abzweigung. Bremsen! Ein fataler Fehler! Schneller als ich denken kann, finde ich mich auf dem Asphalt wieder. Abschürfungen an Knie und Ellenbogen, ein paar Prellungen, sonst scheinbar nichts kaputt. Ich kann weiterfahren.

Unsicher, ob meine letzte Tetanusimpfung noch wirksam ist, melde ich mich im nahe gelegenen Krankenhaus beim ärztlichen Notdienst.

»Wegeunfall?«, meint die Dame hinter dem Tresen.«

»Was meinen Sie damit?«

»Waren Sie auf dem Weg zur Arbeit?«

»Ich bin Rentner.«

»Deshalb können Sie doch noch arbeiten.«

»Mach ich ja auch.«

Sie reicht mir Formulare zum Ausfüllen.

»Wie lange muss ich warten?«, frage ich.

»Wir sind heute von der ganz schnellen Truppe. Sie kommen gleich dran. Was arbeiten Sie?«

»Ich habe gerade ein Buch geschrieben.«

»Ah ja! Und worüber?«

»Über meinen Geburtsort. Braunau am Inn. Sagt der Ihnen was?«

»Allerdings sagt der mir was.«

»Meine Urgroßmutter war Hebamme von Hitler.

»Ein Unmensch. Er hat die meisten meiner Vorfahren umgebracht.«

Unwillkürlich schaue ich sie genauer an.

»Ich bin Jüdin«, sagt sie.

Tatsächlich werde ich bald aufgerufen. Eine junge Assistenzärztin bittet mich in einen Behandlungsraum. Sehr freundlich. Eine arabische Schönheit.

»Weshalb kommen Sie? Wie kann ich Ihnen helfen?« fragt sie.

»Ich bin mit dem Fahrrad gestürzt.«

Sie blättert in meinem Impfpass.

»Sie sind bis 2024 gegen Tetanus geschützt. Aber das muss der Doktor entscheiden. Die Wunden versorge ich Ihnen.«

In diesem Augenblick betritt ein Mann im blauen Kittel den Raum, ebenfalls aus dem vorderen Orient, scheint mir. Er öffnet einen Schrank und sucht etwas.

Ich frage die Ärztin: »Ist er der Doktor?«

Darauf antwortet der Mann: »Wollen Sie einen anderen Arzt?«

»Nein. Wieso?«

»Ich habe Sie so verstanden.«

Als er gefunden hat, was er suchte, verlässt er wieder den Raum.

Unwillkürlich interpretiere ich seine Reaktion. Will er mir das Gefühl vermitteln, ich könne Rassist sein? Ich frage die Ärztin:

»Wie meint er das? Habe ich was Falsches gesagt?«

»Nein. Er ist so. Das ist seine Art.«

»Ich will nicht falsch verstanden werden. Ich habe Sie nicht nach seiner Herkunft gefragt.«

»Ach so. Nein. Sie sind heute nur schon unser 200. Patient.

Während sie die Abschürfungen versorgt, fragt sie mich:

»Was sind Sie für ein Doktor?«

»Dr. phil.«

»Oh, das ist doch etwas Schönes. Dr. med wird überhaupt nicht mehr anerkannt.«

Dann beginnt sie meine Wunden zu verbinden.

»Bitte keinen Riesenverband.«

Sie lächelt mich an.

»Ungewöhnlich. Die meisten jammern, wenn sie keinen großen Verband bekommen.

Der Mann kommt wieder herein. Blickt in meinen Impfpass. »Ihr Impfschutz gegen Tetanus reicht bis 2024«. Zur Ärztin sagt er: »Er soll morgen wiederkommen.« Und verschwindet wieder.

»Muss ich morgen wiederkommen?«, frage ich sie.

»Das liegt in Ihrem Ermessen.«

»Ist er immer so?«, frage ich.

»Er hat einen besonders trockenen Humor.«

Sie schaut mich an und lacht. Dabei verbindet sie mir das Knie. Als der Mann zum dritten Mal wieder hereinkommt, untersucht er mit fachmännischer Präzision mein Knie, erkennt sofort dessen Schwächen, aber auch die Stabilität.

»Röntgen braucht man das nicht. – Brauchen Sie Schmerzmittel?«

»Ich trinke zu Hause 'n Schnaps!«

»Dann kommen Sie morgen zum Nachsehen wieder und bringen bitte Ihren Schnaps mit!«

Eigentlich wollte ich nicht mehr kommen. Doch am nächsten Tag zieht es mich wieder in den ärztlichen Bereitschaftsdienst. Er sieht mich am Empfangstresen stehen.

»Sie kommen zu spät«, sagt er. »Ich habe bereits Dienstschluss.« Und zur Dame hinter dem Tresen: »Den nehme ich noch. Ich hab ihn gestern schon behandelt.« Dabei deutet er lächelnd auf mich. Er verbindet meine Wunden fachgerecht und wir unterhalten uns dabei gut.

Literatur

Braunau History, online: www.braunau-history.at
Brecht, Bertolt: *Aus dem Lesebuch für Städtebewohner,* in: Brecht, *Ausgewählte Werke in sechs Bänden,* Band 3, Frankfurt am Main 1997
Bulwer-Lytton, Edward: *The Coming Race* (1871); deutsch: *Vril oder Eine Menschheit der Zukunft,* übersetzt von Guenther Wachsmuth, Stuttgart 1922
Chelius, Fritz H.: *Aus Hitlers Jugendland und Jugendzeit,* Leipzig 1933
Die Neue Warte am Inn, Braunauer Wochenzeitung von 1881–1945, komplettes Faksimile im Internet: ANNO, Historische österreichische Zeitungen und Zeitschriften
Dierks, Manfred: *Thomas Manns Geisterbaron,* Gießen 2012
Fein, Egon: *Hitlers Weg nach Nürnberg,* Nürnberg 2002
Freud, Sigmund: *Die Traumdeutung,* London 1952
Heer, Friedrich: *Der Glaube des Adolf Hitler,* Esslingen 1968
Hitler, Adolf: *Mein Kampf,* 805.–809. Auflage, 1943
Holl, Adolf: *Braunau am Ganges,* St. Pölten 2015
Kalmar, Rudolf: Schappeller, der Magier des Kaisers – Was ist Raumkraft?, in: Rudolf Olden, *Propheten in der deutschen Krise,* Berlin 1932
Kracauer, Siegfried: *Ornament der Masse,* Frankfurt am Main 1963
Kühn, Dieter: *Ich war Hitlers Schutzengel,* Frankfurt am Main 2010
Levinas, Emmanuel: *Totalität und Unendlichkeit,* Freiburg 1987
Mann, Frido und Christine: *Es werde Licht,* Frankfurt am Main 2017

Neue Wissenschaft: Zeitschrift für Grenzgebiete des Seelenlebens, Jahrgang 1950–1968, online Universität Freiburg

Psychische Studien Leipzig, Jahrgang 1874–1925, online Universität Freiburg

Schappellers Raumkraft – Enthüllungen der Geheimnisse im Schloss Aurolzmünster (anonym), Linz a. d. Donau 1929

Schrenck-Notzing, Albert von: *Experimente der Fernbewegung: Telekinese,* Stuttgart 1924 (Reprint: 2006)

Schrenck-Notzing, Albert von: *Grundfragen der Parapsychologie*, 3. Auflage, Stuttgart 1985,

Snyder, Timothy: *Bloodlands. Europa zwischen Hitler und Stalin*, München 2011

Stierlin, Helm: *Adolf Hitler*, Frankfurt am Main 1975

Szymborska, Wisława: *Hundert Freuden,* Polnische Bibliothek Suhrkamp, Frankfurt am Main 1986

Walther, Gerda: *Zum anderen Ufer*, Remagen 1960

Wetzel, F., Louis Gföllner: *Raumkraft – Ihre Erschließung und Auswertung durch Karl Schappeller*, München 1928; Sonderausgabe Regierungskommission: *Vrilia*, 2004

Zeitschrift für Parapsychologie, Jahrgang 1929–1934, online Universität Freiburg

Anmerkungen

Braunau, Stadtplatz

1 In Österreich bezeichnet Trafik eine kleinräumige Verkaufsstelle für Tabakwaren, Zeitungen, Zeitschriften, Briefmarken, Fahrscheine für den Nahverkehr und so weiter.

2 Ab 1890: »Salzburger Vorstadt 15«.

3 »Das Antlitz des Anderen« ist ein zentraler Begriff des französischen Philosophen Emmanuel Levinas. Der Andere ruft mich wie ein Gott, der mich verpflichtet, für den Anderen Verantwortung zu übernehmen. Emmanuel Levinas: *Totalität und Unendlichkeit,* Freiburg (1987).

4 Ein grau-weißer oder rosafarbener, schaumiger oder leichte Fäden ziehender Stoff, der bei einem Medium aus den Körperöffnungen tritt. Der Begriff stammt von dem französischen Mediziner Charles Richet (1850–1935).

5 Die zerstörte Stadt meines Traumes erinnert mich an Belchite. Der Ort liegt inmitten unfruchtbarer Landschaft, etwa 50 Kilometer südlich von Saragossa in Aragon, Nordspanien. Ich war zu Dreharbeiten für den Hessischen Rundfunk dort. Die Stadt ist berühmt, weil der Katholik General Franco sie im zerstörten Zustand konservieren ließ als Denkmal für die Grausamkeit der Kommunisten. Die internationalen kommunistischen Brigaden griffen das von den Putschisten besetzte Belchite an. 7000 Franco-Soldaten verteidigten die eingekesselte Stadt. Um jedes Haus wurde vierzehn Tage lang erbittert gekämpft. Gefangene wurden nicht gemacht. Trotz Niederlage hat sich die blutige Schlacht für Franco gelohnt. Die republikanische Armee war geschwächt. Nicht weit von Belchite, nördlich von Saragossa, lag der Schriftsteller George Orwell gegen die von General Franco angeführten Putschisten in Stellung. Ein zäher unerbittlicher Kampf, den Orwell nur knapp überlebte.

6 Krampus ist eine in Österreich verbreitete Teufelsgestalt, die in der Adventszeit den heiligen Nikolaus begleitet und die unartigen Kinder bestraft. Als Krampuse dürfen sich nur wehrfähige, unverheiratete Männer verkleiden.

7 Der Videoclip zu Michael Jacksons Song *Thriller* gilt als Meilenstein in der Geschichte der Musikvideos (Wikipedia). Er wurde 1983 gedreht.
8 Kracauer: *Ornament der Masse*.
9 Norbert Hofer: »Man kann eh nur eine Gedenkstätte machen oder abreißen. Wenn Sie mich fragen, ich wäre für Abreißen.« In: *DIE ZEIT*, 20.9.2016
10 Holl: *Braunau am Ganges*.
11 Brecht: *Aus dem Lesebuch für Städtebewohner*, in: Brecht, *Ausgewählte Werke in sechs Bänden* (1997), Bd. 3, Seite 157.

Das erste Foto

1 In: Szymborska: *Hundert Freuden*.

Meine Urgroßmutter

1 Name geändert.
2 Vgl. Kühn: *Ich war Hitlers Schutzengel*.

Das »Führer-Haus«

1 Der erste Biograf, der Hitlers Privatleben genauer unter die Lupe nahm, war der Sozialdemokrat Franz Jetzinger.
2 Befragung der Rosalia Hörl am 16. April 1940 durch Alfred Mück (NSDAP-Kreisleitung Braunau), Kopie aus dem Bundesarchiv.
3 Fritz H. Chelius: *Aus Hitlers Jugendland und Jugendzeit*, 1933, Seite10.
4 Befragung der Rosalia Hörl am 16. April 1940 durch Alfred Mück (NSDAP-Kreisleitung Braunau), Kopie aus dem Bundesarchiv.
5 Ebd.
6 Die *Neue Warte am Inn* ist komplett faksimiliert online verfügbar.
7 Seite 3.
8 *The Black Cat*, (US-Truppenzeitung) 15. Mai 1945, Seite 3.

Kastrationsdrohung

1 *Mein Kampf*, Seite 2.
2 Stierlin: *Adolf Hitler*, Seite 32.
3 Ebd.
4 Die Straße existiert in Braunau nicht. Franziska Pointecker wohnte Salzburger Vorstadt 3.
5 Egon Fein, *Hitlers Weg nach Nürnberg*, Seite 10 f.
6 Ebd., Seite 1.
7 Ebd., Seite 1 f.
8 Eine Richtigstellung erfolgt im Kapitel Heldenverehrung, S. 263.
9 Dieses und die folgenden Zitate: *Die Neue Warte am Inn*, 16. März 1938.

Am Gedenkstein

1 Blau ist die Farbe der FPÖ, rot die der SPÖ.

Der Anschluss-Film

1 Bericht von Schwertbergs Postenkommandanten Johann Kohut nach der Befreiung von Mauthausen.

2 Originalton im Film *Der Anschluss – ein österreichisches Trauma*, WDR/ ARD, 13. März 1988, 20:15 Uhr. Anlass war der fünfzigste Jahrestag der Annexion Österreichs durch das Deutsche Reich.

3 ORF, 15. November 1961.

4 Wie ich die österreichische Staatsbürgerschaft verloren und wiedererlangt habe, siehe Seite 234.

5 Zehn Jahre zuvor, 1978, hatte ich schon einmal für den Redakteur gearbeitet. Damals war das »Gesetz gegen die gemeingefährlichen Bestrebungen der Sozialdemokratie« Anlass. Am 21. Oktober 1878, hundert Jahre zuvor, hatte Bismarck per »Dekret« allen sozialdemokratischen Organisationen politische Aktivitäten verboten. Das Gesetz war insofern aktuell, als in der Bundesrepublik sechs Jahre zuvor, 1972, ein »Berufsverbot« im öffentlichen Dienst eingeführt worden war. Das betraf alle Beamtenanwärter, die man als rechts- oder linksextrem einstufte. Der Film wurde vom Redakteur und Abteilungsleiter abgenommen. Kurz vor der Ausstrahlung machte ich das erste Mal mit politischer Einflussnahme auf das Fernsehprogramm Bekanntschaft. Der sozialdemokratische Ministerpräsident von NRW, Heinz Kühn, erhob Einspruch, der Film wurde zensiert, der Redakteur kaltgestellt. Er musste ein Jahr lang in seinem Büro Däumchen drehen. Nach zehn Jahren war so viel Gras über die Sache gewachsen, dass sich der Redakteur wieder traute, mir einen Film anzuvertrauen.

6 ORF, 15. November 1961.

7 Ebd.

8 Tatsächlich fing der Film dann so an. In der nächtlichen Diskussion zum Thema um 23 Uhr gab es Empörung. Ich hätte die österreichischen Seen verunglimpft.

9 »Seht, ich habe das Banner der Reinheit, das Sonnenbanner, enthüllt. Wir wollen den Sieg; drum kommt, ihr Kämpfer des großen Gedankens, und empfanget von mir Euer Feldzeichen: ein kleines Sonnenschild, sichtbar auf der Brust zu tragen, gegenseitig zur Stütze und allen zum Vorbild.« Zitiert nach Heer, *Der Glaube des Adolf Hitler*, Seite 47.

Die Linde am Dichterstein

1 Rede Joseph Goebbels am 10. Mai 1933 auf dem Platz gegenüber der Humboldt-Universität zu Berlin.

2 Während des Nationalsozialismus eine abwertende Bezeichnung für antideutsche, der Heimat entwurzelte Großstadt-Literatur.

3 Offenhausen liegt 10 Kilometer von Lambach entfernt. In Lambach wurde 1892 der später in Braunau lebende Maler Aloys Wach geboren und lebte hier drei Jahre als Sängerknabe im alten Benediktinerstift. Der drei Jahre ältere Hitler ging ebenfalls für zwei Jahre in dieselbe Klosterschule und berauschte sich an kirchlichen Festen. Offenhausen ist außerdem 23 Kilometer von Hausruckedt entfernt, einem winzigen Dorf, aus dem Dr. Ludwig Ehrenleitner stammte (siehe Seite 179 ff.).

4 Herbert Böhme: *Der Führer*, 1934.

Das Hörl-Haus

1 Seite 85.

2 Aloys Wach, 1892 als Aloys Wachlmeier in Lambach (Oberösterreich) geboren, war ein österreichischer Maler und Grafiker. Wach entschied sich früh für eine künstlerische Laufbahn. Mit seinem expressionistischen Frühwerk wurde er international bekannt. 1919 wurde er Mitglied des Kulturates der Revolution in München und zeichnete für verschiedene Revolutionszeitschriften. 1922 floh Wach nach Braunau, wo er bis zu seinem Tod 1940 lebte und arbeitete. Die Motive seines zunächst breit angelegten Werks reduzierte er Ende der 1920er-Jahre fast ausschließlich auf christliche Themen.

3 Siehe z. B. Heer: *Der Glaube des Adolf Hitler*.

4 Friedrich Leistner, 1863 in Ulrichsberg im Mühlviertel geboren. Lehrer. 1920, im Ruhestand, übersiedelte er nach Braunau, in die Heimat seiner Frau, geb. Stöger. Von 1921 bis 1924 ist er Vizebürgermeister, von 1924 bis knapp vor seinem Tod 1934 Bürgermeister von Braunau. Unter seiner Amtsführung wurde unter anderem der Neubau des Krankenhauses, der Bau des Fürsorgegebäudes im Palmpark, die Pflasterung der Linzer Straße und der Bau der Wasserleitung und des Kanals in der Jubiläumstraße durchgeführt. 1934 wird der allgemein hochgeschätzte Mann zum Ehrenbürger der Stadt Braunau ernannt.

5 *Neue Warte am Inn,* 13. Oktober 1937, Seite 3.

Erster Weltkrieg, Gródek

1 Eine Klassenkameradin meiner Mutter, Name geändert.
2 Kameradschaft der Freunde des K.-u.-k.-Infanterieregiments »Erzherzog Rainer«.
3 Beides berufsständisch organisierte Genossenschaften: Eulogie steht für Goldschmiede, »Hammerl« für Berufe, die ihre Werkstücke mit dem Hammer bearbeiten.
4 Dieses und die folgenden Zitate: *Neue Warte am Inn*, 6. Februar 1881.
5 Seine konservativen, klerikalen und antisemitischen Artikel brachten ihm häufig Verleumdungsklagen ein. Als Redakteur stand er zweimal vor dem Schwurgericht, einmal vor einem Fünfrichterkollegium und mehrere Male vor einem Einzelrichter. Einmal wurde er freigesprochen, zweimal verurteilt, aber jedes Mal von Kaiser Franz Joseph I. begnadigt.
6 M. p. = mana propria – eigenhändig.
7 *Neue Warte am Inn*, 1. August 1914, Seite 1.
8 Der Salzburger Dichter Georg Trakl hat in seinem Gedicht *Gródek* den Horror des österreichischen Feldzugs beschrieben. Über die Wirkung seiner Dichtkunst gehe ich im Kapitel »Melancholie« noch ausführlicher ein.

Okkultismus

1 Die Planchette besteht aus einem runden Brettchen mit einem Durchmesser von etwa 20 Zentimeter, das waagrecht auf drei gleichlangen Beinen steht. Zwei von ihnen haben als Füße frei bewegliche Rädchen, das dritte besteht aus einem Holunderröhrchen, in dem ein Bleistift steckt. Man muss die Hand leicht auf das bewegliche Gerät legen und warten, bis »unsichtbare Kräfte« das Brett bewegen und dieses etwas auf das darunterliegende Papier schreibt. Man handelte dabei wie ein »Medium«, das einer Stimme aus dem Jenseits zum Ausdruck verhilft.
2 Josef Schneider hat die Geschichte Gerda Walther, einer Assistentin des Parapsychologen Professor Albert von Schrenck-Notzing, erzählt: »So hat er (Josef Schneider) mir unter anderem wiederholt erzählt, wie die Schneiderbuben sich wunderten, warum einige Soldaten der Braunauer Garnison unten in der Stampfl'schen Papierhandlung so viele große, weiße Zeichenblöcke kauften. Es war im Jahre 1919. Auch Frl. Poldi, die Verkäuferin, erinnerte sich daran. Die Soldaten gestanden schließlich, dass sie damit spiritistische Experimente machten. Sie hatten ein kleines Stockerl, ein Dreibein mit runder Platte, 20 cm Durchmesser, an dessen einem Bein ein Bleistift befestigt war. Dieses stellten sie auf die weißen, auf den Tisch gelegten Blätter und legten die Finger drauf oder hielten auch nur die Hände darüber. Nach einiger Zeit begann das Tischlein zu kreisen und schrieb schließlich in großen Lettern Botschaften aufs Papier.

Natürlich machten die Schneiderbuben das nach ...« (Walther: *Zum anderen Ufer,* Seite 453).

3 Der Korvettenkapitän Josef Kogelnik, der ein halbes Jahr nach diesem Ereignis das erste Mal an einer Sitzung teilnahm, schildert die Geschichte nach vertraulicher Auskunft von Josef Schneider so: »Als es eines Abends mit dem Schreiben gar nicht vorwärts gehen wollte und gerade Willi von seiner Arbeit beim Zahnarzt nach Hause kam, forderte ihn seine Mutter zur Mithilfe auf. Willi streckte nun lediglich seine flache Hand über den Psychographen, ohne ihn zu berühren, und schon kam Leben in ihn. Niederschriften kamen rasch und mühelos, und später wurde sogar starkes Klopfen unter dem Zimmertisch hörbar. So wurde man zum ersten Mal auf Willi aufmerksam, er war bei den Sitzungen unentbehrlich geworden.« (*Neue Wissenschaft: Zeitschrift für Grenzgebiete des Seelenlebens*, 3. Jahrgang 1952, S. 333) Willis Brüder spielen laut Kogelnik in dem Geschehen keine Rolle. Alles geschieht völlig unerwartet, nachdem die Mutter Willi zum Mitmachen aufgefordert hat. Der Hintergrund, den ich darstelle, ist also frei erfunden. Ich habe ihn fantasiert.

Ein Korvettenkapitän a. D. läuft auf Grund

1 Unter ihnen auch mein Großvater Karl mit seiner Frau Rosa. Er wird später als »Hilfsmedium« gebraucht, bei den Sitzungen in Trance fallen, und die Stimme einer unsichtbaren Trancepersönlichkeit wird durch ihn sprechen.

2 *Neue Wissenschaft: Zeitschrift für Grenzgebiete des Seelenlebens*, 3. Jahrgang 1952, Seite 334.

3 Dieses und die folgenden Zitate: ebd., Seite 335 f.

4 Ebd., Seite 335 f.

5 Ebd., Seite 336

6 Walther: *Zum anderen Ufer*, Seite 448.

7 Ebd., Seite 449.

8 Hanni wurde im Frühjahr 1922 von Mr. und Mrs. McKenzie nach London mitgenommen, wo sie den Rest des Jahres blieb. Laut einem Schreiben ereignete sich dort in den letzten Monaten wenig, obwohl man wöchentlich mit ihr eine Sitzung hielt. (Barbara McKenzie: Spukphänomene bei Johanna P., in: *Psychische Studien*, 50. Jahrgang, Juni 1923, Seite 261 ff.).

9 Der ganze Bericht dieses Falls in: *Psychische Studien,* 50. Jahrgang, Mai 1923, Seite 177–193.

Lola Montez

1 J. Kogelnik: Willy Schneider, in: *Neue Wissenschaft: Zeitschrift für Grenzgebiete des Seelenlebens,* 3. Jahrgang 1952, Seite 334.

2 Walther: *Zum anderen Ufer*, Seite 453.

3 J. Kogelnik: Willy Schneider, in: *Neue Wissenschaft: Zeitschrift für Grenzgebiete des Seelenlebens,* 3. Jahrgang 1952, Seite 338.
4 Schrenck-Notzing: *Experimente der Fernbewegung: Telekinese,* 1924, Reprint: 2006, Seite 12 f.
5 Schrenck-Notzing: *Grundfragen der Parapsychologie,* 3. Auflage 1985, Seite 165.
6 Zitiert nach Dierks: *Thomas Manns Geisterbaron,* 2012, Seite 285 f.

Thomas Manns okkulte Erlebnisse mit Willi

1 Bericht von Thomas Mann in: Schrenck-Notzing: *Experimente der Fernbewegung: Telekinese,* 1924, Reprint: 2006, Seite 254.
2 Ebd., Seite 255.
3 Ebd., Seite 256
4 Ebd., Seite 258.
5 Ebd., Seite 259.
6 Ebd., Seite 260.
7 Ebd., Seite 260 f.
8 Thomas Mann: *Okkulte Erlebnisse,* e-book, Frankfurt 2009, S. 611 f.

Rudi als Zirkuspferd

1 Rudi Schneider ist am 28. Juli 1908 geboren. Über zehn Jahre werden Olga und Rudi »zusammenarbeiten«. Seine medialen Fähigkeiten werden später als weitaus bedeutsamer für die Anerkennung der Parapsychologie als Wissenschaft werden als die von Willi.
2 Regierungsrat Dr. jur. Ubald Tartaruga, Direktor des Parapsychischen Instituts: Medien als Zirkuspferde, in: *Zeitschrift für kritischen Okkultismus und Grenzfragen des Seelenlebens,* Band 2, 1927, Seite 302 f.
3 Zitiert nach: Lasterhöhle des Geistes, *Arbeiter-Zeitung* vom 9. Januar 1924, Seite 7.
4 Entlarvung des Mediums Rudi Schneider?, in: *Neues Wiener Journal,* 15. Februar 1924.
5 Ebd.
6 *Illustrierte Kronenzeitung* vom 15. Februar 1924, Seite 4.
7 Ebd.
8 Ebd.
9 Ausgabe vom 22. Februar 1924.
10 Neuere Untersuchungen über telekinetische Phänomene bei Willy Schneider. Forschungsergebnisse des Dr. Hans Thirring, Professor für Physik an der Universität Wien, in: *Zeitschrift für Parapsychologie,* 4. Heft (April 1926), Seite 193.
11 Ebd., Seite 197.
12 *Tagespost* (Linz), 5. Februar 1930, Seite 6.

Raumkraft

1 *Schappellers Raumkraft – Enthüllungen der Geheimnisse im Schloss Aurolzmünster*, Linz a. d. Donau, 1929.

2 In einigen Publikationen auch Karl Schappeller.

3 F. Wetzel, Louis Gföllner: *Raumkraft – Ihre Erschließung und Auswertung durch Karl Schappeller*, 1928; Sonderausgabe Regierungskommission »Vrilia« 2004, Seite 19.

4 Das Buch wurde dreimal ins Deutsche übersetzt.: *Das Geschlecht der Zukunft*, Leipzig 1924, übersetzt von Jenny Pirokowska; *Vril oder Eine Menschheit der Zukunft*, übersetzt von Guenther Wachsmuth, Stuttgart 1922, 6. Auflage 2003; *Das kommende Geschlecht, übersetzt* von Michael Walter, Frankfurt am Main 1980.

5 *Schappellers Raumkraft – Enthüllungen der Geheimnisse im Schloss Aurolzmünster, Linz a. d. Donau, 1929*, Seite 4.

6 Rudolf Kalmar: Schappeller, der Magier des Kaisers, Was ist Raumkraft, in: Rudolf Olden, *Propheten in der deutschen Krise* (1932), Seite 90.

7 Ebd., Seite 90 f.

8 Kracauer, *Frankfurter Zeitung* vom 12. 6. 1921.

9 Die Lösung des Rätsels versuchen heute einige Forscher und Autoren in der Quantenverschränkung zu finden, wie zum Beispiel Frido Mann, Christine Mann: *Es werde Licht*, 2017.

10 F. Wetzel, Louis Gföllner: *Raumkraft – Ihre Erschließung und Auswertung durch Karl Schappeller*, 1928; Sonderausgabe Regierungskommission: *Vrilia, 2004*, Seite 5.

11 Ebd., Seite 18.

12 Ebd., Seite 5.

13 Ebd., Seite 6.

»Ein unvergesslicher Festtag«

1 Dieses und die folgenden Zitate: *Neue Warte am Inn*, 22. April 1942.

2 Nationalsozialistisches Kraftfahrkorps.

3 Nationalsozialistisches Fliegerkorps.

Dr. Ludwig Ehrenleitner

1 Oberösterreichisches Landesarchiv, Personalakte Dr. Ludwig Ehrenleitner (24.8.1910).

2 Bundesarchiv, Bild 183-S73495/Anton Ahrens/CC-BY-SA 3.0

3 Snyder: *Bloodlands*, Seite 260.

4 BArch R90/126.

5 Ehrenleitner hatte in dieser Zeit für Gerhard Erren, Gebietskommissar in Slonim, Urlaubsvertretung.

6 Walter Grieb, SS-Brigadeführer, Stellvertretender Höherer SS- und Polizeiführer (HSSPF) Alpenland.
7 Die »Kampfgruppe von Gottberg«, nach ihrem Kommandeur SS-Brigadeführer Curt von Gottberg, war wie das SS-Sonderbataillon Dirlewanger mit der »Bandenbekämpfung« betraut und stand dieser an Brutalität und Grausamkeit in nichts nach.
8 Eine Flak-Batterie umfasst vier 8,8 Flugzeug-Abwehrkanonen mit einer Mannschaft von über hundert Mann.

Kunst im Führer-Geburtshaus

1 Vor dem Anschluss Österreichs war die NSDAP in Österreich verboten.
2 *Neue Warte am Inn*, 10. Mai 1939, Seite 3.
3 Hermann Honermann: *Aquarelle und Zeichnungen aus dem Osten*, 12. März bis 2. April 1944, Ausstellungskatalog, Seite 1.

Slonim

1 BArch B 162/5088.
2 Ein Unteroffizier; er war bei sämtlichen Liquidierungen in und um Slonim beteiligt.
3 Nationalsozialistische Volkswohlfahrt.

Kriegsende

1 Kasernierung unbeschäftigter Offiziere im Zweiten Weltkrieg; in der zweiten Hälfte des Krieges politisch missliebige oder der militärischen Unfähigkeit bezichtigte Offiziere.
2 Oberkommando der Wehrmacht.
3 Lebensbilder 1914–2004, 1944d, SLONIM (unveröffentlichtes Manuskript, Kapitel 19).
4 *Neue Warte am Inn*, 18. April 1945, Seite 1.
5 Ebd.
6 Bericht des Oberschulrats Franz Danzinger: *Wie ich das Kriegsende in Braunau erlebt habe,* braunau-history.at.
7 Ebd.
8 Dieses und die folgenden Zitate: Heinrich Burk: Erinnerungen, unveröffentlichtes Manuskript.
9 BM.I *Abschlussbericht* – Kommission zum historisch korrekten Umgang mit dem Geburtshaus Adolf Hitlers, Oktober 2016.

Vaterwelt und Mutterwelt

1 Ausgabe vom 8. November 1945.
2 Das Führerhauptquartier »Adlerhorst« war ein Bunkerkomplex in der Nähe von Bad Nauheim.
3 Die Mutter einer Freundin meiner Mutter. Meine Mutter schätzte sie sehr. Sie war für sie eine Autorität.
4 Nach § 3 des Staatsüberleitungsgesetzes von 1949 (BGBl. Nr. 276/1949).

Melancholie

1 Brief an Hermine von Rauterberg, Wien, 5. Oktober 1908, in: Georg Trakl *Werke – Entwürfe – Briefe* , Stuttgart 1984, Seite 214.
2 André Breton, *Nadja*, Pfullingen 1960.

Wien

1 U. a. Experimente der Fernbewegung: Telekinese im psychologischen Institut der Münchener Universität und im Laboratorium des Verfassers/von A. Freiherr von Schrenck-Notzing (1924).
2 Zuletzt: Frido Mann, Christine Mann: *Es werde Licht*, 2017.

Austromarxismus

1 Angehörige der austrofaschistischen Heimwehr trugen an der Kappe eine Schwanzfeder von einem Birkhahn.
2 Der Republikanische Schutzbund war die 1923/24 gegründete paramilitärische Organisation der österreichischen Sozialdemokratischen Arbeiterpartei.
3 Amtsstampiglien sehen wie Briefmarken aus. Auf Urkunden dienen sie als Beleg für die tatsächliche Entrichtung der Gebühren .
4 Bassena ist eine öffentliche Wasserstelle im Treppenhaus eines Mietshauses des 19. Jahrhunderts in Wien.

Heldenverehrung

1 Kracauer, *Frankfurter Zeitung* vom 10. 3. 1921.
2 Vortrag 2. Dezember 1952 zum 25-jährigen Jubiläum der Gesellschaft.
3 Kracauer, *Frankfurter Zeitung* vom 10. 3. 1921.
4 Kracauer, *Frankfurter Zeitung* vom 10. 6. 1921.
5 Tagebuch von Aloys Wach, circa Juli bis November 1929, Seite 3.
6 Wach: *Aloys Wach: Botschaft von Johann Philipp Palm – ein sonderbarer Bericht*, handschriftlicher Brief, Braunauer Stadtarchiv, Seite1.
7 Ebd., Seite 2 f.

Der Fall Jägerstätter

1 *Braunauer Rundschau*, Nr. 51, 22. Dezember 1994.
2 Hermann Simböck ist der Vater von Martin Simböck, der dessen Trafik weiterführt. Siehe Seite 9.
3 Torsten Brand: Ein politisches Trauerspiel, *Oberösterreichische Nachrichten*, 2. Dezember 1994.

Megalomania

1 Holl: *Braunau am Ganges*.
2 Freud: *Die Traumdeutung*, 1900, 4. Auflage 2014, Seite 367.
3 Freud: *Traumdeutung, G.W. II/III*, 1942, Seite 371 f.
4 Ebd., Seite 472.
5 Ebd.
6 Ebd.
7 Ebd., Seite 203.
8 Ebd.
9 Ebd., Seite 202.

Bildnachweis

Archiv Sammlung Hoerner/August Kreuz, Braunau, Seite 9, 32, 34, 45, 51, 69, 85,196

Nachlass Christina und Heinrich Burk, Seite 27, 28, 42, 45, 106,124, 144, 145,161, 168, 170,178, 180, 185,194,207, 231,247, 262

S. 20: Adolf Hitler, Kinderbild, Bundesarchiv, Bild 183–1989-0322–506

S. 47: Des deutschen Kanzlers Geburtszimmer. Postkarte. Vermutlich vor dem Anschluss 1938 entstanden.

S. 100: aus Die Unvergessenen, Herausgeber Ernst Jünger, 1928. Das Foto wurde vor 1914 aufgenommen. Urheber: K. Trakl (aus Wikipedia ubernommen)

S. 151: Carl Schappeller. Vermutlich 20er-Jahre des letzten Jahrhunderts.

S. 186: Oskar Dirlewanger, Bundesarchiv, Bild 183-S73495

S. 219: National Archives, Public Domain; ARC Identifier: 531286

S. 289: »Traum der franzosischen Bonne«, Quelle: Sigmund Freud

Die Traumdeutung (4. Auflage 1914)

S. 290 Gargantua compisse les Parisiens.jpeg, Illustration du Gargantua de Rabelais par Gustave Dore (1832–1883). Quelle: Bibliotheque nationale de France (aus Wikipedia entnommen)